新媒体编辑与运营

主　编◎吴思佳　覃思源

副主编◎胡晶晶　关佳丽　胡　睿

参　编◎刘　飞　邓玉蓉　章芹弟　吕成梅

重庆大学出版社

图书在版编目(CIP)数据

新媒体编辑与运营/吴思佳,覃思源主编. -- 重庆：
重庆大学出版社, 2025. 8. -- ISBN 978-7-5689-5249-1

Ⅰ. G206. 2

中国国家版本馆 CIP 数据核字第 2025JR7415 号

新媒体编辑与运营
XINMEITI BIANJI YU YUNYING

主　编　吴思佳　覃思源
策划编辑:唐启秀
责任编辑:黄菊香　　版式设计:唐启秀
责任校对:王　倩　　责任印制:张　策
＊
重庆大学出版社出版发行
社址:重庆市沙坪坝区大学城西路 21 号
邮编:401331
电话:(023)88617190　88617185(中小学)
传真:(023)88617186　88617166
网址:http://www.cqup.com.cn
邮箱:fxk@cqup.com.cn(营销中心)
全国新华书店经销
重庆永驰印务有限公司印刷
＊
开本:787mm×1092mm　1/16　印张:14.5　字数:355 千
2025 年 8 月第 1 版　　2025 年 8 月第 1 次印刷
ISBN 978-7-5689-5249-1　定价:42.00 元

——前　言

在 21 世纪数字浪潮的汹涌澎湃中,新媒体犹如一股不可抗拒的洪流,彻底革新了信息传播的形态、速度与边界,重新绘制了社会互动的蓝图。从古老的"纸与笔""铅与火"时代,跨越至辉煌的"光与电""数与网"时代,媒体行业正站在历史的转折点上,把握机遇、直面挑战成为其持续发展的不二法门。习近平总书记高瞻远瞩,曾悉心叮嘱:"要重视技术创新,在可视化呈现、互动化传播上做文章,用网民喜闻乐见的方式,使正面宣传的用户规模不断扩大、用户黏性不断增强。"

近年来,随着第五代移动通信技术(5G)、大数据、云计算、人工智能等前沿技术的蓬勃兴起,网络媒体的创新传播迎来了前所未有的机遇。在此背景下,本书应运而生,它不仅是顺应时代潮流的产物,更是为那些渴望在新媒体领域深耕细作的从业者量身打造的一本全面、实用且充满前瞻性的指南。

在设计理念上,本书注重理论与实践的紧密结合,选取微博、微信、抖音等当前最热门、最具代表性的新媒体平台,通过大量鲜活的案例分析,深入剖析其运营机制、用户行为模式及内容创作精髓,将抽象的理论知识转化为可操作的实践技能,让从业者在掌握新媒体编辑与运营基础理论的同时,能够将这些知识内化为自身能力,灵活应用于实际工作中,帮助从业者快速适应并驾驭新媒体平台。在内容编排上,本书遵循"由浅入深、循序渐进"的原则,从新媒体的基本概念、岗位任务讲起,逐步深入内容策划、编辑技巧、运营策略、数据分析等核心环节。在内容选择上,本书紧跟行业动态,与时俱进更新教学内容,确保从业者能够获取最前沿、最实用的信息。在开发方式上,本书融入丰富的多媒体信息,打造"纸数融合"新形态一体化教材,旨在通过数字化手段提升教师教学质量和学生学习兴趣,助力教师线上线下混合式教学。

我们深知,新媒体编辑与运营是一个既充满挑战又极具魅力的领域。它要求从业者不仅要有扎实的专业技能,更要有敏锐的市场洞察力、良好的沟通协调能力和持续的学习能力。因此,我们希望本书能够激发更多人对新媒体行业的兴趣与热情,为培养更多优秀的新媒体人才和高素质新闻传播人才贡献一份力量。

本书由安徽商贸职业技术学院、南宁职业技术大学、安徽机电职业技术学院等院校具有丰富教学经验的教师及芜湖传媒中心等地方媒体资深从业者共同编写。具体分工如下:章芹弟老师负责撰写项目一,参与撰写项目五、项目八部分内容;胡晶晶老师负责撰写项目二;邓玉蓉老师负责撰写项目三,参与撰写项目五部分内容;关佳丽老师负责撰写项目四,参与撰写项目五部分内容;覃思源老师负责撰写项目六;吕成梅老师负责撰写项目七,参与撰写项目三部分内容;吴思佳老师负责撰写项目八;刘飞老师负责撰写项目九;胡睿负责案例搜集与审核。

　　本书编写过程中,编者借鉴和参考了相关文献及新媒体实务案例,在此,谨对相关专家和新媒体工作者表示衷心感谢。

　　由于编者水平有限,书中难免存在不当之处,敬请广大读者批评指正。

本书编写组

2024 年 8 月

——目 录

项目一　岗位体验

项目导读

　　随着互联网和数字技术的迅速发展,新媒体已成为信息交流和传播互动的重要渠道。新媒体是指利用数字技术和网络技术,通过互联网、无线通信网、手机、计算机等终端,向用户提供信息和娱乐服务的传播形态。新媒体的发展不仅为企业的运营提供了全新的方式,而且为企业产品的推广提供了新的平台,如微博、微信、抖音等。在这种环境下,新媒体岗位至关重要,新媒体工作人员需要了解和掌握新媒体编辑与运营的相关知识,构建完整的新媒体运营知识体系,为有效开展实际编辑与运营工作奠定坚实的基础。

项目目标

▶ 知识目标

1. 了解新媒体企业(部门)的组织架构;
2. 熟悉新媒体岗位类型及主要的工作内容;
3. 熟悉新媒体运营的主要工作任务和要求。

▶ 能力目标

1. 了解新媒体企业运营的全流程,培养新媒体运营思维;
2. 掌握新媒体运营岗位需要具备的知识和技能。

▶ 素质目标

1. 培养学生的创新意识和思维,提高学生的学习适应能力;
2. 培养学生的团队协作精神,提升学生的沟通交流能力;
3. 培养学生的法治意识和底线意识,保证所发布的内容准确、合法合规。

任务 1 新媒体企业(部门)的组织架构

一、任务描述

近期,网络新闻与传播专业的在校生小李趁着暑假来到振文文化传播公司实习,他应聘的是新媒体运营部,经过激烈的竞争,他最终成为该公司的一名新媒体编辑与运营部实习生。上班的第一天,带他的实习导师老夏告诉他,要想做好新媒体,首先要了解新媒体。于是,老夏给小李布置了第一个任务,梳理新媒体企业(部门)的组织架构。

二、任务实施

老夏告诉小李,新媒体为企业提供了多渠道、多模式的运营方式,可以帮助企业快速建立品牌优势,打响品牌知名度,树立品牌形象。新媒体工作人员要梳理新媒体企业(部门)的组织架构,第一步是要了解新媒体运营的基础知识,包括新媒体运营的概念和特点、新媒体运营者的思维等。

(一)认识新媒体运营

1. 了解新媒体运营的概念和特点

新媒体运营是指通过现代化移动互联网手段,利用微信、微博、贴吧、抖音等新兴媒体平台进行产品宣传、推广、营销的一系列运营手段。它们均具有以下特点。

(1)传播实时互动性:在数字技术和网络技术的支持下,新媒体信息的传播速度特别快,只要运营者发布信息,用户就可以实时接收信息,具有实时互动的特点。运营者可以通过评论、点赞、分享等方式与用户进行互动,了解用户需求和反馈,进而优化运营策略。

(2)传播内容多元化:新媒体平台具有多元化的特点,可以涵盖文字、图片、视频等多种形式。运营者可以根据不同的需求和平台特点,选择合适的表达方式,提高信息传播的效果。

(3)传播行为个性化:新媒体运营强调个性化推送和定制化服务。通过数据分析和用户行为分析,运营者可以针对不同的用户群体提供个性化的内容和营销策略,提高用户黏性和转化率。

(4)运营手段数字化:新媒体运营依托互联网技术,具有数字化的特点。运营者可以通过数据分析、用户行为分析等方式,更精准地了解用户需求,实现个性化推送和精准营销。

2. 了解新媒体运营者的思维

(1)用户思维:用户思维是新媒体运营的核心思维。用户需求是运营工作的导向,企业在开发、研制、运营任何一款产品或者服务时,都应该以用户为核心。用户思维要求企业在运营过程中深度了解用户的需求,调研用户群体,了解他们的喜好、行为、价值观等方面,以建立用户画像,制订精准的营销策略,提升用户口碑和满意度。

（2）内容思维:内容思维是新媒体运营的关键要素之一。新媒体运营的核心在于内容,好的内容可以有效地吸引用户,增强用户黏性,从而形成好的口碑效应。密切关注用户的需求,及时调整内容策略,推出更新、更有趣、更有价值的内容,不断优化用户体验。对于新媒体运营者来说,一切研发与营销都要从用户出发,生产的内容要跟目标用户的痛点相关。内容思维还注重内容的持续性和连贯性,需要制订长期的内容规划,保持一定的更新频率,形成稳定的内容输出,以培养用户的阅读习惯和依赖感。

（3）品牌思维:品牌思维在新媒体运营中具有至关重要的地位。品牌思维就是以品牌为中心,通过产品、售后服务、品牌文化等突出品牌的核心价值,做好品牌的差异化定位,使用户对品牌建立起正确的认知,以提升品牌的知名度和美誉度。品牌思维强调一致性。在新媒体的各个渠道和平台上,包括社交媒体、官方网站、短视频平台等,都要保持品牌形象、语言风格、视觉元素的一致性,从而加深用户对品牌的记忆和认同。同时,品牌思维注重与用户建立情感联结,不仅通过售卖产品或服务,更通过与用户互动和沟通来培养用户对品牌的忠诚度和喜爱度。

（4）数据思维:新媒体运营离不开数据的分析和应用,数据思维是新媒体运营的基础思维和关键业务能力。数据思维是指将数据作为决策的基础,新媒体运营者需要根据用户行为和反馈来进行数据分析,了解用户的需求、偏好及他们的行为模式。通过数据分析,新媒体运营者需要对数据敏感并能够发现其中的规律,结合用户画像和市场情况优化营销策略和运营效率,及时调整内容策略,针对不同用户开展个性化营销,以提高用户活跃度和转化率。

(二)梳理新媒体企业(部门)组织架构及职能

为了充分了解新媒体运营,小李深入分析了新媒体运营的特点和运营者思维,在此基础上梳理了新媒体企业常见的组织架构(图1.1、表1.1)和非新媒体企业新媒体部门的组织架构(图1.2、表1.2)。

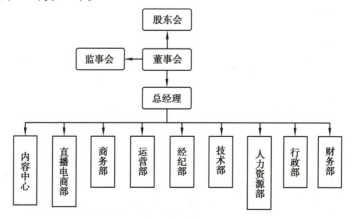

图1.1　新媒体企业的组织架构

表 1.1　新媒体企业部门职能

部门	职能
内容中心	负责企业新媒体直播内容部分创意的设计开发,同时负责规划企业 IP 孵化体系,主要包括: 1. 深入了解目标受众的需求和兴趣,制订具有吸引力和针对性的内容策略 2. 挖掘热门话题和趋势,构思新颖独特的内容主题和创意 3. 负责撰写、编辑各种形式的内容,如文章、文案、图片、视频脚本等 4. 负责拍摄、后期制作和包装 5. 定制孵化方案,针对不同级别 IP 规划相应的建设路线,完成 IP 孵化所需内容的全方位建设
直播电商部	负责企业直播业务的发展和管理,主要包括: 1. 直播间的搭建管理、直播主播的管理、直播营销策划等工作 2. 网店的装修、改版、上架及日常的维护和促销活动方案的制订 3. 站内流量分析、数据分析 4. 在线客服及售后服务 5. 物流准时、准款发货
商务部	负责与广告主进行商务洽谈与合作等,主要包括: 1. 按照广告主的需求精准匹配企业网红 IP,并依据广告需求与内容部门沟通,制订相应的执行方案 2. 负责宣传策划、信息收集、活动执行的统一管理 3. 商业变现所需要的各类资源、渠道的发掘 4. 与知名美妆、服饰、食品品牌广告主保持长期合作 5. 负责企业 IP、主播、网红带货推广活动,带货方式包括但不限于直播、图文种草、短视频种草等
运营部	负责企业整体运营、整体规划、营销、推广、分析、监控等工作,主要包括: 1. 对各项运营指标进行分析和总结,制订合理的运营目标及计划 2. 提出企业运营工作目标,制订实现目标的具体手段和方法,包括互动内容运营、跨媒体运营、数据运营等 3. 短视频平台、直播平台、微博、微信等内容运营及线上、线下活动运营 4. 对运营活动整体把控、推进,对效果进行总结优化 5. 直播活动的整体策划、安排、效果分析,以及与各大平台沟通协调,负责对短视频内容运营的效果数据进行分析及反馈优化 6. 内容的全网分发
经纪部	负责艺人、主播、网红的发掘和招募等,主要包括: 1. 协助内容中心选配艺人 2. 艺人、主播、网红日常行为规范的管理,以及心理健康的辅导 3. 艺人、主播、网红的培训 4. 艺人、主播、网红商务经纪工作的拓展

续表

部门	职能
技术部	负责企业日常软硬件设备的维护工作,主要包括: 1. 保障企业音视频直播系统安全稳定运行,负责故障修复工作 2. 企业网络连接稳定及安全的保障 3. 负责病毒的查杀,维护网络系统安全 4. 处理网络及计算机故障、企业员工的日常办公支持
人力资源部	负责企业的人才招聘、培训计划、薪酬管理等工作,主要包括: 1. 根据企业的战略规划和部门需求,制订并执行招聘计划,吸引优秀的新媒体专业人才,包括内容创作、运营、技术开发、营销推广等各类岗位 2. 为员工提供持续的职业发展规划和培训机会,提升员工在新媒体领域的专业技能和综合素质 3. 制定科学合理的绩效评估体系和指标,对员工的工作表现进行定期评估 4. 设计具有竞争力的薪酬体系,确保员工薪酬公平合理,能够吸引和留住人才
行政部	负责企业的日常行政管理工作,做好企业内外、企业上下的沟通和协调工作,主要包括: 1. 负责企业各项规章制度的制定、监督和执行,确保企业运营有章可循 2. 做好办公用品的采购、发放和库存管理,保障办公设备的正常运行和维护 3. 组织和安排企业内部的各类会议,包括预订会议室、准备会议资料、记录会议内容等
财务部	负责企业资金管理,为企业的发展、投资、成本管理、经营分析提供数据依据,主要包括: 1. 根据企业的战略目标和业务发展计划,制订财务规划 2. 记录和核算企业的各项经济业务,包括收入、成本、费用等 3. 负责资金的筹集和调配,确保企业有足够的资金支持业务运营 4. 监控和分析成本结构,采取措施降低成本

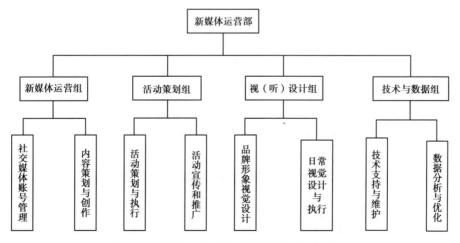

图 1.2 非新媒体企业的新媒体部门的组织架构

非新媒体企业的新媒体部门的组织架构会根据不同企业的规模、业务需求和发展阶段而有所差异。

表1.2　非新媒体企业的新媒体部门小组及其职能

小组	职能
新媒体运营组	1.社交媒体账号管理,包括负责在各大社交媒体平台上创建并维护企业或品牌的官方账号,包括账号的注册、认证、信息完善及日常更新等;定期发布高质量的内容;积极与粉丝互动,回复评论、私信,举办粉丝活动等,提高用户参与度 2.内容策划与创作,包括根据企业或品牌的定位、市场需求及用户喜好,制订内容创作计划;负责撰写原创文章、故事、案例等,拍摄原创视频,确保内容具有创新性和吸引力
活动策划组	1.负责活动策划与执行,具体包括根据企业或品牌的需求、市场趋势和用户喜好,策划各种线上或线下的活动,负责活动的具体实施和执行,确保活动按照预定方案顺利进行 2.负责活动的宣传和推广,根据活动特点和目标受众,制订有效的宣传策略,提高活动的曝光度和参与度
视(听)觉设计组	1.品牌视觉形象设计,包括负责企业品牌的整体视觉包装,把握品牌视觉的整体风格,制订和维护品牌视觉形象规范 2.日常视觉设计与执行,包括根据策划方案,制作各类设计元素,如海报、宣传图、活动页面等,负责短视频的筹划、拍摄与剪辑工作,为品牌宣传和推广提供高质量的视频内容
技术与数据组	1.技术支持与维护,包括负责与互联网产品、技术部门对接,协助完成自有品牌的官网PC端、移动端、新媒体、App、小程序等平台的设计、迭代、运营推广和维护 2.数据分析与优化,包括利用数据分析工具收集社交媒体平台上的用户数据、互动数据等,对收集到的数据进行深度分析,挖掘用户行为模式、内容偏好、市场趋势等信息,为运营策略提供数据支持

三、任务总结

本任务主要是了解新媒体运营的基础知识,包括新媒体运营的概念、特点和新媒体运营者的思维,新媒体运营具有传播实时互动性、传播内容多元化、传播行为个性化与运营手段数字化四大特点,这要求运营者具备用户、内容、品牌和数据四大思维,在此基础上梳理新媒体企业常见的组织架构及其职能和非新媒体企业的新媒体部门的组织架构及其职能。

四、任务实训

(一)实践训练

广东×××科技有限公司是一家集瓜果种植、加工销售、乡村振兴等于一体的民营企业。该公司基地共占地 2 300 余亩,截至目前,已完成 3 期开发,种植火龙果 300 亩、杜果 200 亩、菠萝蜜 100 亩,投入金额 5 000 多万元。随着新媒体和电商行业的迅速崛起,传统瓜果行业受到一定的冲击,该公司考虑对传统瓜果产业进行升级改造,第一步想成立一个新媒体部门。请你结合该公司的具体产品和企业理念,运用新媒体运营基础知识,帮助该公司梳理新媒体部门的基本架构并阐述各小组职能。

(二)实训评价

单位:分

评价内容	评价标准	分值	得分
梳理新媒体部门的基本架构	1. 三级架构 2. 4 个小组	60	
阐述各小组职能	4 个小组各 3 项职能(少 1 项扣 3 分)	40	

任务 2 新媒体岗位类型

一、任务描述

小李在老夏的指导下,对新媒体编辑与运营的基础知识有了深入的了解,对新媒体企业(部门)的组织架构也更加熟悉。老夏告诉小李,对于从事新媒体编辑与运营的人员来说,了解其岗位类型和需要具备的知识与技能,有助于提高自身的职业竞争力,做好职业发展路径的清晰规划。因此,小李准备查找资料,深入了解新媒体岗位类型。

二、任务实施

(一)总结新媒体典型工作任务

老夏告诉小李,只有了解了新媒体编辑与运营中出现的典型工作任务,才能更加清晰地认识自己是否适合编辑与运营工作,才能有更好的岗位体验。于是,小李搜集了大量材料,总结了三大类新媒体典型工作任务(图1.3)。

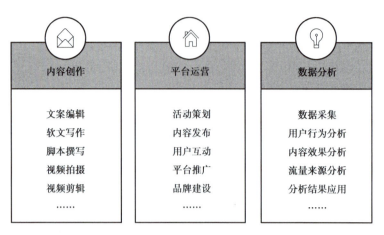

内容创作	平台运营	数据分析
文案编辑	活动策划	数据采集
软文写作	内容发布	用户行为分析
脚本撰写	用户互动	内容效果分析
视频拍摄	平台推广	流量来源分析
视频剪辑	品牌建设	分析结果应用
……	……	……

图 1.3　新媒体典型工作任务

(二)认识新媒体岗位类型

通过查找资料,小李发现随着新媒体的不断发展,新媒体岗位类型日益丰富,涵盖了内容创作、平台运营、数据与技术和市场营销等多个领域。因此,小李决定从以下几个方面进行归纳。

1. 内容创作类

(1)内容编辑:新媒体内容编辑是负责为新媒体平台(如微信公众号、微博、抖音、小红书等)创作、编辑和发布有吸引力、高质量内容的关键角色。他们通过精心策划和撰写文章、制作图片和视频等多种形式的内容,吸引目标受众,提升品牌知名度,促进用户互动。

(2)文案编辑/文案策划:主要负责为品牌营销制作产品软文和文案,进行市场调研,评估市场数据,了解竞争格局,以及结合行业发展,从产品和消费者角度规划软文主题。

(3)编剧与脚本撰写:负责为短视频、直播等新媒体形式撰写剧本和脚本,需要熟悉各类新媒体平台的特点,了解用户喜好,创作出有趣、有内涵的内容。

2. 平台运营类

(1)新媒体运营:负责管理和运营各类新媒体平台,如微信公众号、微博、抖音等。他们需要熟悉平台的运营规则,掌握数据分析技巧,通过数据分析优化运营策略,增强用户黏性和活跃度。

(2)社群运营:负责管理和运营各类社群,如微信群、QQ 群等。他们需要具备良好的沟通能力和组织能力,通过社群活动、话题讨论等方式,提高社群的活跃度和凝聚力。

(3)用户运营:负责用户增长、留存和转化等工作。他们需要通过用户调研、数据分析等手段,了解用户需求,制订用户增长策略,提高用户满意度和忠诚度。

3. 数据与技术类

(1)新媒体技术支持:负责新媒体平台的技术开发和维护工作。他们需要具备扎实的编程技术,熟悉前端开发、后端开发等相关技术,确保新媒体平台的稳定运行和不断优化。

（2）数据分析工程师：负责开发和优化数据分析工具，提高数据分析的效率和准确性。他们需要熟悉市场营销的基本原理和方法，掌握新媒体营销的特点和趋势。

（3）数据分析师：负责收集、整理和分析新媒体数据，为运营决策提供支持。他们需要掌握数据分析工具和方法，具备数据敏感度和逻辑思维能力，通过数据分析发现问题并提出优化建议。

（4）数据运营：负责监控和优化新媒体数据指标，如用户增长数、活跃度、转化率等。他们需要熟悉各类新媒体平台的数据统计和分析工具，通过数据分析和运营手段，提高数据指标的表现。

4.市场营销类

（1）数字营销：负责制订数字营销策略，通过网络、社交媒体等渠道推广品牌和产品，提升曝光率和销售量。

（2）广告专员：负责关注和收集市场数据，研究商品和广告数据，编制广告研究报告，撰写广告策略和广告计划，并执行促销策略，联系相关媒体并表达合作意向，制作公司的广告素材，并监控广告的效果。

5.其他类型

（1）新媒体记者：主要负责产出优质的原创内容，通过采访、撰文等方式，为新媒体平台提供有价值的新闻和信息。

（2）视觉设计：负责品牌、网站、App 等的视觉设计，包括平面设计、UI/UX 设计等，为新媒体内容提供美观、专业的视觉呈现。

（3）视频制作编辑：负责制作各种宣传片、微电影、广告等视频内容，包括剪辑、配乐、特效等，为新媒体平台提供高质量的视频素材。

（三）了解新媒体岗位的职业要求

小李梳理了新媒体常见的岗位类型后发现，新媒体岗位类型多样，涉及面较广。一般人得具备什么能力才能胜任呢？小李进行了思考并及时归纳总结了新媒体岗位的职业要求，主要包含以下几方面内容。

1.专业技能

新媒体编辑与运营设计平台、产品、用户、策划、推广等一系列与编辑运营相关的活动，需要运营者熟悉不同类型的新媒体平台和工具，根据不同平台的特点、受众群体和平台规则进行运营，因此需要具备以下几项专业技能。

（1）内容策划与创作能力。新媒体运营中的内容策划与创作能力是至关重要的，它不仅决定了内容的质量和传播效果，还直接影响品牌形象的塑造和用户黏性的提升。在新媒体时代，内容为王的理念越发凸显。优质的内容能够吸引用户的关注，提升用户参与度，进而促进品牌的传播和转化。因此，内容策划与创作能力成为新媒体运营者必备的核心技能之一。主要包括对运营方式和内容的定位、对运营渠道的确定、对目标用户群体的分析等，还包括文案创作、图片制作、视频拍摄和制作等。

(2)资源整合能力。新媒体运营中的资源整合能力是指能够有效地收集、整理、分配和利用各种资源,以实现新媒体运营的目标和效果。这一能力在新媒体运营中至关重要,因为它直接关系到内容的质量、传播效果及品牌形象的塑造。新媒体平台众多,同质化内容频出,如何将同质化内容转化为"独特化",这就需要运营者具有资源整合能力,将所收集到的资源(包括视频、文本、渠道等),充分整合后选择对企业有利的运营方式进行宣传,扩大品牌影响力,提高运营效率并实现精准营销。

(3)数据分析能力。新媒体运营中的数据分析能力对优化运营策略、提升用户体验和实现业务目标具有至关重要的作用。新媒体运营者除了需要分析用户数据、内容数据、活动数据外,还有可能需要分析市场数据、竞品数据等,因此,只有不断提升自己的数据分析能力,才可以更加精准地把握用户需求和市场动态,让新媒体编辑与运营工作的开展更加高效。

2. 素质要求

除了具备基本的专业技能外,一名合格的新媒体运营者还需要具有以下几种素质。

(1)网感强。网感即网络敏感度,反映的是新媒体运营者对网络热点(如网络热点话题、网络热点词汇、网络热梗等)的敏锐度。它不仅能够帮助运营者捕捉热点、理解用户需求、提升互动与参与,还能够优化策略与决策,实现更好的运营效果和业务目标。因此,新媒体运营者应该注重培养自己的网感,保持对网络环境的敏锐洞察力和快速响应能力。

(2)响应快。新媒体运营者一旦发现热点,须第一时间跟进,把握先机,将产品或品牌与网络热点合理地结合起来,打造具有吸引力和传播力的内容,提升品牌的曝光度和用户参与度。

(3)沟通畅。公司中几乎所有的岗位都会要求具有一定的沟通能力,在新媒体运营中,沟通能力是一项至关重要的能力,它体现在内部协作、用户互动和合作伙伴沟通等多个方面,良好的沟通能力能让运营者在工作中更加得心应手。

3. 职业操守

新媒体运营者的职业操守是确保其在工作中遵循一系列道德和行为规范,这些道德和行为规范对维护行业形象、保护用户权益、促进健康发展至关重要。具体来说,新媒体运营者的职业操守主要包括以下几方面。

(1)遵守法律法规。新媒体运营者应熟悉并遵守国家关于互联网、新媒体等领域的法律法规,确保运营活动的合法性,不发布违法、违规、违背社会公德的内容。

(2)尊重知识产权。在新媒体运营中,版权的重要性不言而喻。它不仅关乎法律的遵守和行业的秩序,更关乎创作者的权益、内容的质量和企业的形象。因此,新媒体运营者应时刻保持对版权的尊重和敬畏,不能随意使用他人的知识劳动成果,并能够用法律手段维护自己的知识劳动成果。

(3)担当社会责任。新媒体运营者是否积极传播社会主义核心价值观,弘扬正能量,抵制低俗、恶俗内容,会直接影响社会的和谐稳定、信息的真实流通、公众权益的保护及行业的健康发展。因此,每一位新媒体运营者都应时刻牢记自己的社会责任,不断提升自身的职业素养和道德水平,为社会的繁荣进步贡献自己的力量。

三、任务总结

本任务主要是了解新媒体岗位类型。新媒体岗位类型丰富,涵盖了内容创作、平台运营、数据与技术支持和市场营销等多个领域,因此,新媒体运营者的岗位要求必然不低,除了必要的专业技能,在素质和职业操守方面也有一定的要求。同时,新媒体运营者应该坚持正确的舆论导向,利用新媒体传播手段,提高信息的引导力和公信力,营造风清气正的网络环境。

四、任务实训

(一)实践训练

广东×××科技有限公司最近打算先招聘一批新媒体编辑与运营专业人才,预计招纳4人,请你结合所学知识,合理分析新媒体编辑与运营团队人员需求,并根据岗位类型设置,明确团队人员的岗位职责和所需技能(按照表1.3的要求进行归纳)。

表1.3 招聘岗位设置表

组成人员	岗位职责	技能要求	备注

(二)实训评价

单位:分

评价内容	评价标准	分值	得分
分析团队人员需求	人员需求分析	40	
明确团队人员岗位设置及其岗位职责和所需技能	1. 岗位设置 2. 岗位职责 3. 所需技能	60	

项目二 账号搭建

项目导读

　　账号搭建是新媒体运营的开始工作。在创建账号之前,首先,要熟悉当下各类新媒体平台的特点与优势,为账号创建奠定基础;其次,要基于对平台的认知,结合自身的需求、对标账号的分析等明确账号定位,完成账号昵称、头像、简介等基本信息创建;再次,在账号的管理和优化阶段,要不断提升账号权重,打造账号 IP,完成账号矩阵建设;最后,为了确保账号的持续性优化,还要重视新媒体团队建设,通过团队成员优化、岗位职责明确、绩效激励政策的制订等手段激发团队的向心力和战斗力,确保后期运营的顺利开展。

项目目标

▶ 知识目标

1. 了解主流新媒体平台的基本特点;
2. 掌握账号创建、管理和优化的基本内容和方法;
3. 熟悉团队建设的主要内容和方法。

▶ 能力目标

1. 能够根据平台属性特点及自身需求创建账号;
2. 能够根据账号现状,对账号进行管理和优化;
3. 能够围绕具体任务要求进行团队建设。

▶ 素质目标

1. 培养学生的创新意识和创造性思维;
2. 培养学生的社会责任感,激励学生为乡村振兴、文化振兴贡献力量;
3. 培养学生的团队合作、参与奉献、互帮互学的精神和规则意识。

任务 1　账号创建

一、任务描述

最近,老夏接到了一个新任务——为芜湖非遗宣传创建账号,以便后期顺利开展一系列运营活动,促进非遗传承,提升非遗文化认同,带动芜湖非遗文化产业发展。经过岗位体验后,小李已经对新媒体企业的组织架构、岗位类型和典型工作任务有了较为详细的了解。公司安排老夏作为小李的带教导师,带着小李一起完成该任务。

二、任务实施

老夏告诉小李,创建新媒体账号不是一件容易的事情。首先,需要熟悉各大新媒体平台的类型,了解不同平台的特点和优势,以便筛选出目标平台。其次,分析账号的具体定位,明确账号定位。最后,注册账号,完成头像、简介、头图等基本信息的设置。

(一)筛选平台

当下,新媒体平台类型多样、功能丰富。为了更加了解新媒体平台,小李查阅了很多资料,结合老夏的介绍,他按照平台核心功能的不同,对部分新媒体平台的特点和优势等进行了总结。不同新媒体平台具有不同的特点、优势和受众群体,企业或个人可根据兴趣、行业领域、专业方向、目标受众等确定在哪些新媒体平台创建账号。

部分新媒体
平台介绍

(二)明确账号定位

选定新媒体平台后,小李着手进行账号定位。老夏告诫小李,账号的清晰定位具有非常关键的作用。首先,账号定位有利于用户快速了解账号,形成对账号的第一印象;其次,账号定位有利于在账号间形成区隔,通过差异化实现竞争突围;再次,账号定位有助于明确账号内容生产和未来的变现方向,实现账号的持续运营;最后,账号定位有利于迎合平台喜好,持续获得平台的流量扶持,吸引更多用户成为账号粉丝。随后,老夏向小李介绍了账号定位的具体方法。

1.目标受众分析

用户群体的选择直接决定了后期的账号运营,为此,运营者需要时刻清楚目标用户是谁,并了解这些人群的特征和需求。运营者需要通过调研详细了解目标受众的属性、兴趣、行为和需求,这是明确账号定位的重要前提。

老夏和小李结合非遗新媒体传播相关统计报告、问卷调研、抖查查、卡思数据、飞瓜数据、新榜等数据,对芜湖非遗宣传账号的目标受众进行分析,如表 2.1 所示。

表2.1 芜湖非遗宣传账号目标受众分析

性别	女性居多,占比超六成
年龄	26～50岁中青年居多,占比超八成
地域	以安徽省为重点,辐射江苏、江西、湖北、浙江、广东等周边省份及国内其他区域
行业	非遗行业、手工艺行业、文创行业、教育行业等
教育程度	初高中及以上学历或具有同等文化水平
兴趣爱好	传统文化、传统技艺、民间手艺、旅游、美食、时尚、历史等

2.定位分析

定位分析主要是定义账号的主题和独特性,明确账号个性化、差异化的价值主张,考虑该账号想在用户心中树立什么样的形象、满足用户什么样的需求。

考虑到本次账号创建的目的是宣传芜湖非遗文化,老夏和小李决定先创建一个综合性的账号来宣传芜湖各类非遗,用年轻人的视角、语言、音乐和镜头风格来看非遗,在内容定位上注重讲述非遗故事和技艺亮点,展现传承匠心。

3.对标账号分析

所谓对标账号,即同领域的优质账号,这类账号既是新账号学习与参考的方向,也是追赶与超越的对象。在对标账号分析上,至少需要整理10篇爆款案例,以此为基础,拆解总结账号搭建经验(表2.2)。

表2.2 对标账号选择标准参考

账号级别	粉丝数/人	优势	选择账号数量/个	关注方向	选择原因
头部账号	>50万	选题、策划、运营较为成熟	5	选题类型及方向运营思维	长期目标
腰部账号	5万～20万	一定的粉丝基础	10	账号人设、选题	建构差异化
底部账号	<2万	成功起号、有爆款内容	15	账号定位、爆款内容(选题、风格、封面)	借鉴价值高

问题来了,如何寻找对标账号呢?这还得靠老夏教小李的账号搜索"三板斧"。

(1)推荐流寻找法:梳理对标账号,连续刷三天对标账号的视频,每天不少于30分钟,刷够300条视频,刷屏时要关注账号,进行点赞、评论、转发。

(2)平台搜索法:在功能搜索框进行关键字搜索,如"非遗",可以选择搜索用户、话题等不同类型(图2.1)。

Q 非遗 　　　⊗　　搜索

搜　　经验　　全网　　团购　　**用户**　　音乐　　话题　　⊽

图 2.1　抖音平台搜索框

（3）第三方数据平台搜索法：如通过新榜、飞瓜、蝉妈妈、抖查查、抖音热点宝等搜索对标账号。

通过以上三种方法的实践并用，在对标账号选择上，小李分析了"四川非遗""非遗来了""深圳非遗""非遗竹编""凌云"等头部账号，"温州非遗""文化杭州非遗传承""浙江非遗""海南非遗"等腰部账号，"成都非遗""河南非遗""重庆非遗"等底部账号。

芜湖非遗宣传对标账号分析示例

4.选择平台

根据目标受众及账号定位需求，选择最适合的新媒体平台进行账号创建，如果目标受众分布在不同的平台，后期可考虑制定一个多平台战略。

结合前期对新媒体平台的特点与优势分析、各大平台对非遗的流量与政策扶持等方面的因素，老夏和小李商量并最终决定先在抖音平台进行账号创建，后期将辐射快手、视频号、B 站、小红书等新媒体平台，构建账号运营矩阵。

（三）创建账号

账号定位明确后，就可以确定账号基本信息，完成账号创建。因为是在抖音平台上建立账号，所以老夏要求小李首先对抖音平台上账号头图、头像、昵称、简介和封面制作的要求与特点进行了解。

1.头图

头图即背景图，头图设计的原则主要有：头图与头像颜色风格统一；重要信息突出展示，如将重要内容放置在背景图的中间偏上位置，避免信息被遮挡；与账号名称相关，可打造个人形象或做二次介绍，强化粉丝认知，也可使用话术引导用户关注（图 2.2）。

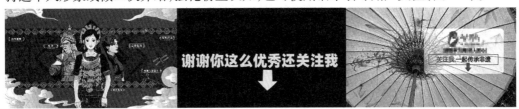

图 2.2　头图案例

2.头像

头像是企业和品牌的标志，如同企业和品牌的 Logo 一样，头像是账号给粉丝的第一印象。头像的制作与账号定位、是否真人出镜有较大关系（图 2.3），可依据表 2.3 规则设置。

图2.3　头像案例

表2.3　头像设置规则

账号内容	头像	举例
真人出镜	个人形象照	××老师、×××在芬兰、×××农人等
垂直领域	与该领域相关图像	××竹编、××手绘等
图文类型/品牌传播	图文 Logo/文字	欢乐芜湖、陕西文旅等

　　头像制作的基本原则有：简洁清晰，避免出现局部或远景人像；避免硬性广告的植入；禁止使用党旗、党徽、国旗、国徽等相关图案；文字类头像最好不要超过6个字；头像需关联背景，与账号定位具有较强的相关性，便于形成统一的风格。

3. 昵称

　　昵称就是账号名称。昵称一般遵循"好懂、好记、好传播"的价值原则，让用户能够一眼看出账号的人设、定位或行业。昵称中禁止出现国家机关、广告引流等信息，切忌生僻字。昵称的确定可参考表2.4的规则。

表2.4　昵称规则

昵称规则	举例
名字+状态	××在考研、××要变美、××爱美丽
名字+领域	××聊耳鼻喉、××说车、××说电影
名字+地点	××在日本、××在美国、××在四川
职业+名字	焊工××、教语文的×老师
特质+名字	疯狂××、碎嘴××
搞笑、有记忆点	红绿灯的紫、灯泡儿
化用耳熟能详的名称	×××真探唐仁杰、×××奥黛丽厚本

4. 简介

　　简介即账号介绍，一般要求简短、精练、接地气，根据账号定位，可突出两三个特点，添加账号视频更新时间或直播时间等。简介可以"能力背书+价值观+账号给用户的价值+特殊符号+联系方式"模式构成，账号没有起势之前，不需要过早添加联系方式，以防被平台误判为营销号（表2.5）。

表 2.5　简介示例

简介示例 1	世界那么大,我想去看看 带你领略不一样的风景 2018 年度"中国好导游" 环球旅行第 5 年 找我 V:微信商务号
简介示例 2	江湖儿女,非遗竹编工艺传承人 竹子也能变成工艺品、收藏品 加入粉丝群,福利月月有 商务:电话号码 粉丝 V:微信群号
简介示例 3	餐饮集团董事长,15 年餐饮人 走访 100 多座美食城市 探寻特色美食,在家也能做 用美食抚慰心灵 商务 V:微信号(请注明合作意向)

5. 封面

封面是短视频给用户的第一印象,不仅直接地传达视频内容和主题,更能第一时间吸引观众的眼球,让视频从主页海量的内容中脱颖而出,从而增加点击量,获得更多关注。从形式上看,封面大致可以分为纯文字型、纯图片型、图文结合型。

(1)纯文字型:一般使用"纯色背景+标题文字",以纯黑色背景居多。这种类型的封面图制作简单,便于展示重要的亮点信息,能够有效将用户的注意焦点集中于标题文字,适用于知识类、搞笑类或剧情类短视频。但是,如果文字结构处理不当,长此以往,用户会产生审美疲劳。

(2)纯图片型:封面图以纯图为主,不含任何文字,依靠图片本身的吸引力来获得关注,制作简单快捷,适用于摄影类、旅游类、文旅宣传类短视频。

(3)图文结合型:把文字添加在图片封面上,变成封面标题。图文结合可让用户清晰地看到视频内容的重点,一般而言,偏红色、偏蓝色、偏黄色等整齐规范的字体更能吸引用户。短视频封面运用最为广泛,大体可分为全屏型、分屏型、三分拼图型等(表 2.6)。

表2.6　图文结合型封面

类型	特点	示例
全屏型	竖版视频比较常用的封面类型。通常是从视频中定格一帧作为背景图片,加文字标题,多虚化背景,凸显文字。标题文字一般不能过多,文字排版应错落有致,文字配色以互补色为主,增加高级感	
分屏型	横版视频比较常用的封面类型。上下为背景,中间放视频画面或者图片。它是从视频中定格一帧,放到一个设计好的背景图片中,在上下背景上添加标题文字,背景和文字可以统一格式	
三分拼图型	系列视频比较常用的封面类型。统一设计一张图作为三个视频的封面,发布短视频时,三个视频同时发,该类型多用于电影解说类视频、系列讲座类视频、活动系列预告类视频等	

封面的设计类型多样,短视频创作者可以充分发挥创意想象,把这几种类型组合起来,或创作出其他富有创意性的封面,只要能达到想要的效果,就是好的封面。一般来说,封面制作技巧如表2.7所示。

表2.7　封面图制作技巧

	图片高清、有吸引力
	字号要大,但不可过大或过小
	主体不可过多,有主次
封面制作技巧	言简意赅,字数不要太多
	调性统一,风格独特
	文字不遮盖图片关键信息,如人脸或亮点等
	不随意拉伸、压缩封面,确保图中人物完整
	不要出现令人不适的画面

结合账号定位分析,小李和老夏商量后决定将芜湖非遗宣传的抖音账号昵称命名为"芜小鸠看非遗",具体账号信息如表2.8所示。

表2.8 "芜小鸠看非遗"账号信息

头图	利用芜湖的象征地标作为头图背景	头像	文字型,内容为"芜小鸠"
昵称	"芜小鸠看非遗"	封面	采用图文结合型
简介	大美芜湖,精彩非遗! 我是芜小鸠,是个芜湖非遗通! 讲述芜湖非遗故事,传承非遗匠心!		

三、任务总结

本任务主要是创建账号,即在了解不同新媒体平台属性、特点的基础上,进一步结合自身需求和目标用户需求,明确账号定位,确定账号的头像、昵称、简介等基本信息,并完成账号创建。

确定好账号基本信息后,在账号注册环节,有两个方面需要注意:一是账号绑定信息要完整;二是账号要经过实名认证。在绑定信息类目里,性别、地区、学校、生日等个人信息应尽量完善,完整的个人信息能够提高账号的推荐权重。如注册抖音账号时,手机号、第三方账号(QQ、微博、微信)最好都绑定。在绑定设备时,应避免一机多用,防止账号被判定为营销号而被降权。因此,遵守"一人一机一卡"的运营原则是最行之有效的方法,即一部手机、一个手机号、一张手机卡注册一个抖音账号,并且不要频繁登录和退出。由于经过认证的账号能获得更高的推荐权重,前期可在"设置—账号与安全—实名认证"中,先完成个人实名认证,后期再进行官方认证,在官方认证账号中政府机构号级别最高,其次是企业号、MCN机构旗下账号和个人认证账号。

四、任务实训

(一)实践训练

小云是一名即将毕业的大学生,也是一名美食博主,其自媒体内容方向主要为种草各种零食小吃及探店等,在小红书拥有较多的粉丝。最近,她老家的村委会主任通过她的父亲联系到她,希望她能帮助村里的特色农产品山芋、莲子、葡萄等进行网络推广,开拓一条好的销路。恰巧小云毕业后也想回乡创业,刚拉到投资的她想通过短视频平台帮助村里销售更多的农产品。为此,请帮助她完成短视频平台的账号创建。其具体要求如下:

(1)找出至少10个对标账号,并按照表2.9进行账号信息梳理。

表2.9 对标账号信息梳理

账号序号	账号信息					账号定位				选题					
账号1	昵称	简介	头像	头图	封面	粉丝量	定位	人设	目标受众	账号特色	选题方向	内容类型	话题	更新频率	发布时间
账号2															
账号2															
账号3															
账号4															
……															

(2)明确短视频平台的新账号定位。

(3)帮助小云确定短视频平台的账号信息,包括昵称、头像、简介、封面等,完成账号创建和注册。

(二)实训评价

单位:分

评价内容	评价标准	分值	得分
对标账号分析	1. 对标账号至少10个 2. 对标账号为同一领域 3. 不同级别对标账号的粉丝数量分布合理	30	
账号定位	1. 账号用户分析 2. 账号特色及定位 3. 拟选择的新媒体平台	30	
账号创建	1. 头像设计 2. 头图设计 3. 昵称及简介 4. 封面设计	40	

任务2 账号管理与优化

一、任务描述

小李跟着老夏一起完成了"芜小鸠看非遗"的账号基本信息创建,接下来面临的一个头疼的问题就是账号的管理与优化。小李陷入工作瓶颈,不知账号注册后如何才能快速起号,让发布的视频被更多人看到。对于后期的账号优化,小李也是一筹莫展。于是,小李带着一堆问题去请教老夏。

老夏认为,账号管理与优化是一项持续性的日常工作,在账号注册时就开始了。当然,在账号运营的每个阶段侧重点有所不同,在账号初创时期,最重要的是快速起号,提升账号权重,获得更多的流量,打造独特的账号IP,提升账号的辨识度、记忆度,在账号运营有了一定的基础之后,可考虑布局矩阵账号建设,扩大账号群的整体影响力。

二、任务实施

(一)提升账号权重

老夏提醒小李,对于新建账号而言,提高账号权重、建立账号初始流量至关重要。那么,该如何提升账号权重呢? 可通过养号建立账号初始流量基础。

对于抖音平台来说,新注册的账号会自动分配近期注册的用户标签,如果不进行养号操作,平台收录不到有效账号信息,无法判定账号作品标签,就会按初始用户标签推流,容易导致账号定位与首发作品内容不匹配。一般来说,账号流量推送与账号的首发作品、账号在平台的使用习惯直接挂钩,同一个作品用不同的账号发布,播放量、点赞量和互动数据会截然不同,因此养号显得格外重要。养号人通过人为干预账号的喜好标签、行为标签,可以精准定位首发作品的推流用户,提升首发推流优质度,达到提高流量、缩短起号周期、强化收益转化等效果。

1. 养号准备

按照老夏的交代,小李开始做养号准备(表2.10)。

表2.10 养号准备

养号准备	具体操作
干净设备	终端设备无抖音平台的任何资料信息。如果设备曾使用过抖音,须先在软件端清理缓存数据,而后在设备设置页,删除软件并深度清理平台缓存信息资料
干净网络	重启设备。新注册账号对网络特别敏感,如果网络连接过违规账号,极有可能会被贴上风险网络标签,造成新注册账号风控管制

续表

养号准备	具体操作
一机一卡一号	一个账号对应一张电话卡一台手机,避免单个账号违规,导致在同一设备上登录的其他账号养号失败
账号喜好标签定位	确定账号的主、副标签。明确视频目标用户属性及特征,主标签用于锁定赛道,副标签用于提高流量

2. 养号流程

准备工作做好后,小李正式进入养号流程。

(1)养号第一步:空刷账号喜好标签。空刷标签是指在不登录账号的情况下,观看短视频作品养成账号喜好标签,以此来模拟正常用户的使用习惯,加快平台收录,提高新注册账号权重。空刷账号的时间最好在半小时以上,但不要超过 3 小时。为此,小李进行了具体操作(表2.11)。

表2.11　空刷账号喜好标签操作流程

步骤1	下载抖音直接打开,切忌立马登录账号
步骤2	刷到喜好标签的视频时,观看30%以上,不要点赞、评论、点击主页等
步骤3	刷到无关视频,停留2秒再刷走,给账号贴上优质行为标签
步骤4	当连续刷10个视频,均出现3个及以上喜好标签作品时注册账号
步骤5	注册账号后下线,不需要更改账号简介信息

(2)养号第二步:收录行为标签。基于平台会根据账号行为标签,为首发作品匹配相似用户推流,账号在平台的使用行为会影响作品推流用户的优质度。因此,小李需要模仿优质用户在平台的行为,完成账号主页更新、评论区停留、优质评论留言、账号主页停留、点赞、收藏、转发、关注等行为。针对行为标签收录,小李进行了具体操作(表2.12)。

表2.12　行为标签收录操作流程

账号主页设置	完成账号名称、简介、头像、背景图等基本信息设置
评论区停留	刷到喜好标签作品时,先观看1分钟左右,然后打开评论区,在评论区停留20秒以上,观看用户的评论、点赞,回复用户评论
评论区互动	刷到喜好标签作品时,抢占作品首评,争取成为优质评论,吸引精准用户到账号主页浏览,提高账号权重
主页浏览停留	观看完作品以后,进入账号主页;挑选前期作品任意点击观看,单个作品需观看30秒以上;完成3～5个作品浏览后,点击关注,退出主页

续表

账号主页 设置	完成账号名称、简介、头像、背景图等基本信息设置
点赞、收藏、 转发	观看作品时,根据内容的优质程度,给予点赞、收藏、转发;切忌对观看的全部作品产生互动行为

（3）养号第三步:测试养号效果。养号自检完成后,小李特意挑了用户活跃时段发布作品。在此之前,他在 9:00—10:00、12:00—13:00、17:00—19:00、21:00—23:00 等时段进行了多次测试,最终选出了视频最佳发布时间段。老夏告诉小李,如果首发作品流量次日大于 5 000 播放量,且后续作品流量稳定或者稳定增长,则判定养号成功。

老夏提醒小李,账号权重的提升是日常管理的一部分,提高抖音账号的权重一般需要长时间积累和稳定运营,并将其他可以快速提高账号权重的方法告诉了小李。

（二）打造账号 IP

在账号创建过程中,老夏和小李就有意向打造一个极具地方文化特色的账号 IP。通常来讲,账号 IP 就是账号的形象,是受众能够直接记住账号的显著方面,体现该账号独特的个性。一般情况下,账号 IP 可以是人物、BGM(背景音乐)、动作、场景、台词、视频风格、道具等,具有高度唯一性。通常打造账号 IP 最突出的形式是"真人出镜+台词"。账号 IP 的打造能够增加粉丝对账号的关注度和黏度。目前,小李认为"芜小鸠看非遗"的账号 IP 尚不够清晰,但是又不知道如何去优化,老夏知道后,又开始给小李上课了。

账号权重提升的其他方法

具体来说,账号 IP 打造主要包括以下几个方面。

（1）确定账号的定位和目标:在打造 IP 之前,首先需要明确账号的定位和目标。在确定账号领域时,可围绕兴趣爱好或者职业角度进行,如果你是一名健身主播,可打造与健身相关的个人 IP,如分享减肥教程或健身教程等。

（2）制订内容策略:制订内容策略是打造账号 IP 的关键步骤之一。内容策略应该根据自己的定位和目标受众来制订,包含如表 2.13 所示的几个方面。

表 2.13　内容策略

内容类型	根据账号定位,确定内容类型,如视频、文字、图片等
内容主题	根据账号所属领域和目标受众选择内容主题,如美食、旅游、科技等
内容风格	保持一致性和独特性,让用户能够快速识别出账号 IP

（3）确定 IP 具体呈现形式:IP 能够给用户最直接的视听感官印象,如视觉、语言、动作、道具、BGM 等(表 2.14)。

表 2.14　IP 呈现形式

视觉	品牌 Logo、动漫形象、人物形象等设计,形成视觉上的品牌差异化记忆点
语言	设计一句符合 IP 人设定位的经典文字,并添加到所有视频脚本中,在后续发布的短视频作品中反复出现,成为 IP 人设的差异化记忆点
动作	设计一个专属的招牌动作,并固定下来,使这个动作成为大家最期待看到的画面,让用户停留下来观看
道具	一把扇子、一顶帽子、一副墨镜、一顶假发、一身服装等都可以成为用户的记忆点,在道具的选择上应具备个性化和辨识度
BGM	选择一段适合账号人设的 BGM,并固定下来作为视频内容的常用 BGM,不仅可以有效地引导用户的情绪,还可以成为 IP 的记忆点

(4)建立社群:建立社群可让 IP 更具吸引力和影响力。通过社群运营,与粉丝进行常态化互动,及时了解粉丝的需求和反馈,提高粉丝的归属感和忠诚度。

(5)保持持续性和更新性:打造个人 IP 需要保持账号内容的持续性和更新性。持续性可使粉丝持续关注和支持账号,更新性可让 IP 更具活力和吸引力,让粉丝不断有新鲜感和期待感。

在听完老夏的指导后,小李对"芜小鸠看非遗"进行了账号 IP 设计(表 2.15)。

表 2.15　"芜小鸠看非遗"账号 IP 设计

账号定位和目标	通过"芜小鸠"的讲述,发掘芜湖非遗故事,呈现非遗技艺亮点,展示非遗文化历史与创新魅力,为芜湖非遗传承与非遗文化产业发展助力
内容策略	类型:短视频,以 1 分钟以内为主; 主题:芜湖非遗文化; 风格:以特色的口播讲解为主,开头设置悬念
IP 呈现形式	视觉:"芜小鸠"虚拟及真人形象设计,突出地方色彩,是一个幽默、俏皮、爱凑热闹、喜欢非遗文化、戴着一副黑框眼镜的时尚年轻男性; 语言:植入方言和时尚流行语,在视频开头和结尾设计固定的特色语言,如"我是'芜小鸠',带你青青丝丝看非遗"; 动作:设计转身、特定手势等专属动作; 道具:黑框眼镜,根据季节、节庆等变化的着装等; BGM:节奏感强的音乐,为"芜小鸠"的出场设计专属 BGM
社群建立	线上通过私信、发群口令等形式,线下通过各类活动引导粉丝关注账号并进入粉丝群"芜小鸠非遗大世界",以便积累忠实粉丝,开展私域社群推广,在社群中通过表情包、语言形式、视频等元素进一步强化"芜小鸠"的 IP 形象
持续性和更新性	每周固定时间推送视频内容,确保账号活跃度

(三)搭建账号矩阵

"芜小鸠看非遗"账号已经运营了一段时间,目前正处于快速成长期,老夏想趁机多

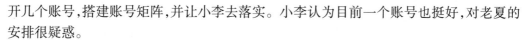

开几个账号,搭建账号矩阵,并让小李去落实。小李认为目前一个账号也挺好,对老夏的安排很疑惑。

老夏觉得小李对新媒体账号矩阵的认知还不够,于是他又带小李学习了一遍。所谓新媒体矩阵,指的是能够触达目标群体的多种新媒体渠道、平台或手段的组合。简单来说,企业为了吸引更多用户关注,根据运营目标和需求,在各媒体平台分别建立多个账号,面对不同的目标群体发送针对性推广内容,这个过程形成的曝光渠道组合就是新媒体账号矩阵。

一般来说,新媒体账号矩阵包括横向矩阵和纵向矩阵,如表2.16所示。

表2.16　新媒体账号矩阵类型

矩阵类型	内容	示例
横向矩阵（外矩阵）	企业在全媒体平台的布局,是同一主体在不同平台的全网覆盖式运营,包括自有App、网站和各类新媒体平台,如微信、抖音、快手、小红书、微博、今日头条等,也称外矩阵	微信公众号、视频号:小米公司、小米技术、小米社区 抖音号:小米官方旗舰店、雷军 微博:小米手机、小米公司、小米之家 小红书:小米、小米好物研究所 今日头条:小米手机、小米商城
纵向矩阵（内矩阵）	企业在单个媒体平台的生态布局,是同一主体在相同平台下的多IP垂直纵深运营,是其各个产品线的纵深布局,如在微信平台布局订阅号、服务号、社群、个人号及小程序等,也称内矩阵。企业通常会布局三类账号:负责品牌宣传的官方号、某领域有较高权威的个人号(KOL)、模拟客户的账号	抖音号矩阵: 东方甄选、东方甄选自营产品、东方甄选美丽生活、东方甄选看世界、东方甄选之图书、东方甄选将进酒、顿顿顿顿顿、东方yoyo、东方甄选明明等

新媒体账号矩阵的搭建,可形成账号协同效应,不同账号内容的多元化有助于提高品牌及产品曝光率,降低广告引流成本,扩大品牌影响力,有效降低运营风险,达到利益最大化。

在老夏的指导下,小李开始着手搭建"芜小鸠看非遗"矩阵账号。

(1)明确目标受众。在搭建账号矩阵之前,需要明确和细分目标受众。了解目标受众的年龄、性别、兴趣等信息,能够为不同账号的定位提供依据,以满足不同层级人群的需求和偏好,分化出新的账号或平台。

结合前期的账号运营数据和用户分析,小李将目标受众进行了分层。他发现有很多用户对民间手工技艺非遗类有着较大兴趣,并有用户通过私信、评论或在社群内询问手工艺产品的购买渠道,有关传承人故事的视频的阅读量、点赞量、转发量也比较高,还有较多用户希望"芜小鸠"能较多出现在视频画面中,因此,小李想针对这些新发现拓展新的账号。

(2)划分账号类型。根据目标受众和业务需求,将账号划分为不同的类型,并确定发布平台。为此,小李在整合现有资源的基础上,重新规划了"芜小鸠看非遗"矩阵账号:一是在横向矩阵搭建层面,将"芜小鸠看非遗"账号拓展到微信公众号、视频号、今日头条、B站,内容和抖音号相近,其中视频时长将依据平台属性有所变化,如在B站将以中视频为主。二是在纵向矩阵搭建层面,聚焦抖音平台,以"芜小鸠看非遗"主账号为核心,拓展人

设 IP、产品、传承人等系列子账号进行试运营,后期将根据具体运营数据对子账号进行增减、调整与优化(图 2.4)。一般来说,建议先搭建纵向矩阵,再搭建横向矩阵。因此,小李决定在抖音平台完善矩阵账号并运营一段时间后,根据运营效果再考虑横向矩阵的搭建。

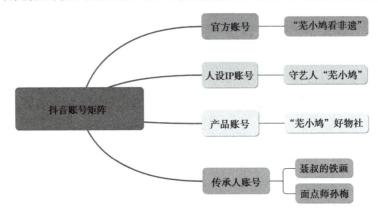

图 2.4 "芜小鸠看非遗"抖音账号矩阵

(3)确定核心内容。为每个账号确定核心内容,确保内容定位准确,能够吸引并保持目标受众的关注。按照规划,小李规划了每个账号的核心内容,如表 2.17 所示。

表 2.17 "芜小鸠看非遗"抖音账号核心内容规划

账号类型	账号昵称	核心内容
官方账号	"芜小鸠看非遗"	以"芜小鸠"的视角讲述非遗故事, 凸显非遗的传承与创新
人设 IP 账号	守艺人"芜小鸠"	"芜小鸠"化身非遗守艺人, 注重展示"芜小鸠"的非遗技艺与文化体验
产品账号	"芜小鸠"好物社	注重非遗产业转化,建立销售渠道, 植入营销与直播推广元素
传承人账号	聂叔的铁画("芜小鸠")	以非遗传承人为核心、 第一人称叙事、 推介手艺人、讲述手艺故事
	面点师孙梅("芜小鸠")	

(4)创建账号并设定目标。创建相应的抖音账号,并为每个账号设定具体的目标。为避免被平台识别为同一人使用而封号或降权,小李使用了不同的手机卡、手机和网络注册了多个账号,同时为每个账号制订了发布计划,确保每天每个账号至少发布一条内容,以保持账号的活跃度和新鲜感,吸引受众关注。

(5)联合推广。小李对矩阵账号进行了相互关注、@、评论等操作,同时也在联系其他媒体或品牌进行合作,共同推广账号矩阵,扩大影响力,如通过互相转载、联合活动、广告植入等方式实现。

新媒体账号矩阵运营已成为品牌和商家的重要策略。然而,令小李头疼的是,新媒体账号矩阵运营会面临各种挑战,如多平台账号管理烦琐、跨平台数据复盘费时费力等。

为了解决这些问题,老夏为小李介绍了易媒助手、科握、蚁小二等智能工具,方便管理多个新媒体账号。

三、任务总结

本任务主要是在账号创建之后,对账号进行管理和优化,重点阐释了三个方面的措施:一是提升账号权重;二是打造账号IP;三是搭建账号矩阵。打造账号IP时,可多思考几个问题:"我是谁? 我会做什么? 我需要谁?"清晰的个人定位是用户关注和信任账号的理由,也是账号IP打造的关键。打造账号矩阵是账号运营到一定阶段时普遍采取的运营策略。企业或个人需要结合自身的实际情况,实施矩阵运营。在完善账号矩阵时,需要研究平台的定位、属性和用户,多留意平台在同类平台中的排名、用户量和发展程度等,以确定运营内容,提升粉丝黏性,促进商业转化。在搭建账号矩阵时,并不一定按照固定的某种方式进行,如"官方号+权威个人号+素人号""母品牌+子品牌""品牌+门店/店员""品牌+达人号"等,其搭建方式与适用情况还需根据账号运营目的进行灵活应用。

四、任务实训

(一)实践训练

通过前期的努力,小云已顺利创建了自己的抖音账号"回乡的阿云",但她没有任何抖音运营的基础知识和技能,对于后续账号的管理和优化也是一知半解。假设你是小云的老同学,正好具备较强的抖音运营经验,之前也帮过不少抖音账号做过孵化和运营。小云诚挚地邀请你加入她的创业团队,并规划实施后期的运营。如果你非常看好小云新创公司未来的发展前景,并答应了小云的请求,请协助小云至少完成三个任务。其具体要求如下:

(1)为抖音平台的初建账号"回乡的阿云"提升账号权重。

(2)请结合小云前期小红书账号的特点和新建抖音账号的定位,帮助其打造完善的账号IP,请提供账号IP打造方案。

(3)以"回乡的阿云"为核心,完成账号矩阵搭建,帮助她的公司发展壮大。

(二)实训评价

单位:分

评价内容	评价标准	分值	得分
提升账号权重	1. 完成账号初创阶段的养号 2. 与粉丝互动 3. 梳理近一周的热点引流话题 4. 频繁的内容发布	20	
打造账号IP	1. 内容策略 2. IP呈现	40	

续表

评价内容	评价标准	分值	得分
账号矩阵运营	1. 制订账号矩阵规划 2. 完成账号矩阵搭建	40	

任务3 团队建设

一、任务描述

随着"芜小鸠看非遗"矩阵账号走向常规运营,老夏发现团队建设存在较大问题,最大的难题是人员缺口较大,还有一些职能岗位需要专业人员。为此,老夏向公司提出了申请,公司准备招募新成员,进一步完善该项目的团队建设。

老夏让小李跟进项目团队建设,围绕"芜小鸠看非遗"项目充实团队成员,搭建新媒体运营团队,并明确团队内成员的职能,建立绩效评估与激励机制,确保团队高效运作。

二、任务实施

前期,小李已经了解了新媒体公司的组织架构与职能。为了让小李顺利完成"芜小鸠看非遗"新媒体运营项目的团队建设,老夏向小李介绍了新媒体运营团队的几种搭建方式。

(一)搭建新媒体运营团队

小李了解到,企业规模直接影响到新媒体运营团队的搭建。总体而言,新媒体运营团队主要有两种分组方式:一是根据业务逻辑分组,如内容、活动、用户、产品、直播等,产出的内容输出到抖音、小红书等不同的新媒体平台;二是根据平台属性分组,如微信、抖音、快手分别为不同的组,进行平台垂直运营。一般小型企业大多按照业务逻辑来建立团队,发展较为成熟的大企业往往依据平台属性来分组,这种区分没有绝对的界限,在很多企业中这两种团队组建方式是有机融合、相互交叉的。

(1)小型企业:由于规模和预算限制,规模较小的运营团队主要根据业务逻辑来分组,岗位有内容运营、渠道运营两种,负责内容营销和渠道推广工作。小企业在搭建运营团队时需要特别注意人员能力的全面性和综合性。除了上述两种角色外,后续可根据业务要求,增加相应岗位,如产品运营、用户运营、社群运营等。

(2)中型企业:中型企业规模较大,团队成员类型多样,在团队结构中一般设有内容运营、渠道运营、产品运营、用户运营四种岗位。由每个负责人监督各自部分内容,处在该结构中的员工会更加关注各自营销细分领域中的工作,对营销人员的专业性要求更高。

(3)大型企业:大型企业的业务较多,有实力组建更加全面、专业的运营团队。在团队中,岗位设置更加专业、具体、多样,如设有内容运营、渠道运营、产品运营、用户运营、活动运营等,若有电商直播业务也会设置直播电商运营。在大型企业中因为业务繁多,运营团队可能会依据平台属性或者项目分为多个组,如抖音组、小红书组或某产品组等。

鉴于公司现状,小李决定以项目为核心,聚焦"芜小鸠看非遗"项目矩阵账号运营,整合团队资源。

(二)明确团队成员职能需求

老夏告诉小李,不同企业依据自身实际情况,新媒体团队职能结构有所不同。因此,新媒体团队建设需要根据企业新媒体发展情况阶段性补充相关专业人员,逐步完善团队结构。

当下,"芜小鸠看非遗"矩阵账号正处于快速发展期,账号运营重点尚处于内容输出期而非商务转化期,对内容团队的要求比较高。公司只为该项目安排了两名内容运营人员(文案兼编导1名、拍摄兼剪辑人员1名),艺人由公司统一管理并安排给项目团队。结合"芜小鸠看非遗"矩阵账号数量、项目体量、资金、公司架构等多方面因素,小李决定先以项目为核心完善内容运营团队。内容运营团队成员包括编导、拍摄、剪辑、文案等岗位,根据目前情况,至少需要增加短视频编导1名、拍摄兼剪辑人员1名,后期将根据业务发展情况增加相关运营岗位等。

于是,小李将编导与拍摄的岗位需求表(表2.18)发给了公司人力资源部,希望可以尽快招募新人充实团队。

表 2.18　岗位招聘需求

岗位名称	需求数量/名	岗位职责	任职要求
编导	1	1.负责视频团队的日常管理,统筹账号日常内容、商业内容的选题、制作与更新; 2.负责抖音账号的内容策划,跟进与甲方的沟通,完成脚本撰写、制订拍摄计划,快速落地拍摄发布; 3.跟进指导视频后期制作,确保产出优质视频; 4.根据数据反馈,及时复盘优化与升级短视频内容	1.熟悉短视频创作流程,善于捕捉热点,能够独立完成选题策划及脚本创作,具备内容发布与数据复盘能力; 2.有好奇心、审美感、创意,脑洞大; 3.具备较强的执行力、团队沟通与协作能力,有坚定的意志力与责任感; 4.本科以上学历,中文、编剧、编导、导演相关专业者优先; 5.有1年以上抖音或其他短视频平台编导经验者优先

续表

岗位名称	需求数量/名	岗位职责	任职要求
拍摄（兼剪辑）	1	1.负责新媒体短视频的录制与拍摄； 2.负责把控视频现场拍摄质量； 3.负责视频拍摄、剪辑、调色、音效处理等全套前后期制作工作； 4.负责摄像、摄影器材的管理与维护； 5.与团队紧密合作，确保视频内容与账号定位一致	1.能熟练使用单反、摄像机等摄影器材，熟练掌握 AE、PR、PS、AI 等剪辑软件； 2.能够适应各种拍摄条件，独立完成相关场景搭建及拍摄； 3.能把控好视频的节奏与风格，配合编导产出高质量视频内容； 4.具有 2 年以上视频拍摄经验者或视频剪辑工作者优先； 5.本科以上学历，摄影、影视制作、艺术设计、数字媒体技术、广播电视编导、新媒体制作等相关专业者优先

经过了阶段性的内容运营后，"芜小鸠看非遗"母账号已经积累了一定的粉丝，且粉丝黏性较强，"芜小鸠"的 IP 形象认同较高，具备了进行商业转化的基础。为了更好地服务电商变现，小李准备进一步优化团队成员的结构，引进专业的直播运营人员，具体直播团队团员组建如表 2.19 所示。

表 2.19　直播团队团员组建

岗位	职责	核心能力要求	数量/名
主播	主播是直播间的核心，负责引导和主持整个直播过程，与观众进行互动，介绍产品内容，进行产品演示或分享等	具备良好的表达能力和演讲技巧，熟悉产品特点和使用方法，能够吸引观众注意力并有效推销产品	1 或 2
运营/场控	负责直播的整体策划和执行，包括规划直播内容、流程安排、节奏控制等。同时，负责直播过程中的后台操作，如产品上下架、价格调整、公告推送等	具备较强的组织能力和应变能力，能够实时监控直播情况并做出相应调整	1
直播助理	协助主播进行直播，包括产品准备、展示、递送等。同时，负责观众互动、答疑、记录观众反馈等工作	熟悉产品知识，具备良好的沟通能力和服务意识	1
技术支持	负责直播前的预热宣传和直播过程中的推广工作，包括社交媒体平台宣传、合作渠道拓展、广告投放等	熟悉各种推广渠道和方式，具备较强的市场敏感度和分析能力	1

续表

岗位	职责	核心能力要求	数量/名
数据分析师	负责对直播数据进行分析,包括观众数量、观看时长、转化率等,为团队提供数据支持,优化直播策略	具备数据分析能力和市场洞察力,能够准确解读数据并提出有效建议	1

注:团队成员数量可根据直播规模和需求进行调整。例如,小型直播间可能只需要主播、运营人员和技术支持人员3名;而大型直播间可能需要更多的人员分工合作。

(三)明确团队绩效评估与激励

团队组建好后,企业还会面临团队内部员工能力参差不齐、难以协调,或员工工作积极性不高,运营目标难以实现等难题。因此,高效的激励考核体系,对新媒体团队来说至关重要,明确绩效评估与激励政策,能够更好地激发团队创作积极性,提高内容质量,促进业务目标的实现。

老夏叮嘱小李,关键业绩指标(KPI)的制订整体上有两个基本要求:一是总体考核指标不能太多,一般不超过5个;二是各考核指标的权重相加是100%。具体指标包含业务指标和个人提升指标。业务指标又分为过程指标与结果指标,指标项一般合计不超过4个,权重相加大于或等于80%。个人提升指标并不是考核的必选项,可根据需要灵活设定,如果设定了该考核指标,一般权重不超过20%。

在老夏的指导下,小李开始编制绩效评估表。

(1)确定各岗位的KPI。首先,小李确认了新开账号粉丝增长量的月度目标,依据当下涨粉速度,将账号涨粉的月度目标暂定为10万人,同时确定了视频总的播放量和点赞量的具体指标。其次,小李确定了各岗位的工作流程,根据关键流程对各岗位设定过程指标。最后,小李针对各岗位成员实际情况,制订个人提升目标,最终确定各岗位关键指标。表2.20为已制订的部分岗位的KPI。

表2.20　KPI制订

岗位	过程指标	结果指标	个人提升指标
编导	更新量	粉丝增长量 播放量 点赞量	账号内容分析
	账号运营		
	热点分析		
	工作行为		
拍摄(兼剪辑)	更新量	粉丝增长量 播放量 点赞量	视频拍摄+后期分析
	专业技能		
	热点分析		
	工作行为		

续表

岗位	过程指标	结果指标	个人提升指标
运营	直播场次	销售指标完成率 利润率 推广费用控制率	直播运营 对比分析
	直播运营		
	创新分析		
	工作行为		

（2）制订绩效考核方案。根据前期的准备工作，可以制订月度或年度的绩效考核方案，让团队成员根据设定的考核目标高效开展工作。如部分岗位的月度考核方案可围绕表2.30—表2.32所示指标进行制订。

（3）制订激励方案。制订激励方案要遵循一些基本原则：一是坚持公平的原则。在广泛征求员工意见的基础上出台一套大多数人认可的制度并进行公示，在激励中严格执行并长期坚持。二是坚持与考核制度结合。便于激发员工的竞争意识，充分发挥员工的自我潜能。三是坚持制度制定的针对性。企业必须系统地分析、搜集与激励有关的信息，全面了解员工的需求和工作质量的好坏，根据现实情况的变动制订相应的应对方案。

在遵循基本原则的前提下，在做激励方案之前，还需要先考虑激励目的、对象及方式。在激励目的上，重点在于运用多种有效的方法和手段，最大限度激发团队成员的积极性、主动性和创造性，确保运营目标的达成；在激励方式上，可分为物质激励和精神激励，物质激励又分为与绩效相关的长期奖励及小目标达成的即时奖励。

三、任务总结

本任务主要围绕新媒体团队建设展开介绍，在了解新媒体公司基本组织架构和岗位职能的基础上，能够结合自身新媒体账号运营需求组建运营团队，并能构建团队内部有效的绩效激励机制，不断提升团队综合能力。

当下，公司在布局新媒体矩阵时，一般会重点关注两大生态：微信生态和短视频生态。针对微信生态，组建一个运营小组即可完成日常运营；短视频生态则更为复杂，包括六大岗位：导演、演员、策划、摄影、后期剪辑和运营，即使低配团队也需要3人，1人兼任导演策划和运营，1人为演员，1人兼任拍摄和后期剪辑。当新媒体运营平台确定时，即可进行团队建设，在团队搭建的过程中，人员配备不可能一步到位，而是根据不同运营时期的需求，分阶段进行的。

四、任务实训

（一）实践训练

近年来，各地通过"短视频+直播电商"帮助很多优质农产品走出了大山。电商直播极大地拓宽了农产品销售渠道和发展空间。农民的手机成了新农具，电商数据成了新农资，直播成了新农活，借助"短视频+直播电商"既可以推销农副产品、帮助农民脱贫致富，又可以推动乡村振兴。

"回乡的阿云"抖音账号一直以来都以内容运营为主,并建立了矩阵账号,但尚未涉及直播电商。如今,阿云认为是时候进行账号变现转化了。她想发挥账号已经积累的粉丝优势和影响力,帮助家乡卖出更多的农产品,助力产业富乡。但是,眼前她的团队人手不够,还缺乏一些专业的运营人才,没办法支撑电商变现目标的实现。请结合以上材料,帮助阿云完成两项任务。其具体要求如下:

（1）梳理并确定"回乡的阿云"抖音账号初创电商直播运营团队的基本岗位、岗位职责,完成团队搭建。

（2）为团队拟定绩效评估激励方案。

（二）实训评价

单位:分

评价内容	评价标准	分值	得分
确定初创电商直播运营团队基本岗位、岗位职责,完成团队搭建	1. 团队岗位构成 2. 团队岗位职能分工	40	
拟定绩效评估激励方案	1. 制订 KPI 2. 制订绩效考核方案 3. 制订激励方案	60	

项目三 信息采集

项目导读

　　新媒体信息采集是指通过不同渠道收集、整理和筛选新媒体所需的信息资源，以满足内容创作、传播和分析的需求。涵盖信息外采、互联网信息采集、信息筛选和信息整合等关键环节。通过学习本项目，学生能够掌握新媒体信息采集的基本技能，为日后的新媒体运营工作打下坚实的基础。

项目目标

▶ 知识目标

1. 了解信息外采、互联网信息采集的流程与技巧；
2. 学习在新媒体环境中适用的采访技巧，包括远程采访、即时通信工具采访等；
3. 学习信息筛选与信息整合的标准与步骤。

▶ 能力目标

1. 能够独立进行新媒体信息的采集工作，包括实地采集和在线采集；
2. 能够根据信息采集的需求，有效筛选和整合信息，提高信息采集的效率和质量；
3. 能够运用新媒体工具进行信息采集，并对采集到的信息进行合理分类和储存。

▶ 素质目标

1. 培养学生的信息素养，提升学生对新媒体信息的敏感度和判断力；
2. 增强学生的团队合作精神和创新思维能力；
3. 树立学生遵守信息采集伦理和法规的意识。

任务 1　信息外采

一、任务描述

　　老夏携手新入职的小李，共同负责芜湖非遗文化账号"芜小鸠看非遗"IP 的内容创作与宣传推广。本任务选定芜湖铁画作为主题，首要步骤是进行信息外采，线下收集关于芜湖铁画的详细资料及采访非遗传承人,为后续的内容创作和宣传工作打下基础。

二、任务实施

老夏告诉小李信息外采,即新闻采访中的信息采集环节,是指新闻工作者为获取新闻素材而进行的现场调查和访问活动。它是新闻报道的基础,直接影响新闻报道的质量和真实性。信息外采是新媒体内容制作的关键一环。在进行信息外采之前,首先,要明确报道的主题和目标,为信息采集指明方向;其次,要深入了解相关信息背景,通过查阅资料、调研市场需求等方式,为外采做好充分准备;再次,在实地采访过程中,要善于观察和提问,捕捉细节,获取独家、真实的新闻素材;最后,为了确保信息采集的质量和效果,要注重与采访对象的沟通与协调,建立良好的工作关系,为后续的内容制作和发布奠定坚实基础。

（一）准备阶段

采访准备指的是在新闻采访之前,记者对采访主题、采访对象、背景资料、提问问题、采访方式等进行全面、细致的准备和规划。这一过程包括选择采访对象、制订采访计划、设计提问的问题、准备采访设备等,以确保采访的顺利进行和高效完成。

老夏提醒小李在选择采访对象时,要确保其具有代表性,优先选择有丰富经验和故事的传承人或工作室,这样才能够获得更深入、更全面的信息。采访问题应围绕何时、何地、为何、谁、什么、如何（when、where、why、who、what、how）原则设计,以确保信息的全面性和深度。据此,小夏进行了准备（表3.1）。

表3.1　采访准备

确定采访对象和地点	联系芜湖当地的铁画传承人或工作室,安排采访时间和地点(线上/线下)
制订采访计划	明确采访目的,列出采访问题,包括芜湖铁画的历史、制作工艺、传承现状等
准备采访工具	录音设备、摄像设备、笔记本等

小李首先通过芜湖市文化和旅游局官网查找官方认证的铁画传承人和工作室名单,然后利用社交媒体和电话联系,说明来意并预约采访时间,最终确定了一位资深传承人和一个具有创新精神的年轻工作室作为采访对象。小李制订了详细的采访大纲,包括芜湖铁画的历史渊源、制作工艺的详细步骤、当前传承面临的挑战与机遇、未来发展的设想等,每个问题都力求具体且有深度。

采访之前老夏提醒小李要记得检查设备是否完好,备用电池和存储卡要充足,以防万一。小李提前一天检查了录音笔、相机、三脚架等设备,确保电量充足,并额外准备了几块电池和几张存储卡,同时准备了防水防尘的保护套,以应对不同的采访环境。

（二）实地采访

实地采访,顾名思义,是指新闻采集者亲自到新闻事件发生地或相关场所进行的采

访活动。这种采访方式能够让采集者获得最直接的现场感受,采集到真实可靠的第一手素材,从而保证新闻报道的真实性和生动性。通过实地采访,信息采集者能够深入了解事件全貌,捕捉生动细节,为受众呈现更为立体、深入的报道。采访前,小李先拟定了采访提纲(表3.2)。

表3.2 实地采访提纲

进行现场观察和记录	记录铁画的制作过程,拍摄相关照片和视频
制订采访提纲	有条不紊地引导采访对象回答问题,确保采访的全面性和针对性
采访传承人或从业者	了解他们的故事,记录他们对芜湖铁画的看法和期望
采访沟通技巧	1. 开放式问题可以引导采访对象深入思考,更加详细地回答 2. 封闭式问题可以用于确认事实和核实细节 3. 追问式问题可以进一步挖掘采访对象的观点和见解 4. 情感式问题可以引发采访对象的情感回应等
注意事项	1. 提问要循序渐进:问题设计需逻辑清晰,由浅入深,引导受访者逐步展开叙述,自然带出细节和观点;避免跳跃式提问,确保交流流畅 2. 倾听重于表达:专注受访者的回答,避免打断或预设答案;适时通过点头、简短回应(如"原来如此""能再具体说说吗?")鼓励对方继续分享;关键观点可简要复述确认,避免误解 3. 灵活把控节奏:根据受访者的表达习惯调整提问频率;重要话题留足时间深入探讨,次要信息适时收束,避免冗长或仓促 4. 尊重隐私界限:涉及敏感话题时,先询问是否愿意谈及(如"这个问题如果您不方便回答,我们可以跳过");若对方回避,及时转换话题,不强求 5. 提问注意分寸:语气自然友善,避免审问式盘问;若受访者情绪波动,可暂停或缓和问题(如"我们换个轻松点的话题"),保持对话舒适度

在采访现场,注意细节是至关重要的。这不仅关乎采访的顺利进行,还直接影响着采访质量和最终新闻报道的准确性。老夏提醒小李进行现场观察时要注重细节,尤其要关注那些能体现传统技艺独特魅力和文化内涵的细节。采访中要注重倾听,引导对方讲述个人经历和情感,这样采集到的故事往往更具感染力。

采访过程中,小李不仅完整记录了铁画制作的工艺流程,更着重观察了匠人精湛的手法技艺——从锤击力度的把控到线条走势的掌控。他详细记录了制作所需的各类工具和原材料。在与非遗传承人的交流中,小李以开放式提问的方式,耐心倾听他们讲述与铁画结缘的故事、创作历程中的艰辛与收获,为报道注入了温暖的人文情怀。

(三)资料整理

资料整理是指对新闻采访过程中收集到的各种信息、数据和文字资料进行系统化的分类、筛选、核实和编辑的过程。这一过程旨在确保资料的真实性、准确性和完整性,为后续的新闻写作和编辑提供坚实的基础。采访结束后,老夏告诉小李整理资料时要去粗取精,保留最有价值的信息,同时注意保持原文的语境和情感色彩。小李将录音逐句转录成文字,发现文字内容特别多,拍摄的视频和图片也非常多,怎么快速整理信息让他很头疼。

对于如何做好信息资料的整理,老夏给小李提供了一些方法和步骤。

(1)信息分类:首先对收集的文字资料进行科学分类,按照不同主题或内容性质划分。

(2)去重处理:仔细检查并剔除重复冗余的信息内容。

(3)内容筛选:严格筛选与采访方向相关的资料,剔除无关内容。

(4)重点提炼:对篇幅较长的资料进行精要摘录,提取核心内容。

(5)编号管理:采用分类编号系统(如 A1、B1 等)对资料进行有序编排。

(6)出处标注:详细记录每份资料的来源信息,包括作者、书名、出版社、查阅地点等关键要素,便于日后查证。

在老夏的指导下,小李及时整理采访的内容和拍摄的素材,根据"芜小鸠看非遗"账号矩阵将素材整理成不同类型(表3.3),便于及时进行图文、视频等形式内容的转化。

表 3.3　采访素材整理与归类

图文素材	1.芜湖铁画传承揭秘:专访国家级非遗传承人张家康 2.张家康谈芜湖铁画:传统工艺如何焕发新生 3.匠心独运——探访芜湖铁画传承人张家康的艺术世界 4.传承与创新:张家康讲述芜湖铁画背后的故事 5.国家级非遗芜湖铁画:张家康坚守匠心,传承文化
短视频素材	1.芜湖铁画传奇:张家康的匠心之旅 2.一分钟了解芜湖铁画:传承人张家康亲述 3.跟随张家康,探寻芜湖铁画的独特魅力 4.张家康揭秘:芜湖铁画背后的精湛技艺 5.传承匠心·芜湖铁画:张家康的坚守与创新
互动素材	1.你在观看芜湖铁画制作过程时,最令你震撼的是哪个环节?为什么? 2.你对芜湖铁画这种传统艺术形式有什么新的认识? 3.你觉得传统工艺如何在现代社会中保持活力和传承? 4.如果你有机会学习芜湖铁画制作,你会尝试吗?为什么? 5.对于非物质文化遗产的保护和传承,你有哪些好的建议或想法?

三、任务总结

本任务主要是让学生掌握新媒体环境下新闻采访与信息采集的基本方法和技巧,同时,锻炼学生的沟通能力、观察能力和写作能力,为将来从事相关工作打下坚实的基础,更好地运用所学知识为传承和弘扬中华优秀传统文化贡献自己的力量。

四、任务实训

(一)实践训练

王遥是淮北市杜集区的一名大学生村官,负责区团委"青春小杜"账号的运营,为了

推动大学生村官留得住、干得好、成长快,扎根基层、服务群众、奉献青春、建功立业,计划以"我的青春在田野"为主题,策划一期大学生驻村奉献、成长的微信公众号内容。内容包括但不限于主题阐述、目标受众分析、内容形式选择(如图文、视频、直播等)、平台选择及发布策略。根据所选内容形式,设计详细的采访提纲。提纲应涵盖对当地居民、大学生村官代表、相关政府部门负责人及当地大学生的采访问题,展示基层需求、青年投身地方建设、政策引导及大学生理想和追求等方面的信息。其具体要求如下:

(1)内容策划需新颖实用,设计的方案既要体现创新思维,又要具备实际操作性,确保能真正抓住目标人群的眼球。

(2)采访问题应具体且有针对性,能够引导被采访者提供丰富且有价值的信息。

(3)作业提交形式为电子文档,包括新媒体内容策划方案和采访提纲(表3.4)两部分。

表3.4　采访提纲

××采访提纲			
采访对象		联系方式	
采访时间		采访地点	
采访方法		出访人	
采访设备			
采访内容	问题1: 问题2: 问题3:		
采访过程			
结果总结			
附录	参考资料、采访笔录、附加信息(录音、照片等)		

(二)实训评价

单位:分

评价内容	评价标准	分值	得分
策划方案	创意性、实用性和可执行性	40	
采访提纲	针对性、全面性和深度	30	
整体方案	格式规范、条理清晰	20	
作业格式	逻辑性和专业性	10	

任务 2   互联网信息采集

一、任务描述

为了充实"芜小鸠看非遗"IP 账号内容,提升账号影响力,小李提议在下个月围绕某一非遗主题策划系列作品。老夏肯定了小李的提议,建议在此之前进行互联网信息采集工作,利用网络资源,搜集与主题相关的文本、图片、视频等多媒体素材,整理并分析采集到的信息,为"芜小鸠看非遗"账号提供内容创作和宣传的素材与灵感。

二、任务实施

(一) 了解信息搜索渠道

虽然小李的提议得到了部门的肯定,但是对于选择什么主题,小李一时没有好的主意。老夏告诉小李新媒体选题主题的选择于内容的吸引力和影响力至关重要,需要具有热度并与近期热点相关,新媒体运营者可以借助搜索引擎、媒体平台、微信公众号、新闻网站、知识分享平台等来寻找当前热点和潜在热点。常用的工具和平台有很多,新媒体运营者可以多关注各个行业的专业网站,以及一些有趣的自媒体、微信公众号,从中不断汲取营养,发现有趣的话题。

除此之外,还可以利用一些数据舆情分析工具,帮助新媒体编辑快速发现当前的热点话题。

1. 微热点(微舆情)

微热点(微舆情)是新浪微博投资的专业化社会化大数据应用平台。它以中文互联网大数据及新浪微博的官方数据为坚实基础,深耕于互联网信息挖掘与商情监测,致力于为社会化大数据提供丰富的场景化应用。微热点(微舆情)不仅致力于构建低成本、高效能且用户友好的社会化大数据生态服务体系,还为用户提供了一个及时洞察微博平台负面信息的有效工具。通过微热点(微舆情),用户可以轻松把握网络舆情脉搏,为决策提供有力支持。

微热点(微舆情)具备高效的信息收集与处理能力,它能在极短的时间内从国内外重要网站、论坛、微博、微信公众号、贴吧、博客等多样化的互联网开放平台中捕获关键信息。利用先进的中文智能分词技术、自然语言处理算法及正负面情感分析系统,平台对收集到的海量信息进行深度加工与处理。一旦发现与用户相关的关键信息,微热点(微舆情)能够迅速通过手机客户端、电子邮件或私信等方式,向用户发送及时警报,确保用户及时掌握关键信息动态。

2. 百度指数

百度指数是一个基于百度庞大用户行为数据的数据共享与分析平台。该平台允许用户深入研究关键词的搜索趋势,从而洞察网民的需求演变,实时监测媒体舆情的动向,并精确定位数字消费者的特征。此外,用户还能从行业角度出发,全面剖析市场特性,深入了解品牌的市场表现。通过百度指数,用户可以更加精准地把握市场动态,为决策提供有力的数据支持。

3. 新榜

新榜专注于内容生态的数据服务平台,主要监测微信公众号、视频号、抖音、快手等平台。每日发布"新媒体榜单",按行业分类统计账号影响力,并提供爆文分析、粉丝画像等功能。编辑可通过"热点词云"快速捕捉行业趋势,或通过"内容库"借鉴高传播案例。尤其适合自媒体和短视频运营者。

4. 爱奇艺风云榜

爱奇艺风云榜是爱奇艺平台推出的一项内容评价体系,旨在通过多维数据综合计算得出内容热度,并对全站内容进行热度排名。爱奇艺风云榜是一项具有创新性和实用性的内容评价体系,它通过多维数据综合评估内容热度,为用户提供便捷的观看指南,为内容创作者提供有价值的内容评估依据。

小李在百度指数搜索框内搜索关键词"非物质文化遗产",可以得出该关键词的搜索指数趋势(图3.1)、需求图谱(图3.2)、人群画像(图3.3)等分析结果,每个数据信息都能为我们提供一定的参考价值。

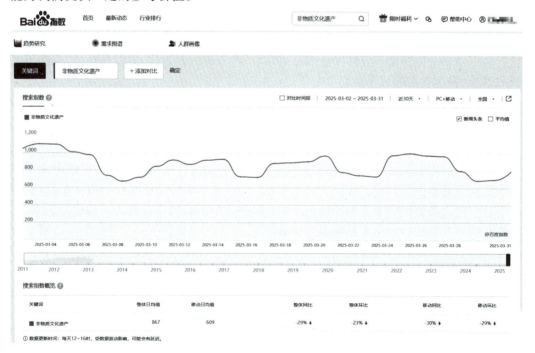

图3.1　关键词"非物质文化遗产"搜索指数趋势

通过搜索指数趋势曲线图,我们可以查看近期关于关键词"非物质文化遗产"在PC端和移动端的搜索热度。

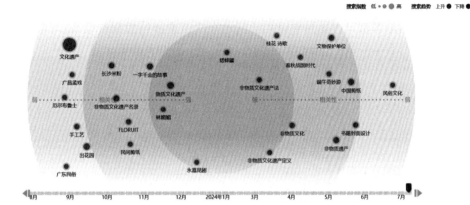

图 3.2　关键词"非物质文化遗产"需求图谱

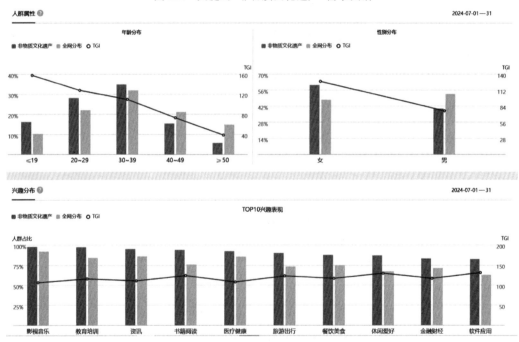

图 3.3　关键词"非物质文化遗产"人群画像

从上述数据中可以提取出一些选题方面的参考要素,如关注"非遗"主题用户需求主要在非遗目录、政策及具体的一些非遗项目方面,人群画像中关注该内容的女性多于男性,年龄主要分布在 20～39 岁年龄段,兴趣爱好方面主要体现在"书籍阅读""旅游出行"和"休闲爱好",可以结合这些内容进行主题的把握。

（二）数据获取

在制作内容之前,在互联网平台找到合适的数据源是一件非常重要的事情。有些数据是平台公开发表的,新媒体编辑可以通过相关渠道直接获取这些数据并使用;有些数据则是未公开的,想要获得这些数据往往需要花费一些时间和精力。小李梳理了一些数

据获取的方法。

1. 公开发表的数据

公开发表的数据可以通过登录相关网站在线搜索进行数据获取,也可以使用网页采集工具来进行自动采集。

(1)政府及相关部门网站。各国政府及其下属机构通常会在官方网站(域名通常包含.gov)发布权威数据,涵盖政策文件、经济指标、社会统计、科技动态等信息。权威性高、覆盖全面的特点,适合政策研究或宏观分析。

(2)第三方数据统计机构。除了国家相关部门发布的统计数据信息外,Wind(万得)资讯、艾瑞咨询、搜数网、中国知网—统计数据等第三方数据统计机构的网站也能提供大量有价值的信息。

(3)媒体网站与新闻数据库。新闻媒体(如新华网、财新网)不仅报道事件,还会整理相关数据或制作数据新闻专栏。通过聚合同一事件的多篇报道,可以挖掘出时间线、关键人物、舆论趋势等信息。部分媒体(如路透社、彭博社)还提供专业财经数据库,适合用于舆情分析或事件追踪。

(4)科研机构与学术数据库。国内外科研机构(如中国科学院、中国社会科学院)的网站通常会公开研究报告、调查数据或实验数据集。此外,学术数据库(如 CNKI、万方、PubMed)收录大量论文及附属数据,适合深度研究。这类数据专业性强,但可能需付费或权限访问。

(5)数字图书馆与文献资源。图书馆是收藏和整理各类图书资料、文献,供读者检索、阅读、学习的地方。随着互联网技术的发展,各类图书馆纷纷实现了数字化,用户只要在能够联网的地方登录图书馆网站,就可以查询图书馆的相关资源。这类数据历史记录完整,适合长期趋势分析。

(6)自动化数据采集工具。互联网本质上是一个规模庞大的数据库,其中蕴藏的数据量极为丰富,但这些数据分散于互联网的各个角落,即不同的网页之中。许多数据既不可以直接下载,也难以通过简单复制手段获取。面对这样的问题,数据采集软件成为一个强有力的助手,它们能够高效、便捷地从网络上搜集这些零散分布的信息,为用户提供了极大的便利,适用于大规模、动态更新的数据,但需注意合规性,避免侵犯隐私或违反平台规则。网页采集工具有火车头采集器、Octoparse、集搜客、八爪鱼采集器等。

八爪鱼采集器是一款常用的网络爬虫工具,相较于其他的数据采集方法,八爪鱼采集器通过模拟人浏览网页的行为,通过简单的页面点选,生成自动化的采集流程,从而将网页数据转化为结构化数据,存储于 Excel 或数据库等以完成自动化、标准化数据采集,提高数据采集效率,适合零编程基础的用户,尤其适合数据采集初学者和小白用户。下面使用八爪鱼采集器,以中国旅游资讯网为例,采集网页数据,具体步骤如下。

第一步:打开八爪鱼采集器软件,可以看到软件界面的布局及提供的各种功能。单击"新建自定义任务"按钮,自定义任务可以根据用户需要,灵活配置采集任务,如图3.4所示。

第二步:自定义任务创建后,首先需要新建任务组,若不手动创建,默认任务组为"My Group";其次设置采集网址,可以选择手动输入、从文件导入、从任务导入及批量生成,本次任务选择"手动输入";再次设置网址,在空白处填写需要爬取数据的网址,本任务以"中国旅游新闻网"为目标网页,因此填写中国旅游新闻网的网页地址;最后单击下方蓝色按钮"保存设置",操作如图3.5所示。

图3.4 八爪鱼采集器软件界面

图3.5 手动输入界面

第三步:保存设置后,八爪鱼采集器打开了输入的网页地址,软件界面中可以看到中国旅游新闻网的页面,如图3.6所示。

第四步:单击需要采集数据的内容网页的标题链接,依次单击两个标题链接,即可自动选中网页中所有的标题链接,完成后,单击橙色提示框中"循环点击每个链接"选项,操作如图3.7所示。

图3.6　中国旅游新闻网页面

图3.7　内容网页的标题链接

第五步：选择后，页面自动跳转到第一个标题链接的网页，操作如图3.8所示。

第六步：在该网页选择要采集的网页元素，如标题、时间、来源等，如果需要采集文章内容，也可以选择，然后选择操作提示框中的"元素中数据内容"选项，即可在软件界面下方看到采集的数据预览，包含文章标题以及各个字段数据信息，操作如图3.9所示。

第七步：至此，关于网页采集的设置就结束了，单击右上角的蓝色"采集"按钮，准备开始本次数据采集任务，操作如图3.10所示。

图 3.8　第一个标题链接的网页

图 3.9　采集网页元素图

　　第八步:选择本地采集,将采集的数据保存在本地,单击"普通模式",开始采集,操作如图 3.11 所示。

　　第九步:采集过程中,可以看到采集的进度,以及各个字段数据信息,根据需要可以选择暂停和停止采集,操作如图 3.12 所示。

　　第十步:数据采集完成后,弹出完成任务提示框,选择"导出数据",操作如图 3.13 所示。

　　第十一步:八爪鱼采集器支持数据的保存形式有多种,也支持导出到数据库中,本任务我们选择导出为"Excel(xlsx)"格式保存,操作如图 3.14 所示。

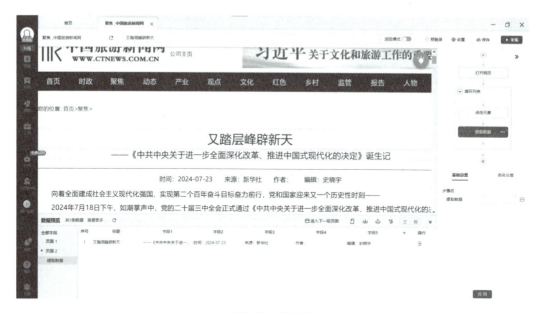

图 3.10　采集图

图 3.11　本地采集

　　第十二步：打开 Excel 文件，查看采集到的数据信息，至此，采集流程结束，我们获取到了中国旅游新闻网中一个网页的文章数据信息，如图 3.15 所示。

图 3.12　采集过程

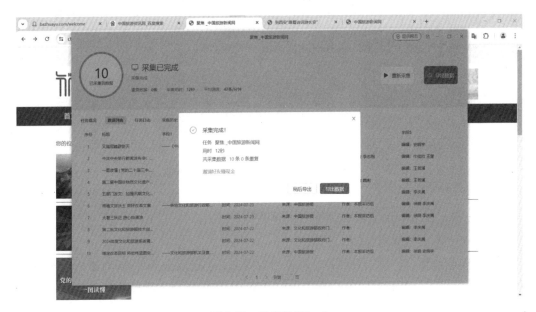

图 3.13　导出数据（一）

图 3.14　导出数据(二)

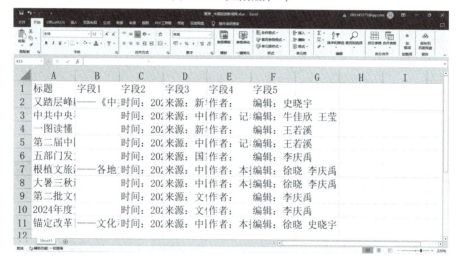

图 3.15　文章数据信息

2. 未公开发表的数据

在制作新媒体内容时会发现有时需要的数据未必都已经公开发表,对于未公开发表的数据,需要通过一些特殊的采集方法进行获取,小李也梳理了一些获取未公开发表数据的方法。

(1)依法申请政府信息公开。媒体记者或新媒体编辑可以以公民个人的身份或媒体机构的身份向相关政府部门申请政府信息公开。一般来说,申请政府信息公开包括以下几个步骤:

确定受理机构→提出申请→申请处理

需注意:公民确实有权向政府部门申请公开已经制作或获取的信息,不可要求政府部门额外加工数据;在申请信息公开时,明确信息的用途是非常重要的。如果申请公开的信息与申请人自身的生产、生活、科研等特殊需要没有关联,那么该申请很有可能会被政府部门拒绝。

(2)商业数据采购与合作。大数据时代催生了专业的数据服务市场,电子商务公司和互联网技术公司凭借自己的数据抓取技术和分析能力建立了庞大数据中心,并推出了一系列基于大数据分析的产品与服务。因此媒体可以直接向数据服务商购买相关的数据资料,或与这些机构进行商业合作,进行大数据的开发和研究,甚至可以定制服务,如委托专业机构进行定向数据采集与分析。

(3)学术与公益数据资源利用。许多公益组织或学术科研组织等机构常常会组织一些相关领域的调查研究,并且会在官网上公布一些研究结果。这类组织或机构数据采集规范,研究方法严谨,内容多涉及社会民生、环境健康等公益领域。媒体可以联系高校研究所,通过参与联合研究项目的方式获得一些数据支持,也可以查询国内外科研机构的开放数据平台获取数据。

(三)数据搜集

小李根据学习到的信息搜索平台和方法,利用八爪鱼采集器设置关键词为"芜湖非遗""芜湖铁画",采集近期相关新闻报道、社交媒体讨论、论坛帖子等内容。关注数据中的高频词汇、热门话题及用户反馈,了解当前公众对于芜湖非遗和芜湖铁画的关注点和兴趣点。利用飞瓜数据分析抖音平台上与"芜湖非遗""芜湖铁画"相关的热门视频、直播、话题标签等。留意高点赞、高评论、高转发的视频内容,了解受众喜好和互动趋势等内容。综合上述数据收集和分析结果,提炼出近期的热点话题,如芜湖铁画创新作品展示、非遗传承人故事、非遗与现代生活结合的新案例等(表3.5)。

表3.5　系列选题策划

选题	大纲	拓展
芜湖铁画的新生——传统技艺与现代设计的碰撞	介绍芜湖铁画的历史背景、传统技艺及近期推出的创新作品,展示铁画与现代设计的融合	穿插非遗传承人的访谈,讲述他们如何传承与创新
非遗走进生活——芜湖非遗项目的日常应用	展示芜湖非遗项目如耿福兴传统小吃、无为板鸭等在日常生活中的实际应用,强调非遗文化的活态传承	邀请市民分享自己与非遗文化的亲密接触经历,增加互动性和代入感
数字赋能非遗——芜湖铁画的数字化传播之路	介绍芜湖铁画如何通过数字技术(如3D打印、数字藏品等)进行传播和创新,吸引年轻消费群体	分析数字化对非遗保护和传承的积极影响,探讨未来发展趋势

三、任务总结

本任务主要是进行互联网信息采集,了解新媒体内容搜索工具,使用这些工具搜索

当前热点话题为新媒体内容制作提供信息支持和选题思路。注意在采集数据前,需要明确所需信息的类型、格式和来源,根据采集目标选择合适的工具,如爬虫软件、数据抓取工具,在采集数据时,需要遵守相关法律法规和平台规定,不得进行非法行为或侵犯他人权益的行为。

四、任务实训

(一)实践训练

王遥计划在"青春小杜"微信公众号中做一个关于家乡特产的专辑。第一期计划介绍市级非遗——"三矿板面",请你帮他利用互联网搜索引擎和社交媒体平台,搜集关于三矿板面的文字、图片、视频等多媒体信息,注意信息的丰富多样性。结合近期热点帮王遥策划推文主题,要求形式新颖、有趣,能够吸引目标受众的注意力并激发其阅读兴趣。要求提交信息搜索整理的流程和总结及选题策划。

(二)实训评价

单位:分

评价内容	评价标准	分值	得分
新媒体平台选择	平台选择是否贴合目标用户	30	
信息搜集	是否与主题相关,是否丰富和准确	30	
主题选择	是否紧扣主题,并能指导后续信息搜索和选题策划	20	
选题策划	是否有吸引力和创新性,方案是否可行	20	

任务3 信息筛选和整合

一、任务描述

新媒体编辑部的老夏与小李正在制作一篇关于"芜湖铁画"的新媒体推文。他们通过信息外采和互联网平台工具采集了大量的数据,现在需要对这些数据进行整理和筛选,以便后续推文的制作。但是信息太多导致小李犯了难:如何进行筛选?怎样才能保证信息的准确性?那么多信息该如何整理和保存?老夏告诉小李新媒体信息筛选和整合时,需注意确保信息的准确性、权威性与时效性,避免传播错误或内容过时。同时,要注重信息的多样性和深度,从不同角度挖掘非遗项目的独特魅力。整合时,应条理清晰,逻辑连贯,使内容既丰富又易于理解。老夏给小李布置了学习任务,梳理提高信息可靠性的甄选方法及信息整合需要注意的事项。

二、任务实施

在信息时代,随着互联网技术的发展,人们搜集信息变得越来越便捷。面对海量的信息,如何辨别它们的真伪,保证信息的准确性? 小李梳理了以下几种方法。

(一)评估信息来源的可靠性

首先,细致审查信息内容,确保其涵盖了时间、空间、主体、事件及结果等核心要素。时间应明确反映事件发生的具体时刻,空间则需指明事件发生的地点或范畴,主体涉及信息中的所有参与者,事件是信息所要传达的核心问题,而结果描述了事件所处的状态。其次,追溯信息的原始来源至关重要,因为在信息传播过程中,每个传递者都可能加入个人主观见解,导致信息失真。因此,努力寻找并依赖当事人、官方网站或原创者发布的原始信息显得尤为重要。需从专业性和权威性角度评估原始信息发布者的资质。若信息源自个人,可通过其教育背景、成就、声誉及经验等方面来评判其专业性;若信息来自特定渠道,该渠道的资质与口碑则成为评判其信息专业性的关键。最后,还需审视信息内容所反映的立场,以判断发布者是否因客观因素而对论题持有偏见,并对利益相关方提供的信息保持警惕,分析其客观性与准确性。

(二)考量信息的时效性

对于具有强烈时效性的信息,其可靠性往往与时间紧密相关。面对突发性或跃进性事件,第一时间发布的信息通常更具时效性;而对于渐进式发展的事件,需关注事件进程中的最新、最近时间点以评估其时效性;对于过去发生而近期才披露的事件,则需通过分析获取信息的最近时间及来源来判断其时效性。

(三)审视信息中的数据支撑

数据常被用作论证的强有力支撑,赋予信息精确与科学的外观,然而数据并非全然可靠。在获取包含数据的信息时,必须学会识别其中可能隐藏的陷阱,确保数据的客观性、真实性与准确性,方能使其成为有力的证据支持。

数据中的陷阱主要潜藏于以下几个方面。

1. 结论与数据的不一致性

这种陷阱体现在使用准确无误的数据来支撑一个错误的结论。例如,当某条信息声称"这款农产品的差评率仅为3%"时,这并不能直接推断出该产品的满意率高达97%。因为在这97%中,还可能包含了那些对产品不满意但并未给出差评的用户。毕竟,不给差评并不等同于满意。

2. 数据指标选择的不规范性

在数据统计过程中,所选用的指标对最终结果的呈现具有决定性影响。不同的指标选择可能导致截然不同的统计结论。以某平台宣称的"人均收益3万元"为例,这一数字可能是基于算术平均数或中位数得出的,而这样的平均值很可能被个别收益多的用户所

拉升,从而掩盖了普通受众相对较低的收益水平。

3. 对比基数界定的模糊性

在进行数据对比时,必须清晰界定对比的基数。以某品牌网店宣称的"通过有效的营销推广,本月销售额比上月提升了60%"为例,这里的"提升了60%"需要具体的基数来支撑其意义。如果上月的销售额是10 000元,本月提升至16 000元,那么增加的6 000元确实代表了60%的增长。然而,如果上月的销售额仅为1 000元,本月提升至1 600元,虽然增长额仅为600元,但增长率同样是60%。因此,对比时基数的明确至关重要。

(四)做好信息分类

新媒体信息的多样性要求编辑人员在筛选信息时做好分类,以便更好地组织和管理信息。小李整理了以下几种分类方法。

(1)根据信息主题分类。将信息按照不同的主题或领域进行分类是信息分类的基础。对于已收集的非遗相关信息,新媒体编辑可以将其分为不同的主题,如"传统音乐""传统舞蹈""传统戏剧""传统美术"等。新媒体编辑可以将所有关于"传统音乐"的信息,包括不同地区的传统音乐介绍、音乐家访谈、音乐表演视频等,归类在一起,形成一个"传统音乐"主题的信息库。

(2)根据信息类型分类。根据信息类型分类是进一步细化信息的重要手段。对于已收集的非遗相关信息,新媒体编辑可以将关于非遗项目的最新发现、研究成果等归为"新闻资讯"类型,将关于非遗项目历史、文化价值的深入剖析归为"深度报道"类型,将专家对非遗项目的解读、评价归为"专家评论"类型,将非遗传承人的故事、经历归为"传承故事"类型,将关于如何制作非遗手工艺品、如何演奏传统乐器的教学内容归为"教学视频"类型。

(3)根据信息时效性分类。时效性分类方便新媒体编辑根据事件的最新进展或历史背景进行信息梳理,新媒体编辑可以将最近发生的非遗相关事件、活动归为"实时新闻"类别,将近期将要举行的非遗展览、演出、讲座等活动信息归为"近期活动"类别,将非遗项目的历史渊源、发展历程等归为"历史回顾"类别。

(4)利用标签和关键词进行分类。为信息添加合适的标签和关键词可以提升信息搜索的效率。例如,根据主体内容对于原有非遗类新媒体信息,为其添加如"非遗项目""传承人""制作工艺""文化价值"等标签和关键词。这样,需要制作内容前通过搜索或筛选功能快速找到相关信息。

(五)做好文件分类管理

(1)构建个性化的文件夹结构。由于每个人的工作和生活场景不同,接触的信息也各异,因此,文件夹结构应基于个人需求进行定制。例如,IT从业者可能倾向于按软件、硬件类别来组织文件夹。

(2)控制文件夹和文件的数量。一般建议,一个文件夹内的文件数量保持在50~100个,这样既便于浏览也便于检索。若文件数量过多,可考虑删除无用文件、对长期不用的文件存档,或在文件夹内创建文件夹。

（3）文件夹结构的层级不宜过多。层级过多会降低检索和浏览的效率。通常，整个文件夹结构的层级数不应超过三级。同时，常用文件夹的权重应更高，其目录层级应相应上调。

（4）为文件夹和文件取一个"好名字"。好的名字能简洁明了地描述文件夹或文件的类别和作用，让人无须打开就能大致了解其内容。命名时应遵循唯一和统一的原则，即每个文件夹和文件的名称都要独特，且命名格式要一致。

（5）定期对文件进行清理和归档。需要备份的文件应及时备份，无用的文件则应删除。可删除的文件包括重复文件、过时失效的文件、可留可不留的文件以及在其他地方能轻易找到的文件等。定期清理和归档可以保持文件系统的整洁和有序。

（六）信息文件管理

新媒体内容在制作过程中，涉及的信息材料种类繁多且复杂，包括文字、图片、视频、音频等多种形式。为了确保内容制作的顺利进行和高效管理，必须对这些繁杂的信息材料进行科学合理的文件管理，以便快速检索、有序存储和有效利用，从而提升内容制作的整体效率与质量。

Windows 自带的文件资源管理器确实为用户提供了文件管理与搜索的基本功能，但在实际使用过程中，这些功能的效率往往不尽如人意。为了提高文件管理与搜索的效率，小李还找到了云笔记、收趣等不错的文件资源管理工具进行文件管理。

（七）信息加工

新媒体信息的海量性和多样性要求新媒体编辑在筛选信息时进行必要的编辑加工，以提升信息的质量和可读性。

（1）精简信息内容。对于过长的信息或冗余的内容，可以进行精简和提炼，突出关键点和亮点，更易于用户阅读和理解。

（2）添加背景信息或链接。对于某些需要更多背景知识或相关资料的信息，可以添加相关的背景信息或链接，方便用户深入了解事件或话题的背景。

（3）校对和修正错误信息。在编辑加工过程中，仔细校对信息中的文字、数据等，确保准确无误，当发现错误信息时，应及时进行修正，并注明修正的时间和原因。

（4）增加数据可视化制作。涉及数据信息时可以借助图形化手段清晰、有效地传达关键信息，从而将抽象、复杂的数字变为直观、具象的信息。

三、任务总结

本任务旨在使学生深刻理解新媒体内容信息筛选的重要性与复杂性。新媒体信息筛选是一项既复杂又至关重要的任务。通过对信息来源的真实性进行评估、妥善进行信息分类、实施必要的编辑加工及严格的检查与审核，可以显著提升新媒体信息整合的效率。

四、任务实训

(一)实践训练

暑期前夕作为文旅宣传的关键时段,王遥计划在"青春小杜"账号中做一期淮北市博物馆的宣传推文。请帮他整理并提交一份信息文档截图。该文档应涵盖该博物馆的简介、游玩亮点、游客体验分享、实用信息等关键类别的信息。同时,提交一份筛选后有价值、具吸引力的信息列表,作为推文制作的主要素材。其具体要求如下:

(1)结合在本项目学习到的信息搜索、信息筛选和信息整合相关知识,为淮北市博物馆搜集形象宣传文案素材。

(2)要求使用搜索引擎,关键词为"淮北市博物馆",寻找官方网站。访问热点榜单,查看当前榜单中可用于充当文案素材中的内容。

(3)对于搜寻到的信息进行筛选,按照分类、分层的整理方法整理到个人素材库中,以供接下来的宣传文案使用,提交信息素材库截图。

(二)实训评价

单位:分

评价内容	评价标准	分值	得分
信息筛选	信息是否与主题相符,是否丰富和准确	40	
信息整理	分类是否条理清楚,命名清晰	30	
信息列表	是否有价值和吸引力,是否可行	30	

项目四　内容策划

项目导读

内容策划是内容创作前不可缺少重要的一环。优质的内容策划能够为用户提升用户的注意力,增加用户的停留时间和互动频率,为账号长期运营奠定良好的基础,对于提升整体传播效果和实现长期战略目标具有深远的影响。内容策划应该首先确定运营目标,做好前期的用户调研和对标账号调研,再进行选题规划,创建选题库,最后从选题库里选择一个选题进行内容策划。

项目目标

▶ 知识目标

1. 掌握运营目标的类型及适用范围;
2. 掌握用户调研的方法;
3. 了解选题规划的原则及选题的分类;
4. 熟悉选题库的创建流程与方法;
5. 掌握下列内容大纲的步骤;
6. 掌握内容策划创意方法。

▶ 能力目标

1. 能够结合市场趋势和用户需求,提出新颖、有创意的内容策划;
2. 能够根据用户数据做出精确的用户画像;
3. 能够根据账号定位创建出选题库;
4. 能够做出有创意的内容策划。

▶ 素质目标

1. 培养学生的创新意识和创造性思维;
2. 培养学生敏锐的市场洞察力和团队协作精神;
3. 培养学生的文化素养和家国情怀。

任务 1　前期准备

一、任务描述

小李在老夏的指导下,完成了以"芜小鸠看非遗"为主账号的一系列账号矩阵的搭建,接下来,开始进行账号的内容策划和运营。要发什么内容呢?什么样的内容和选题最受用户的欢迎?小李陷入纠结和思考。

二、任务实施

老夏给出了意见。他认为,在内容输出之前,必须先进行内容策划,而在策划前应先明确运营目标,然后根据目标展开调研,充分了解用户和市场之后,再进行选题策划和内容策划,这样做出来的内容才能赢得用户的关注。

(一)明确运营目标

图 4.1　芜湖市文化和旅游局官方抖音账号首页

在老夏的帮助下,小李意识到,在进行内容的策划和发布前,首先需要对运营目标有清晰的了解,也就是说,通过内容的发布,希望获得什么效果。一般情况下,我们的目标不外乎以下几种。

(1)宣传引导。通过发布的内容,扩大传播力和影响力,提升认同感。一般企事业单位或者政府机关的新媒体账号运营多以此为目的,用于宣传推广,提高品牌知名度和用户关注度。例如,芜湖市文化和旅游局官方抖音号(图4.1),该账号发布视频的主要目的就是宣传和推广芜湖,吸引用户到芜湖旅行或生活。

(2)提升销量。达人或品牌方通过发布的内容,向用户介绍某种产品,提高用户对产品的认识度,以达到提升产品销量的目的。一般多用于品牌方或带货达人发布的销售类内容的作品。例如,某达人抖音账号是向用户介绍芜湖的吃喝玩乐,其目的是做本地团购,通过视频的介绍吸引用户购票去游玩,此达人可从中获取一定的佣金。

(3)资讯传播。向用户传达信息,帮助用户更加快速精准了解新近发生的新闻事件。适用于媒体类的账号。例如某公众号(图4.2),每天推送各种芜湖本地新鲜事,分享芜湖各类资讯。

(4)活动告知。当有活动举办时,通过各种类型的内容进行活动预告,提前告知活动的时间、地点、内容、福利等信息,让更多的用户了解并参与到活动中来。例如,某公众号发布的《七彩祥云烟花秀!七夕(8月10日),芜!湖!见!》,就通过一篇推文告知用户即将举办的七夕活动,希望用户多多参与。

对于"芜小鸠看非遗"账号来说,小李认为账号的运营在不同的阶段有不同的目标。运营前期主要目标是宣传引导,扩大影响力;中期除了宣传引导外,还可以举办一些线上活动,增强用户黏性;后期账号进行商业变现做电商直播或短视频带货时,目标就会转为提升销量。

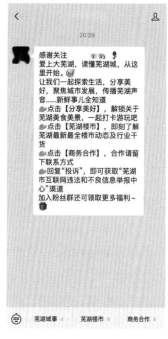

图4.2　某公众号的关注回复

(二)市场调研

明确运营目标后,还需要展开市场调研,市场调研对于新媒体运营至关重要,它不仅能帮助团队更好地了解用户和竞争对手,还能为制订营销策略和优化产品与服务提供有力支持。

1.用户调研

用户调研是了解用户需求、增强用户黏性的重要手段。了解用户是怎样的一群人,他们有怎样的喜好、痛点和需求,他们的新媒体使用场景是什么,才能更有针对性地去制作和发布内容。进行用户调研一般采用的方法是用户画像(具体方法详见项目八的任务1)。

2.竞争对手调研

了解竞争对手有助于企业更好地把握市场动态和优化运营策略,还能提升用户体验、制订差异化竞争策略及规避潜在风险。

(1)确定竞争对手。明确你的主要竞争对手是谁,既包括直接竞争对手(同类型账号)和间接竞争对手(相似或有替代性类型的账号)。

(2)收集对手信息。通过网络搜索、社交媒体观察、行业报告、新闻文章等渠道收集竞争对手的信息。

(3)分析竞争对手的新媒体策略。观察竞争对手在各个新媒体平台上的表现,包括内容发布频率、内容类型、互动方式等。

可借助SWOT战略分析法对竞争对手进行详细分析,如表4.1所示。

表4.1　SWOT 分析法

	内部因素	外部因素
正面	优势(strengths) 能够带来竞争优势的资源和能力。如技术、专利、品牌、市场份额、专业团队等	机会(opportunities) 可以利用的外部机遇。如市场需求增长、政策支持、行业趋势等
负面	劣势(weaknesses) 可能限制发展的弱点或缺陷。如资金不足、技术落后、管理不善等	威胁(threats) 可能造成负面影响的外部风险。如竞争对手、市场需求下降、政策变化等

最后,基于 SWOT 分析的结果,制订相应的战略和行动计划。

3.优秀案例拆解

拆解优秀案例是一个深入学习和思考的过程。通过拆解优秀案例,可以详细了解成功案例背后的策略、方法和操作流程。这有助于我们发现并学习他们的成功经验,进而将这些经验应用到自己的实际工作中,提升工作效率和质量。优秀案例拆解可以分为6步。

优秀案例拆解步骤

三、任务总结

本任务主要是做内容策划前要做的前期准备工作。这些工作包括确定运营目标、开展用户调研和竞争对手调研、优秀案例拆解三个部分。

运营目标分为传播推广、提升销量、传播资讯、活动告知四种类型,运营目标不同,写作风格和文案结构都会有所区别。做用户调研常用的方法是用户画像,以讲述人物故事的形式将收集来的用户基本属性、使用偏好和使用场景等内容串联在一起进行描述,以此来了解用户的需求和喜好。对竞争对手进行调研和分析,有助于了解市场环境,通过 SWOT 分析法深入分析竞争对手,可以更好地制定自身的发展战略,提升市场竞争力。

四、任务实训

(一)实践训练

就读于网络与新媒体专业的小鹏今年上大三,来自我国著名的水果大省。暑假回家后他发现今年家里种的水果大丰收,但是由于没有销售门路,只能便宜贱卖。小鹏觉得十分可惜,决定利用自己的专业知识,创建一个水果销售的抖音账号,不仅帮助家人,也帮助同村其他有需求的邻居拓宽水果销售门路。账号定位是优质新鲜水果推荐,账号昵称"小鹏的鲜果园"。目前账号已经完成了账号搭建和团队搭建,接下来就要进行账号策划与运营,请先帮小鹏一起做好前期的准备工作。其具体要求如下:

（1）确定"小鹏的鲜果园"账号的运营目标。

（2）找到1～3个对标账号,总结分析"小鹏的鲜果园"账号潜在的用户并做出初步的用户画像。

（3）使用 SWOT 分析法分析"小鹏的鲜果园"账号的竞争对手并给出运营策略。

（4）按照优秀案例拆解步骤,找到一个特色农产品销售的优秀账号进行分析。

（二）实训评价

单位:分

评价内容	评价标准	分值	得分
运营目标	1. 运营目标准确 2. 切实可行	10	
用户画像	1. 用户的关键信息完整 2. 信息精确无误 3. 画像描述清晰明了	20	
竞争对手分析	1. 竞争对手的选取与自身匹配度高,参考价值高 2. SWOT 分析法运用得当 3. 能根据分析得出有价值的运营策略	30	
优秀案例拆解	1. 案例选取得当 2. 拆解的信息全面准确 3. 分析深入透彻 4. 根据拆解得出的结论和策略切实可行	40	

任务2　选题规划

一、任务描述

在正式开始创作之前,除了要做好前期调研,老夏告诉小李,还必须提前做好选题规划。因为好的选题,决定了文章或短视频80%以上的流量。在手机阅读的速食时代,用户对于文章或者短视频是否继续看下去的决定时间,已经缩短到3秒以内。选题选对了,才有可能收获爆款。小李应该尽量提前完成选题规划,避免时间仓促导致无法精准找到用户可能感兴趣的选题的情况发生。

二、任务实施

(一)了解选题原则

老夏告诉小李,在开始做选题规划前,首先要明确什么选题是有价值的好选题,必须掌握筛选选题应该遵循的 5 个原则。

1. 与用户相关原则

与用户相关原则是指确保你的选题与你的用户有直接关联,可以与他们的生活相关、与他们的利益相关、与他们的标签相关等,选题要符合用户的兴趣和需求,这样才能吸引用户的注意力。

例如,芜湖市文化和旅游局的官方账号,该账号的用户群体基本上都是芜湖人,因此选题大多是围绕着芜湖这座城市的人文、历史、风景、美食、故事等来展开的,这就与用户的生活紧密相关,有助于增强账号对用户的吸引力(图 4.3)。

2. 独特性原则

想要在众多新媒体账号中脱颖而出,选题需要具有独特性和新颖性,避免与大量其他账号发布相似或重复的内容,力求在选题上展现个性和创意。此类选题对用户来说较为新奇,能够勾起用户的好奇心和探索欲,但对运营者要求较高,必须有一定的创新思维和敏锐的观察力。

图 4.3　芜湖文旅抖音账号内容合集

图 4.4　某博主小红书笔记

例如,小红书上的一位生活博主(4.7万粉丝数)2023年9月发布了一期《花十块钱在公园里重温一下童年阴影》的笔记(图4.4),获得了15万+的点赞,2.9万+收藏,7 718+评论。该笔记之所以成功,原因就在于选题的独特性,它摒弃了常规思维和选题对于童年美好回忆的唤起,而是反其道而行之,找到了童年阴影这个点进行创作,引发了用户的猎奇心理。

3.价值性原则

价值性原则是指选题应该具有一定的价值,能够为用户提供有用的信息、知识或观点。这包括实用价值(如生活技巧、行业干货)和情感价值(如励志故事、情感共鸣),有价值的选题和内容能够提升用户对账号的认同感和忠诚度,提高用户黏性。

例如,某公众号在"打卡游玩""美食探店"两个专题选题中,发布的推文几乎都是为用户提供在芜湖吃喝玩乐的攻略和干货,因此这些文章的浏览量、收藏量都有不错的数据。

4.时效性原则

新媒体内容更新迅速,选题应紧跟时事热点、行业动态或用户关心的即时话题。及时捕捉和发布热点选题,能够为账号在短时间内迅速带来流量,有助于提升账号的活跃度和用户关注度。

例如,2024年7月29日,某公众号发布了一篇名为《镜湖,到底City不City呀?》的推文,就将当下"City不City"的热梗融入了标题和文案中,快速吸引用户的注意力,拉近与用户的距离。

5.可行性原则

筛选选题时要考虑内容的制作成本、资源和时间等因素,确保选题在实际操作中可行,要避免选题过于复杂或超出账号的运营能力而导致的一系列问题,确保内容的质量和发布效率。

小李认为,在为"芜小鸠看非遗"系列账号进行选题规划时,要确保所选择的选题至少符合1个筛选原则,符合的原则越多,则选题的价值越高,创作的内容可能会越受欢迎。

(二)寻找选题来源

遵循筛选选题的原则,接下来就要进行选题的选定了。怎样找到并选择合适的选题? 在老夏的帮助下,小李了解到有如表4.2所示的几种渠道。

表4.2 选题来源渠道

序号	筛选渠道	详细描述	示例
1	罗列关键词	罗列出与自身定位相关的内容关键词	如非遗、非遗传承人、非遗制作、非遗旅行、非遗历史等

续表

序号	筛选渠道	详细描述	示例
2	搜索并收集爆款内容	使用关键词在社交媒体、搜索引擎和内容分享平台上搜索爆款内容	在各大新媒体平台上搜索与"非遗产品""非遗传承故事""非遗传承人""非遗宣传"等关键词相关的爆款视频或笔记
3	学习对标账号	找到领域内成功的自媒体账号，学习选题和内容风格，并加入差异化元素	分析成功的非遗自媒体账号，如"非遗守艺人×××""××非遗"等，学习其选题和内容创作方式，并加入个人独特风格
4	追踪热点话题	及时关注社会热点、行业动态及用户关注焦点，以辅助选题	关注非遗文化的最新动态，如热门节日、政策变化等，结合用户反馈和需求进行选题

（三）划分选题类型

1. 热门选题

新媒体热门选题通常指的是在当前社会和文化背景下，受到广泛关注和讨论的话题。这些话题往往具有时效性或创新性，能够吸引大量用户的关注和参与。

小李发现，找到新媒体热门选题是一个需要综合分析和洞察的过程。他根据在项目三中学到的信息采集方法，借助信息搜集工具，查找热门选题。

2. 常规选题

常规选题通常指的是那些能够持续吸引目标受众、符合账号定位，并且能够带来稳定流量和用户参与度的内容主题。常规选题需要具备多样性和深度。在规划选题时要善于从多个角度进行思考，如专业角度、情感角度、实用角度等。这有助于丰富内容层次，满足不同用户群体的需求。

常规选题不同于热门选题，热门选题一般为突发热点，无法预估和计划，但是常规选题是根据账号定位、用户需求、内容策略来确定的，可以根据年度、季度或月度的运营计划，制定内容日历，提前做好规划。确保选题的多样性和连贯性。

3. 专题选题

专题选题是指围绕一个核心主题或话题，进行深入挖掘和多维度呈现的内容策划。其通常都是固定话题、形式、风格、专题乃至固定时间，以一种不断更的形式持续输出内容的一种写作形式。相比日常更新的内容，专题选题更具深度和广度，旨在为用户提供更全面、更深入的信息和观点。专题选题步骤如表4.3所示。

表 4.3　专题选题步骤

序号	步骤	具体内容
1	确定专题主题	确定具有吸引力和价值的专题主题,与新媒体账号定位和受众群体相符,能引起用户兴趣和关注
2	进行市场调研和用户需求分析	进行市场调研,了解其他媒体报道角度和用户关注点,为后续策划提供数据支持
3	制订专题策划方案	制定专题的内容框架、呈现形式、更新频率等,确保内容具有逻辑性、条理性和可读性
4	多渠道收集和整理内容素材	收集行业报告、专家观点、用户反馈等素材,确保其具有权威性和可信度
5	注重专题的呈现形式和推广渠道	根据账号特点和受众喜好,选择合适的呈现形式,并利用社交媒体、合作伙伴等渠道推广
6	持续优化和调整专题内容	持续关注用户反馈和数据分析结果,根据用户阅读习惯和兴趣偏好进行优化和调整

例如,某抖音账号一共做了 11 个不同系列的专题选题,分别从不同的角度介绍芜湖,目前每个系列都在不断更新(图 4.5)。

 芜湖书房
1.8w 播放 · 更新至第 6 集

 金牌导游带您云游芜湖
3.4w 播放 · 更新至第 9 集

 一分钟带你了解芜湖 AAA 级
7.9w 播放 · 更新至第 2 集

 无为鱼灯
5.1w 播放 · 更新至第 11 集

 最美赏花季
2.5w 播放 · 更新至第 7 集

 跟着博物馆去旅行
11.8w 播放 · 更新至第 7 集

 跟着诗歌游芜湖
9.5w 播放 · 更新至第 6 集

 芜湖历史文化小故事
9.3w 播放 · 更新至第 6 集

 人字洞奇遇记
14.5w 播放 · 更新至第 10 集

 芜湖市博物馆文物短视频
11.6w 播放 · 更新至第 9 集

 芜湖非遗传承人
10.2w 播放 · 更新至第 25 集

图 4.5　某抖音账号专题选题

通过规划,小李决定选定"发现非遗之美""匠心传承人""跟着非遗学手艺""潮玩非遗"4 个专题选题。

（四）创建选题库

内容运营工作需要运营者长期稳定地输出高质量的内容。小李尝试在平时整理选题类型，建立选题库，在规划选题时，可以在选题库中进行挑选，从而提升规划选题的效率。

创建系统有效的选题库可以按照以下三个步骤来完成。

（1）分类整理。将收集到的选题按照不同的类别进行整理，如热点类、痛点类、跨界类等，便于后续查找和使用。

（2）细化选题。对每个类别的选题再进行细分，建立二级选题、三级选题甚至更细的子选题。

（3）定期更新。定期检查和更新选题库，删除过时或不再符合账号定位的选题，添加新的热点和趋势选题。

例如，某达人的抖音账号定位是旅游博主，由于博主本人是芜湖人，因此其抖音选题主要分为"爱旅行"和"爱芜湖"两大类，其选题库大致如图 4.6 所示。

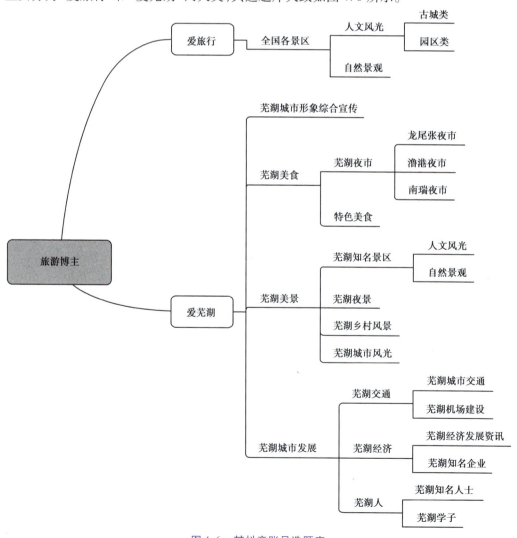

图 4.6　某抖音账号选题库

结合案例,小李初步创建了账号"芜小鸠看非遗"的选题库(图4.7)。

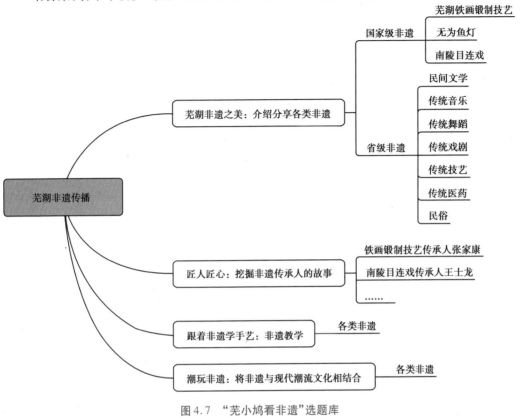

图 4.7　"芜小鸠看非遗"选题库

三、任务总结

本任务主要是选题规划,主要从了解选题原则、寻找选题来源、划分选题类型、创建选题库四个方面来讲述。在筛选选题时,要选择具备与用户相关性、独特性、价值性、时效性、可行性原则的选题。选题的来源渠道应多样化,可以自己构思与账号定位相关的内容,也可以参考对标账号、爆款内容和热点。选题分为热门选题、常规选题和专题选题,在创建选题库时选题尽量多元化,避免给用户带来审美疲劳。

四、任务实训

(一)实践训练

"小鹏的鲜果园"账号已准备就绪,请你协助小鹏完成接下来的选题规划。其具体要求如下:

(1)从多个渠道筛选合适的选题。

(2)确定三四个不同的选题类型。

(3)创建选题库。

（二）实训评价

单位:分

评价内容	评价标准	分值	得分
筛选选题	1.选题至少符合一个筛选原则 2.能从各渠道找到合适的选题	30	
明确选题类型	选题类型丰富	30	
创建选题库	1.选题丰富多样 2.简洁明了、逻辑清晰 3.选题的针对性强,切实可行	40	

任务3　内容策划

一、任务描述

在老夏的指导和帮助下,小李已经初步创建了"芜小鸠看非遗"账号的选题库,接下来就可以根据选题开始创作了。小李决定选择"匠人匠心"这个选题板块,创作一条内容,讲述关于非遗传承人——铁画锻制技艺传承人的故事。这时老夏提醒小李,在写一篇文章或创作一条视频前,内容运营团队需要先进行头脑风暴,提炼内容主题,列出内容大纲,想好内容创意,完成内容策划,之后再去进行内容创作,思路会更加清晰明了。

二、任务实施

（一）提炼主题

在做新媒体内容策划时,针对选题去提炼主题是一个重要的环节,它能帮助你清晰地传达信息并吸引目标用户。提炼主题的原则如下。

（1）凝练核心。确定你想要传达的核心信息是什么。这可能是产品的特点、服务的优势、行业的新趋势等。确保这个主题与你的品牌或产品的核心价值紧密相关。

（2）简洁明了。主题应该简短且直接,能够在几秒内清晰地传达给读者。避免使用冗长或复杂的句子,力求一语中的。

（3）吸引注意。提炼的主题应该具有吸引力,能够引起读者的好奇心或共鸣。

遵循这三个原则,小李准备从表4.4所示的几个步骤去提炼主题。

表 4.4　提炼主题的步骤

步骤	具体描述	示例
1. 深入理解选题	对选题进行深入理解和分析,明确核心内容和意图	非遗铁画锻制技艺是一种独特的传统工艺,传承人的身份、技艺以及传承的经历都是值得关注的点
2. 确定核心关键词	从选题中提炼核心关键词或短语,概括核心内容,明确主题范围	"非遗铁画锻制技艺""传承人""传统工艺""文化传承"
3. 挖掘选题亮点	分析选题中的独特之处和亮点,如新颖的观点、有趣的现象、引人注目的数据	对于非遗铁画锻制技艺的传承人,其独特的技艺、对传统文化的坚守与传承的经历都是本选题的亮点。同时,我们也可以关注他在传承这一技艺过程中所面临的挑战和困难,以及他如何克服这些困难的故事
4. 明确主题表述	用简洁明了的语言表述主题,具有概括性和吸引力	×××:坚守与传承,非遗铁画锻制技艺的璀璨之光
5. 进行验证和调整	通过和团队成员的讨论、小范围用户测试或征求意见,来验证主题的吸引力和有效性	如果反馈显示大家可能更关注×××的个人经历和挑战,我们可以将主题调整为:"×××:非遗铁画锻制技艺的传承之路与挑战"

(二)形式选择

确定主题后,小李面临着选择内容形式的问题。随着新媒体平台的不断增多,新媒体内容的表现形式也越来越多。总的来说,较为常见的内容形式有 8 种(表 4.5)。

表 4.5　常见的内容形式

序号	形式	特点	应用场景
1	文字	信息传播速度快、成本低、易于存储和传播	新闻报道、专栏文章、社交媒体动态
2	图片	生动展示信息、给读者直观感受	手绘漫画、海报、GIF 图
3	图文结合	丰富文章的层次感和视觉效果,提高读者的阅读兴趣	常见于小红书、公众号、微博等平台
4	视频	具有现场感和互动性,满足用户娱乐和信息需求	各新媒体平台均可应用
5	音频	不受文字阅读能力的限制,用户可在做其他事情的过程中同时获取信息	播客、广播
6	直播	实时互动传播方式,让用户身临其境感受现场氛围	体育赛事、音乐会、日常生活分享、产品销售等

续表

序号	形式	特点	应用场景
7	H5 交互	通过丰富的交互体验提高用户参与度和黏性	营销活动、品牌推广、游戏互动
8	多种形式综合创作	将文字、图片、视频、音频等多种形式融合在一起,提供丰富的感官体验	多个领域和场景均可广泛应用

最终,小李选择使用多种形式综合创作,将图片、文字、视频融合在一起,完成这个主题为“×××:坚守与传承,非遗铁画锻制技艺的璀璨之光”的内容,并将其发布在小红书和微信公众号两个平台。

(三)列内容大纲

为保证思路清晰,提升创作效率,使作品逻辑清晰、结构完整,小李明白,列一个明确具体的创作大纲是非常必要的。那么,列大纲需要哪些步骤呢?大纲里都应该明确什么内容呢?老夏给出了以下步骤供小李参考。

(1)明确文案目的。在了解用户群体的喜好和需求的前提下,确定文案目标:你想要通过这篇文案达到什么目的?是推广产品、提升品牌知名度、传播资讯还是其他?

(2)规划内容结构。一般情况下,无论是文字、视频还是 H5,内容结构都是由开头、主体、结尾三部分构成的。

开头的设计要有吸引力,能够快速抓住用户的注意力,瞬间引发用户继续看下去的兴趣。例如,某公众号《是我工资太低,还是芜湖好吃的太贵?》一文中(图 4.8),开头使用了“班味”“打工人”等网络热梗,不仅能引起用户的兴趣,还能拉近与用户的距离,让用户产生共鸣。

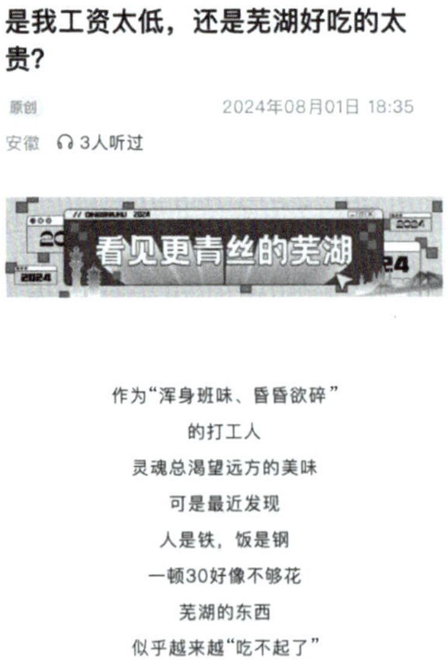

图 4.8　某公众号推文开头部分

主体部分用来传达内容的主要信息和论点,要求逻辑清晰、层次分明。立体部分可以按照时间顺序、重要顺序或者因果关系来组织内容。为了帮助用户快速定位,可以使用分标题来区分各个部分。例如,《是我工资太低,还是芜湖好吃的太贵?》一文(图4.9),正文分为5个部分,分别用5个小标题进行划分,一目了然。

图4.9　某公众号推文主体部分

　　结尾要强而有力,不仅要对全文进行简短总结,升华主题,还要有一定的互动性和引导性,如鼓励用户参与互动、购买产品、访问网站等。结尾写得好,可以给作品带来更多的流量和转化。例如,《是我工资太低,还是芜湖好吃的太贵?》(图4.10)一文的结尾就抛出了一个话题讨论"你愿意为芜湖美食买单吗",引发了大量用户在评论区进行讨论,增强了文章的互动性。

　　(3)设定风格。根据内容主题和用户群体的喜好,选择合适的风格(表4.6)。

　　例如,某抖音账号作为芜湖市文化和旅游局的官方账号,其账号定位是提升城市知名度和美誉度、吸引年轻人关注,以及提供旅游信息等,因此其发布的视频多使用年轻人较为关注和喜爱的网络热梗,呈现幽默有趣的风格,以吸引年轻人的眼球。

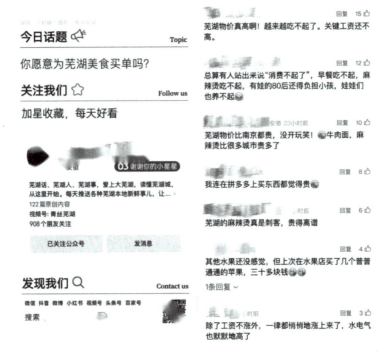

图4.10 "青丝芜湖"公众号推文结尾部分及部分评论

表4.6 内容整体风格

风格	特点	适合类型
正式专业型	语言严谨、逻辑清晰,展现专业性和权威性	高严谨性与专业性的内容
亲切友好型	语言平易近人,建立与读者的亲近感,让读者感到舒适和信任	社交媒体、广告宣传
创新启发型	充满创意和启发性,吸引读者的注意力并激发他们的兴趣	广告、品牌推广、产品发布会
幽默诙谐型	通过幽默和诙谐的语言吸引和娱乐读者,缓解紧张气氛	社交媒体、广告、品牌推广
简洁明了型	迅速传达核心信息,抓住读者的注意力	新闻、产品说明
网络热梗型	结合当前流行的网络热词和梗,以接地气的方式与年轻人沟通	社交媒体、短视频平台、针对年轻群体的营销活动

(4)检查和优化。可以从逻辑检查、简洁性检查和吸引力评估三个方面来进行检查和优化。

逻辑检查:确保文案的各个部分之间逻辑清晰,信息连贯。

简洁性检查:删除不必要的词语和句子,使文案更加简洁明了。

吸引力评估:评估文案是否能够吸引目标用户的注意力,并激发他们的兴趣。

内容大纲
创作示例

通过和老夏的探讨,最终小李列出内容大纲。

三、任务总结

本任务通过提炼主题、形式选择、列内容大纲等对新媒体内容策划做了详细的讲述。根据提炼主题的原则,提炼最优的主题,选择最适合的内容形式,采用各种创意方法,撰写结构清晰、内容充实的大纲。新媒体内容创作者应该在正式创作前做好内容策划,培养良好的创作习惯。

四、任务实训

（一）实践训练

"小鹏的鲜果园"账号即将发布第一条内容创作。请从上次任务创建的选题库里选择一个选题,帮助小鹏一起进行内容策划。其具体要求如下:

(1)提炼主题。

(2)选择最合适的内容形式。

(3)撰写内容大纲。

（二）实训评价

单位:分

评价内容	评价标准	分值	得分
提炼主题	1. 主题清晰明确 2. 主题新颖有趣,对用户有吸引力 3. 主题切实可行	30	
选择内容形式	1. 形式能有效传递信息内容 2. 所选择的内容形式符合创作平台和目标用户的偏好	20	
撰写内容大纲	1. 结构完整 2. 重点突出,层次分明 3. 有一定的创新性和独特性 4. 切实可行,可实施性强	50	

项目五　内容创作

项目导读

在信息爆炸的新媒体平台,内容创作占据着非常重要的地位。一个好的内容不仅能够吸引用户关注,还能有效地传递品牌价值,促进用户转化,增强用户黏性,并提升品牌的传播效果。掌握文案写作的技巧和方法,对提升新媒体运营效果具有重要意义。

新媒体文案创作要依托新媒体平台,不同的平台有不同的特性和用户需求,文案的写作风格和形式也有所区别。本项目讲述图文类文案、短视频脚本、直播脚本三种不同类型的文案创作方法和技巧。

项目目标

▶ 知识目标

1. 掌握图文类文案的创作方法和技巧;
2. 掌握短视频脚本的创作方法和技巧;
3. 掌握直播脚本的流程和创作方法。

▶ 能力目标

1. 具有文案写作能力,能够根据不同的平台和形式创作不同类型的文案;
2. 具备创新创意能力,能够根据主题需求创作出有创意、有吸引力的文案;
3. 具备一定的审美能力,能够创作出具有美感和艺术性的文案;
4. 具备良好的学习能力,能够根据不断变化的平台需求创作相应的文案。

▶ 素质目标

1. 培养学生正确的价值观;
2. 培养学生良好的专业素质;
3. 培养学生精益求精的工匠精神;
4. 培养学生良好的学习习惯。

任务 1 图文类文案创作

一、任务描述

经过前期的努力,小李跟着老夏一起完成了"芜小鸠看非遗"的账号基本信息创建,并搭建了新媒体账号矩阵。作为一个新号,小李听从老夏的建议决定先从图文类的新媒体进行运营,经过前期的调研发现,现阶段图文类的新媒体平台主要有微信公众号、微博、小红书、头条号、知乎等,这类平台通过图文并茂的方式,生动、直观地展示信息,吸引用户的注意力,并具有良好的互动性和传播效果,对新号的拉新和吸引粉丝(以下简称"吸粉")有重要作用。但如何进行图文创作呢? 老夏告诉小李图文类新媒体平台创作重要的两点是文案创作和视觉呈现,尤其是文案创作对图文类的新媒体起着关重要的作用。如何写好文案呢? 小李又陷入新一轮的思考。

二、任务实施

在项目二中,小夏总结了不同新媒体平台的特点和优势,据此,小李决定前期在微信公众号、微博和小红书三个具有代表性的图文类新媒体平台进行图文运营。

(一)微信公众号文案创作

微信公众号的推文内容主要有新品推广、福利活动、品牌故事、经验总结和干货分享等,无论是哪一类的推文内容,都应该具有针对性和价值,让受众明确推文的主题,引起用户的关注。因此,从标题到正文内容都需要有明确的主题和清晰的逻辑。

1. 标题创作

微信公众号标题的创作是吸引读者点击阅读的第一步,因此,标题的创作要有新意,能吸引受众的眼球。一般而言,微信公众号的标题创作有表 5.1 所示的方式。

表 5.1 微信公众号的标题创作方式

创作方式	作用	示例
添加数字	增强文章的可信度	5 步教你轻松学会××技能
添加标点	增强文章的感染力	开门红! 中国女排战胜美国队
添加热点关键词	吸引用户的关注度	拜登将签署,不用"中国制造"美国国旗?
增强语气	提高文章的吸引力	热热热! 安徽高温范围将扩大至全省,局部 40 ℃

2. 正文创作

正文是微信公众号图文创作的核心,其质量决定着受众的印象。因此,在进行正文创作时,需要注意正文的语言组织和文章布局(表 5.2)。

表5.2　微信公众号正文创作

引言	引言部分应简明扼要,概述文章的主题和主要观点。同时,可以通过一些引人入胜的故事或问题来吸引读者的注意力。例如,开头可以讲述一个与非遗主题相关的真实故事,使读者产生代入感
主体	主体部分是文章的核心,通常分为几节进行阐述。每节都应围绕一个中心思想展开,并保持逻辑性和连贯性。可以采用以下几种方法来组织主体内容。 并列结构:适用于多个观点或建议并列时,清晰地列出每一点,便于读者理解 递进结构:从较简单的观点逐步深入到复杂的讨论,这样可以帮助读者更好地接收和理解信息 对比结构:通过对比不同的观点或者案例,强调某一观点的优越性,增强文章的说服力
结尾	结尾部分应总结文章的主要观点,同时给读者留下一些思考的问题或号召其行动的建议。好的结尾可以使读者在阅读完后有所思考,增加文章的深度和影响力

3.确定语言风格

合适的语言风格和语调能够让文章更加生动、有趣,拉近与读者的距离。在撰写公众号文章时,应考虑以下几点。

(1)了解目标受众。选择符合目标受众喜好的语言风格。如果受众是年轻人,可以多用一些网络流行语,增加亲切感;如果是职场人士,则可以选择更为正式、专业的表达方式。

(2)简洁明了。尽量避免使用复杂的句子和生僻的词汇,简洁明了的表达能够让读者更加轻松地理解内容。可以通过短句、分段及列举的方式增强文章的可读性。

(3)适当幽默。在适当的地方加入幽默元素不仅能增添文章的趣味性,还能让读者感到轻松愉快。例如,通过一些幽默的比喻、例子来解释复杂的观点,可以有效提升读者的阅读体验。

(4)语调一致。保持文章语调的一致性,可以增强整体性和专业性。如果文章的语调过于跳跃,可能会让读者感到困惑。因此,在整个文章中保持相同的语调(如正式或轻松)是非常重要的。

(二)微博文案创作

微博运营以微博文案的创作为核心,简短的百余字微博,却有着惊人的力量。因此,只有掌握了微博文案的写作技巧和方法,才能更加得心应手地开展微博运营。

1.标题创作

微博文案包括标题、正文两部分。题好一半文,标题是读者首先看到的,好的标题会吸引读者主动阅读文案内容。标题位于文案的开头,以"【】"或"##"括起来。微博标题要求简短明了、主旨明确。

(1)宣事式标题。宣事式是目前采用较多的一种标题形式。它将文案正文的要点简要地表明,使人一目了然。这种标题的写法新意不足,但自然平实,能够让读者在第一时间感知到文章的主题。读者采用这种方式来写作标题时,可以适当添加一些修饰的或比较有新意的词语,以突出标题的独特之处(图5.1)。

图5.1 宣事式标题

(2)颂扬式标题。这类标题用正面、积极的态度,对产品或服务的特征、功能进行适度、合理的称赞,以突出产品或服务的优点;需要对表述分寸有所要求,切忌出现自我炫耀、过于夸张等的情况,以免引起消费者的质疑和反感。

(3)悬念式标题。这类标题通常以令人感兴趣而又一时难以答复的话为话题,使读者出于惊讶、猜想而阅读微博。例如"诶?!原来这些东西,我们之前都用错了。"这条微博,内容具有趣味性、启发性的特点。

2. 开头创作

微博开头又称引子,是标题后的第一段文字,作用是为整篇文案起到一个"好调子"。写好微博文案的开头,可以从以下几个方面入手。

(1)情景导入。在文案开头有目的地引入或营造文案行动目标所需要的氛围、情境,以激起读者的情感体验。用这种方法写作的开头,能够渲染氛围、预热主题,引起读者的阅读兴趣。

(2)使用修辞。不仅标题可以使用修辞手法来写作,正文也可以通过修辞手法来达到锦上添花的效果。正文中常用的修辞手法有比喻、比拟、借代、夸张、对偶、排比、设问和反问等,通过这些修辞手法写文章开头,可以让文章更有趣味性和可读性。

(3)联想猜测。联想猜测与夸张刺激较类似,但远没有那么夸张,它更倾向于写实或拟人,能让读者在看到文章的第一时间展开丰富的联想,引起读者的阅读欲望。

3. 正文创作

一篇好的微博不仅标题新颖独特有创意,正文内容更是让人爱不释手。那么,如何

才能写好微博文案正文呢?

(1)简洁有创意。微博文案需要用最少的文字最简单地表达微博重点。

(2)热点结合。微博热点是一段时间内大多数用户关注的焦点,借助热点宣传产品或服务,可以快速获得大量的曝光。热点话题营销属于一种借势营销,但在选择热门话题时,应当注意话题的时效性,且不能选择时间久的话题。另外,还要注意文案的措辞,不能使用生硬、低俗的话语进行牵强附会的关联,一定要保证与话题之间的自然与协调,不能引起读者的反感。

(3)图片创意。图片也可以算是文案的灵魂,一篇文案的文字若很简洁可以为其搭配一张图片。其图片不单是产品,更需要将品牌态度表现出来。

(4)文字对话。官方微博不要只单向地向粉丝传播信息,而应该与粉丝沟通对话,产生互动,这样才会有人愿意看,文案内容才会产生好的营销效果。

(三)小红书文案创作

小红书作为一个充满创意与分享的平台,文案的吸引力非常重要,一个好的文案不仅能迅速抓住用户的注意力,还能激发用户的兴趣,促进互动与分享。

1. 标题创作

标题是吸引用户点击的第一道门槛,一则有吸引力的标题能够引发用户的好奇心和认同感,从而关注笔记的更多内容。一般而言,小红书的标题创作技巧如表5.3所示。

表5.3　小红书的标题创作技巧

创作技巧	作用	示例
提问	引发用户好奇心	从月薪3 000到30 000,怎么做到? 暑假期间,去哪里玩比较好?
引发共鸣	标题中体现一些用户痛点或者情绪,或讲述一段经历,让有共同特征的用户和博主产生共鸣,对博主的文章有认同感	贾玲都能减肥成功,你做不到吗? 你是否甘心就这样一辈子碌碌无为?
数据化呈现	让标题数据化,带有数字的标题会让人感觉信息含量高,专业性强	小红书粉丝破5 000,分享3点经验。 35岁的自己被大厂裁员后,还能月入过万
推荐分享	利他性	2024年必看的10本经典读物合集。 盘点HR不喜欢看的简历模板

2. 正文创作

好的正文可以有效提高笔记的点击率和阅读量,在创作时,可以先了解小红书笔记正文创作的几种类型和创作技巧。

(1)与我有关。受众对什么最感兴趣?当然是与自己有关的才会吸引他们去阅读,所以在笔记创作的时候,可以从自身的日常/心得角度出发,让受众发现你的笔记内容和他是相关的,是他所需要的。

(2)描述痛点。解决读者的痛点,满足用户的需求。例如,女性理想的自己都是好身材,但自身身材并不完美,或许小腿粗、肩宽、微胖等,开头写出"显胖这个话题我相信应该有很多人关心",点出痛点,激发阅读兴趣,最后给出建议,就可以很好地直击用户痛点,满足用户需求。

(3)提出悬念。这类笔记往往可以很好地激发读者的好奇心,可以采用熟悉的产品+新鲜的信息+提问类,如"这些母婴平价好物你可能不知道"采用一种欲言又止的口吻激发受众点进去阅读的好奇心。

(4)社会标签。这类笔记通常可以达到很好的效果,如果粉丝特别认可某个明星,你推荐的明星同款就会得到他强烈的认可及信任。比如穿搭、护肤、好物都是目前大众所需要的,尤其是明星同款,非常好地运用了社会标签类属性。

总结起来,小红书文案写作技巧如表5.4所示。

表5.4　小红书文案写作技巧

主题展示	一般来说,用户首先看到的是图片,其次是标题,所以可以直接在图片中用醒目的文字标明笔记的主题,让用户一眼就能看见
结构设计	结构分明的正文更容易让用户抓住重点,也便于记忆。在正文创作时,可以按照"引入+问题+经验方法+试用/使用感受"的结构组织正文,在增加真实感的同时让人一目了然
话术设计	小红书的笔记正文需要一定的真实性,这就需要通过话术来体现。常见的话术有现身说法(提供使用感受和反馈)、"自黑"(采用先抑后扬的手法突出产品优势)等

(四)以小红书平台为例进行文案创作

青团是江南地区的传统特色小吃,也叫"艾团"或"清明果",青团之称大约始于唐代,已有1 000多年的历史。其馅料丰富,口感绵软,带有清淡悠长的青草香气。

古时候人们做青团主要用作祭祀,在现代已经成了一道时令性很强的小吃。做青团,大多数人用艾草做原料,有的采用浆麦草,有的采用青艾汁,也有的用其他绿叶蔬菜汁和糯米粉捣制再以豆沙为馅制作而成。其常见的制作方法是将嫩艾草叶捣成汁,拌进糯米粉,包上或甜或咸的馅料(蛋黄、豆沙等),再揉成团状,放蒸笼里蒸熟即可。

在江南,不同地区的人们根据对青团的喜爱为它起了各种不同的昵称,上海、宁波叫青团,苏杭叫青团子,南京叫清明团,绍兴则叫清明粿。非遗与春,似乎有着道不尽的情愫。多处地方青团制作技艺都被列入当地的非物质文化遗产名录。(资料来源:百度百科)

小李了解并分析了微信公众号、微博和小红书三个具有代表性的图文类新媒体平台的文案创作特点后,根据以上所给材料,决定在小红书平台以"芜小鸠看非遗"账号进行首次文案创作。

1.创作标题

(1)创作思路:根据上文所述小红书标题创作技巧,小李准备借助提问的形式创作标题,引发用户的好奇心,从而关注正文内容。

（2）标题示例：这项非遗你吃过吗？

2.创作正文

（1）创作思路：小李根据前文分析发现，对于青团这一非遗产品，正文如果只是简单地介绍产品本身，肯定不够吸引人，那么我们要从其他角度去挖掘产品的特点。比如，我们为什么要吃青团、怎么吃、为什么吃？这是大多数创作者切入的点，为了避免雷同，小李决定从"怎么吃"这个角度去构思正文文案，教授用户怎么挑选可口的青团，这也就满足上文所说的小红书正文写作技巧——利他性。

（2）正文示例：青团油绿如玉，清香扑鼻是一款天然绿色的健康小吃。蒸熟以后绿绿的松软的皮儿，豆沙馅心甜而不腻，带有清淡艾草香气，香糯可口。那么，如何挑选一款香糯可口的青团呢？"芜小鸠"一篇笔记帮你搞定。

一闻，有浓郁清香味的青团说明原料新鲜。

二看，选择颜色偏绿的青团，发青发黑的切不可选。发青发黑的青团要么是煮艾草时，食用碱用得太多，要么就是艾草比较老。

三轻捏，青团如果是软塌塌的手感一般是因为用纯糯米或者糯米偏多做的，如果想要有嚼劲则需要用大米粉做。

青团，舌尖上的非遗，等你来吃！

三、任务总结

本任务主要是对图文类新媒体文案创作方式和技巧的了解与掌握，针对不同的图文类新媒体平台，先要了解其特点和优势，再针对其特点对文案的创作技巧进行归纳总结。

四、任务实训

（一）实践训练

作为一名"95后"大学生，朱伟在大学期间就萌生了返乡创业的想法。他在城市工作期间潜心学习新媒体运营和营销方面的知识，两年后他毅然辞掉工作，和安徽的朋友一起回到自己的家乡宿州，开启了创业之路。朱伟组建了新媒体团队，完成了"创业的朱伟"账号的矩阵搭建，并在多个短视频平台进行了运营，积累了一定的粉丝量。近期，朱伟观察到一些农产品博主在做图文营销，利用微信公众号、微博、小红书等平台的图文进行宣传，营销效果不错。请你利用在本任务所学知识，根据以下材料，帮助朱伟创作一篇宣传安徽砀山酥梨的公众号文案。

砀山酥梨是安徽省砀山县特产，是中国传统三大名梨之首，以果肉洁白如玉，酥脆爽口，浓甜如蜜，更兼皮薄多汁，弹指即破，入口即酥，落地无渣等特点而驰名中外；含有丰富的氨基酸、维生素、硒元素及多种矿物质，营养价值高，被形象地称为"果中甘露子，药中圣醍醐"。砀山酥梨味甘，有清热养阴、利咽生津、润喉化痰等功效。砀山酥梨有千年历史，明万历、清乾隆时即为皇室贡品。主要品种有金盖酥、白皮酥、青皮酥和伏酥等，其中以金盖酥品种质量最佳。宿州市10道市级招牌菜之一的砀山酥梨盖就是以砀山酥梨为原料,主要制作方法如下:将酥梨去皮(皮保留),用勺挖空酥梨内心,形成"盏杯";将野米、藜麦等放入梨盏内,锅中加入山泉水,放入酥梨和果皮,再加入老冰糖、枸杞等文火慢炖;待酥梨熬至表层金黄软糯,形体变小,汤汁浓稠即可出锅。砀山酥梨连年荣获国家农业博览会金奖,1993年获泰国国际博览会"龙马金奖",1995年通过中国绿色食品发展中心鉴定,获绿色食品标志。2003年4月11日,原国家质检总局批准对"砀山酥梨"实施原产地域产品保护;2017年,获国家农产品地理标志登记保护,荣获"2017年中国百强农产品区域公用品牌"。

(二)实训评价

单位:分

评价内容	评价标准	分值	得分
微信公众号标题	1. 标题字数 2. 写作技巧运用	40	
微信公众号正文	1. 开头写作 2. 正文写作 3. 结尾写作	60	

任务2 短视频脚本创作

一、任务描述

随着"芜小鸠看非遗"账号的持续运营,其已经吸引了大量粉丝的关注。近期,小李在后台收到了许多热心粉丝的宝贵建议,他们希望账号中的短视频内容能够更加生动有趣、更贴近年轻人的喜好。为了满足粉丝的诉求,提升视频质量,小李决定重新策划和制作一期账号的短视频作品。老夏告诉小李,想要拍摄出优质的短视频,一篇内容精彩、引人入胜的短视频脚本是必不可少的。所以在拍摄制作短视频前,小李还需要完成一项重要工作——策划短视频内容,首先要理解短视频脚本的基本组成要素和编写步骤、掌握分镜头脚本的概念及其重要性,然后结合非遗主题规划短视频内容,最后撰写短视频脚本。

二、任务实施

(一)构思短视频的内容

在和老夏商讨后,小李决定围绕芜湖铁画非遗传承人主题策划一个短视频作品,但与以往采访对话为主、渲染传承的困难、社会大众需要关注、纪录片式的短视频不同,小

李希望制作一期更贴合青年人表达、节奏比较快的短视频。老夏告诉小李在进行短视频选题前还需要把握短视频选题的几条原则。

(1)坚持用户导向。用户是短视频的最终消费者,因此,选题必须紧密围绕用户的需求和兴趣。创作者需要通过市场调研、数据分析等方式,深入了解目标受众的喜好、习惯和需求,从而选择能够引起他们共鸣和关注的主题。

(2)注重价值输出。短视频不仅是娱乐和消遣的工具,更是传递信息和价值的重要载体。在选题时,应注重选择那些能够传递正能量、提升观众认知或提供实用价值的主题。这样的视频更容易获得观众的认可和喜爱,也更有可能产生广泛的传播效应。

(3)确保内容垂直。内容垂直是指短视频的主题和风格应保持一致,避免过于杂乱和分散。这有助于建立清晰的品牌形象和受众认知,使观众在观看视频时形成稳定的预期和信任感。因此,在选题时,应明确视频的主题和风格,并围绕这一核心进行深入的挖掘和拓展。

(4)注意结合热点。热点事件和话题往往能够吸引大量的关注和讨论。在选题时,结合当前的热点事件或话题,可以增加视频的曝光度和传播力。然而,需要注意的是,结合热点并不意味着盲目跟风或炒作,而是要在保持视频内容独特性和价值性的基础上,巧妙地融入热点元素,使视频更加贴近时代和受众的需求。

(5)把握选题节奏。短视频的选题应有一定的节奏感和计划性。这包括根据不同的时间节点(如节假日、季节变化等)选择相应的主题,以及根据视频的发布频率和受众的反馈调整选题的方向和深度。通过有节奏的选题,可以保持观众对视频的持续关注和期待,提高视频的黏性和传播力。

据此,小李计划在新的一期短视频内容中注重视频受众以年轻人为主,有技艺介绍及根据前期调研和采访梳理出传承人的特点,突出自发的热爱,制作一条1分钟以内的短视频。

(二)构思短视频脚本

短视频脚本是短视频创作的基础,也是短视频内容呈现的灵魂支撑。短视频脚本的最大作用就是提前统筹安排好短视频创作团队中每个人每一步的工作,保证拍摄思路清晰,提高团队拍摄效率。短视频脚本需要在最短的时间内,从听觉、视觉和情绪上带给用户冲击感,吸引用户眼球。

1. 确定拍摄主题

短视频的主题选择是创作的起点,它决定了整个视频的方向和基调。常见的短视频主题分为生活记录类、展示分享类、主题创作类等。

(1)生活记录类。这类短视频以记录日常生活为主,如美食制作、旅行见闻、日常琐事等。它们通过真实、自然的画面,展现生活的点滴,让观众感受到生活的美好和多彩。

(2)展示分享类。这类短视频主要展示某种技能、知识或经验,如化妆教程、健身技巧、读书分享等。它们通过详细的步骤演示和讲解,让观众学习到实用的知识或技能。

(3)主题创作类。这类短视频围绕一个特定的主题或故事进行创作,如微电影、动画短片、情景剧等。它们通过精心编排的剧情和画面,传达特定的情感或观点。

在选择主题时,创作者需要考虑自己的兴趣、专长及目标观众的需求和喜好。一个好的主题能够激发创作者的创作热情,同时也能够吸引观众的注意力和共鸣。小李以"非遗"为关键词进行了九宫格选题(表5.5)。

表5.5　"非遗"九宫格选题

非遗的历史渊源与传承脉络	非遗项目的现状与保护措施	非遗技艺的独特魅力与艺术价值
非遗传承人的故事与贡献	非遗	非遗在现代社会中的创新与发展
非遗文化的国际交流与传播	公众对非遗的认知与参与程度	未来非遗保护与传承的展望和挑战

2. 构思短视频内容

在确定了拍摄主题后,接下来需要梳理撰写短视频脚本的思路。这包括了解和指导搭建内容框架的内容要素,如内容(具体的情节)、镜头运用(推拉摇移等镜头)、景别、时长、人物和背景音乐等。

1)短视频内容分析

小李分析了很多爆款短视频,发现它们有一些共性的特点:

悦心:内容轻松娱乐,能迅速唤起用户的快乐情绪,带来愉悦感受。这类短视频往往以幽默、搞笑或轻松的氛围为主,让观众在忙碌的生活中找到片刻的放松和欢笑。例如,一些搞笑段子、萌宠视频或轻松的生活小窍门,都能在短时间内吸引大量观众,让他们产生愉悦感。

赏美:从感官层面给予用户美好体验,如展示美景、美物、美人,激发用户的向往之情。这类短视频注重画面、音效和节奏的协调,让观众在欣赏美的同时,也能感受到一种心灵的愉悦和升华。例如,一些旅游风光片、美食制作视频或时尚穿搭分享,都能让观众在欣赏美的过程中产生向往和憧憬。

共情:情怀深厚,正能量满满,易于激发用户的情感共鸣与认同。这类短视频往往涉及亲情、友情、爱情等人类共同的情感主题,通过真实、感人的故事或场景,让观众在情感上产生共鸣和认同。例如,一些讲述家庭温暖、友情陪伴或爱情坚守的短视频,都能深深打动观众的心弦,让他们产生共鸣和感动。

益众:提供利益、好处,实用信息丰富,深受用户喜爱与欢迎。这类短视频注重为观众提供有价值的信息或帮助,让他们在观看过程中获得实际的利益或好处。例如,一些生活小技巧、健康养生知识或职业规划建议的短视频,都能让观众在观看过程中学到有用的知识或技能,从而受到他们的喜爱和欢迎。

猎奇:新奇独特,创意满满,满足用户好奇心,吸引关注。这类短视频往往以独特的创意或新颖的形式呈现,让观众在观看过程中感受到一种新鲜感和惊奇感。例如,一些科技创新、艺术创意或趣味实验的短视频,都能以新颖独特的方式吸引观众的注意力,让他们产生浓厚的兴趣和好奇心。

2）搭建短视频内容框架

通过上一步对大量短视频的分析,小李决定按照表5.6所示的方法来搭建短视频内容框架。

表5.6　短视频内容框架

框架	说明
内容	指具体的情节,就是把主题内容通过各种场景进行呈现,而脚本中具体的内容就是将主题内容拆分成单独的情节,并使之能用单个镜头展现
镜头运用	指镜头的运动方式,包括推、拉、摇、移等镜头
景别设置	选择拍摄时使用的景别,如远景、全景、中景、近景和特写等
时长	指单个镜头的时长,撰写脚本时,需要根据短视频整体的时间、内容主题和主要矛盾冲突等因素来确定每个镜头的时长
人物	在短视频脚本中要明确人物的数量及每个人物的人设、作用等,合理的人物设置能够增强视频的情节性和吸引力
背景音乐	在短视频中,选择符合画面氛围的背景音乐是渲染主题的有效手段,如拍摄中国风短视频,可以选择慢节奏的古典音乐或民族音乐,在短视频脚本中明确背景音乐,可以让摄影师更加了解短视频的调性,让拍摄工作更加顺利

3）完善短视频内容细节

在撰写短视频脚本时,还需要注意一些内容细节,以确保视频的拍摄和制作顺利进行(表5.7)。

表5.7　短视频脚本中常见的内容细节

内容细节	说明
机位选择	机位是摄影机相对于被拍摄主体的空间位置,包括正拍、侧拍、俯拍、仰拍等,选择不同的机位,展现出的效果是截然不同的
台词设计	创作者应根据不同的场景和镜头设置相应的台词,台词是为了镜头表达准备的,可起到画龙点睛、加强人物设定、助推剧情、吸引用户互动等作用。台词应精练、恰到好处,能够充分表达主题
影调运用	影调是指视频画面的明暗层次、虚实对比和色彩的色相明暗等之间的关系,影调的运用应根据短视频的主题内容类型、事件、人物和风格等来综合确定,影调要与短视频的主题相契合,如冷调配合悲剧,暖调配合喜剧等
道具选择	道具是短视频中辅助情节和人物表现的重要元素。在脚本中,需要明确每个镜头所需的道具种类、数量和摆放位置等,以确保道具的使用与视频的情节和人物表现相协调。合适的道具选择能够增强视频的情节性和真实感
内容结构	一般包括开场白、正文和结尾部分。开场白简洁明了,吸引观众注意力;正文根据主题和目标受众的需求,确保内容有价值且易于理解;结尾进行总结,可加入呼吁或感言,增强观众记忆

3. 了解短视频脚本类型

短视频脚本大致分为三类:拍摄提纲、文字脚本和分镜头脚本。

(1)拍摄提纲。拍摄提纲是短视频内容的基本框架,对拍摄内容起到各种提示作用,提示拍摄内容的拍摄要点(表5.8)。当拍摄过程中存在很多不确定因素,或者某些场景难以预测分镜头时,编导就会提前将预期拍摄的要点列出来,方便在拍摄现场灵活处理。拍摄提纲适用于景点讲解类、街头采访类、美食探店类等纪实类短视频的拍摄。

表5.8 短视频拍摄提纲

1. 和谁、去哪、做什么
2. 合理安排时间、拟定行动轨迹
3. 踩点,找出路径周边和目的地附近的新鲜事,还有环境氛围
4. 将某一两个新鲜事作为亮点和爆点,用镜头语言放大表现
5. 对当天遇到的事、人物、环境做一个总结,然后表达观点

撰写拍摄提纲的步骤如下:

①明确作品的选题、立意和创作方向,确定创作目标。

②确定呈现选题的角度和切入点。

③阐述不同选题的表现技巧和创作手法。

④阐述作品的构图、光线和节奏。

⑤呈现场景的转换、结构、视角和主题。

⑥完善细节,补充剪辑、音乐、解说、配音等内容。

(2)文学脚本。文学脚本的形式相对简洁,它是用纯文字的形式表现想要的画面,侧重于内容的传达,非常适合知识输出类、测评类以及部分剧情类短视频的创作与拍摄(图5.2)。在撰写文学脚本时,创作者应当遵循以下基本原则。

①故事结构布局:需根据人物之间的矛盾冲突来巧妙安排故事的起始、发展、高潮与结尾,确保高潮部分包含最引人入胜、最核心的内容。

②场景明确分配:每一幕、每一场的拍摄场景都需清晰界定,无论是日景还是夜景,室内还是室外,都应合理规划,以达到最佳的视觉效果。

③人物塑造与细节描绘:通过短视频中人物的对话、内心独白等台词设计,结合人物的表情变化、动作表现,以及精细的时间、地点、服装、道具、布景等细节刻画,共同塑造出鲜明、立体的人物性格与形象。

(3)分镜头脚本。分镜头脚本将文字转换成可以用镜头直接表现的画面。它是详细全面的一类脚本,用表格和文字的形式把所需的画面详细描述出来,相当于整个视频的制作说明书,是把视频情节翻译成镜头的过程。通常包括画面内容、景别、摄影技巧、时间、机位、音效等,具体内容可以根据需要增加或减少,适用于故事性强的短视频内容(表5.9)。

片名 《指尖上的传承》

[创意阐释]

通过苏绣非遗传承人林师傅的视角，展现传统手工艺人在浮躁时代中的坚守与创新。影片聚焦刺绣细节与师徒传承，用光影流动呈现绸缎上的山河日月，结尾以女儿继承衣钵的温情场景，传道文化血脉的赓续。

片头：

[画面]晨曦穿透木格窗，金丝楠木绣绷上，孔雀翎毛的蓝绿色丝线泛着微光。一双布满茧子的手捏着绣针，在绷架上起落如蝶。

[字幕]指尖上的传承

[旁白]（浑厚男声）千丝万缕织就山河，一针一线对话古今。他是林文远，用四十年光阴与丝线对话的守艺人。

第一幕：穿丝引线

[画面]特写镜头掠过绣绷边缘，银针勾着孔雀金线突然绷断。林师傅摘下老花镜，就着日光将丝线劈成八分之一粗细。年轻学徒小梅凑近观察："师傅，机器绣线不是更快吗？"

[林师傅]（目光如炬）"机器有机器的规矩，人有人手的温度。"手指翻飞间，新劈的丝线已接上断口，孔雀尾羽在阳光下泛起粼粼波光。

[旁白]在工业化浪潮中，他固执地守着"劈丝"这门绝活，让每根丝线都浸透掌纹的温度。

第二幕：雨巷寻色

[画面]江南梅雨季，青石板路泛着水光。林师傅擎着油纸伞，蹲在苔痕斑驳的墙角，刮取百年青砖上的苔藓。小梅抱着染料箱跟在后面："师傅，颜料铺有现成的啊！"

[林师傅]（轻抚砖墙）"你看这雨苔，七分墨绿三分黛青，是任何化学染料都调不出的灵气。"指尖捻碎苔衣，碧色汁液顺着雨水流入琉璃瓶。

[旁白]为复现《百骏图》中马蹄踏过的青苔，他甘愿在雨中做自然的采色人。

第三幕：薪火相传

[画面]深夜绣室，林师傅将绷架上《千里江山图》局部推到女儿面前。22岁的女儿正在伦敦艺术大学读研究生，行李箱里塞着未完成的毕业作品。

图 5.2　短视频文字脚本

表 5.9　短视频分镜头脚本

标题	《铁树开花》短视频脚本					
视频时长	59 秒					
镜号	景别	时长	运镜方式	画面内容/文本	音乐音效	画面构图
1	全景	3 秒	固定	画面内容:纸张飘动 AE 动画标题出现 画面文本:铁树开花	纸张飘动音效+翻页音效+欢快富有节奏的背景音乐	居中构图
2	全景	4 秒	固定	画面内容:AE 动画铁匠画家铁画对话 画面文本:我的出生源自一场铁匠与画家的跨界联动	欢快富有节奏的背景音乐	居中构图
3	远景	2 秒	固定 （手持+平拍+正面）	画面内容:山间水雾实景到山水铁画成品过渡 画面文本:有水墨之神韵	欢快富有节奏的背景音乐	对角线构图
4	中景	3 秒	下播	画面内容:芜湖铁画成品展示 画面文本:具雕塑之立体	欢快富有节奏的背景音乐	居中构图

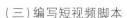

（三）编写短视频脚本

短视频脚本的编写包含故事情节设计、台词设计、动作和音效设计，以及视觉效果设计。

（1）故事情节设计。这也可以理解为逻辑情节设计。首先，确定主题，明确视频想要表达的核心观点或情感，为整个脚本奠定基调；其次，构建故事线即逻辑线，根据主题，设计一个有趣、吸引人的故事线，确保情节连贯，有逻辑；再次，突出亮点，短视频要快速为故事线设置高潮和亮点，使其快速吸引受众一直观看；最后，制造冲突，通过设置矛盾和冲突，使故事更为曲折，具有吸引力。

（2）台词设计。这是视频内容的核心组成部分。对传达信息、塑造角色、推动剧情发展及增强观众的情感共鸣都起着至关重要的作用。需简洁明了，符合人物性格和特点，引导观众注意力，使其更容易进入情境；在需要时添加背景音乐或效果音，增强氛围和情感表达。

（3）动作和音效设计。需注意确保演员的动作与镜头、场景协调一致，增强视觉效果；根据情节需要，添加合适的音效来增强情感表达和氛围营造；注意整体节奏的把握，使动作和音效与故事情节相辅相成。

（4）视觉效果设计。需注意画面清晰，使观众更容易沉浸在故事中；色彩搭配，根据故事情节和主题，进行合理的色彩搭配，增强视觉冲击力；镜头在运用上通过不同角度和景别的镜头，丰富视觉效果，增强故事表达力；在必要的地方使用特效，增强视觉的观赏性和吸引力。

根据以上学习和准备，小李选择用分镜头脚本进行撰写，从铁画视角切入，通过铁画的蜕变过程串联出传承人的精神特质。第一段通过问题引入说出你怎么想，话题引入；第二段节奏快，看到铁画被捶打锻造到服气的心路历程；第三段情绪舒展，藏于拙巧守拙归真的理念，致敬每一位匠人即守拙人。

分镜头脚本

据此小李撰写了一份分镜头脚本《守拙人》。

三、任务总结

本任务旨在介绍短视频脚本的内容策划，包括把握短视频选题原则、策划短视频选题以及构思短视频内容等核心内容。选题要新颖独特、贴近受众、具有话题性，这是吸引观众注意力的关键。创作者需要时刻关注短视频平台的最新动态和受众需求变化，不断调整和优化选题策略。同时，在脚本创作过程中，要注重创意和个性的展现，避免盲目模仿和抄袭。此外，还需要注意脚本的可行性和可操作性，确保在实际拍摄中能够顺利执行。

四、任务实训

（一）实践训练

上次的推文发布后取得了不错的宣传效果，朱伟打算趁热打铁，再制作一个关于家乡砀山酥梨的短视频,本期视频计划重点突出第 29 届砀山采梨节的活动前期宣传和介绍活动内容,在 90 秒以内,请为其撰写一个短视频提纲和分镜头脚本。

(二)实训评价

单位:分

评价内容	评价标准	分值	得分
脚本提纲	创意与主题契合度。要点清晰,内容完整	30	
分镜头脚本	分镜头脚本的完整性和逻辑性	50	
台词和细节把控	展示效果与讨论参与度	20	

任务 3 直播脚本创作

一、任务描述

小李发现,经过这段时间的精心运营,"芜小鸠看非遗"账号已经积累了一定的粉丝数量。与此同时,也产生了各种粉丝诉求。部分粉丝不再满足于只是在短视频中看到非遗产品,他们更希望能够通过直播更深层次地了解非遗,甚至通过直播的途径购买一些非遗产品。那么该如何开展一场直播呢? 老夏告诉小李,为了确保直播内容的连贯性和准确性,首先要明确直播目的,制定详细的直播环节和直播大纲,再根据直播脚本进行直播,才能确保得到良好的直播效果。

二、任务实施

在和老夏商讨后,小李决定在抖音平台进行账号的首场直播。通过讲解芜湖非遗产品的特色、功能和文化底蕴等内容,推广和销售芜湖的非遗产品。在通过观摩多个优秀直播间的直播过程,学习直播技巧后,小李发现,尽管直播玩法不同,风格迥异,但总的来说,电商直播都是由开场导入环节、互动环节、商品销售环节、结尾环节组成的。

(一)开场导入环节

开场白是直播的起点,也是奠定直播基调、建立直播氛围的重要环节。设计一个引人入胜的开场白,能够迅速抓住用户的注意力,使他们对即将进行的直播内容产生兴趣。开场设计主要包括四个关键动作:主播自我介绍、欢迎进入直播间、引导关注直播间、引导加入粉丝团。不同的主播风格和商品特点,开场白的设计也各有不同(表 5.10)。

表 5.10　直播开场类型

类型	内容描述	效果
开门见山式	主播介绍自己,包括姓名、职业背景等,并简要介绍直播主题、内容和推荐商品	观众能够快速了解主播和直播内容,建立初步信任
发放福利式	开场宣布福利活动,如优惠券、红包、限时折扣等	观众感受到实惠,增加留在直播间的意愿
互动提问式	主播通过提问与观众互动,如询问对产品的看法或使用体验	拉近主播与观众距离,增强观众的参与感和归属感
故事引入式	以聊家常的方式,讲述主播自己或他人的故事,将故事与直播内容关联起来	吸引观众注意力,激发对产品和直播内容的兴趣
热点话题式	结合当前热点话题或流行趋势进行开场,如讨论热门电影、电视剧、社会事件等	吸引关注这些话题的观众,增加直播间的关注度

小李认为,作为账号的首场直播,要增加用户的兴趣,让用户对账号"芜小鸠看非遗"、对芜湖非遗有更多的了解和认识,采用开门见山式与发放福利式相结合的开场形式比较适合。因此,小李及其团队共同设计了如下的直播开场白:

Hello,朋友们,大家好,欢迎大家来到"芜小鸠看非遗"直播间!我们先自我介绍一下,我们是"芜小鸠看非遗"团队,我是主播芜小鸠,我们的账号是向抖音朋友们推广芜湖非遗,希望更多朋友了解我们国家璀璨的文化遗产,爱上非遗。今天是我们的首场直播,请大家点点关注,也可以点亮小黄心,加入我们的粉丝团,今后我和团队将会带领大家认识和了解更多非遗产品和非遗相关科普小知识。屏幕右上角我们给大家放了一个福袋,点了关注的朋友可以领取一下福袋,里面有 5 个芜湖非遗小礼物,希望大家喜欢。

(二)互动环节

为了增加用户的参与度和黏性,提升直播的趣味性和娱乐性,直播中通常会设置互动环节。互动环节不仅能够活跃直播间的气氛,为直播间增加热度,还能帮助主播更好地了解用户的需求和反馈。互动环节可以在直播过程中多次穿插进行。一般情况下,互动环节的玩法如表 5.11 所示。

表 5.11　直播互动环节

互动方式	具体做法	效果
点赞互动	观众通过点赞表达对主播的喜爱和支持	营造积极的直播氛围
评论互动	观众在评论区留言、提问或表达观点,主播及时回应	形成良好的互动氛围,实时交流

续表

互动方式	具体做法	效果
抽奖互动	主播设置抽奖环节,观众参与有机会获得奖品或特殊权益	激发观众参与热情,提高直播间活跃度
游戏互动	主播设计互动游戏,如猜数字、猜谜语等	增加直播娱乐性和观众参与度
分享和邀请好友	用户分享直播链接或邀请好友观看直播	扩大直播范围,增加直播曝光度和用户数量

鉴于首场直播,互动环节可以促进用户与主播之间的交流,加深彼此的了解,因此在直播中要多多互动,可以采取多种互动方式。

(1)点赞互动:朋友们如果想要了解更多的非遗产品,学到更多非遗小知识,请多给主播点点赞,给主播更多的鼓励和动力。点赞数达到 1 万次,主播给大家放福利哦。

(2)评论互动:我们来聊会儿天吧,大家了解芜湖非遗吗,知道芜湖有哪些非遗吗?可以在公屏上跟主播多多互动哦。喜欢哪款非遗产品,大家也可以告诉主播,主播可以先给大家上这款产品。

(3)抽奖互动:为了感谢大家的支持,主播决定再给大家放一波福利。我们再来一个福袋,福袋里同样是 5 个芜湖非遗小礼物,大家可以动动手参与一下福袋抽奖。

(4)游戏互动环节:接下来,我们玩个小游戏,谁先猜到答案,我们就免费送一个小礼品。

(5)分享和邀请好友:大家好,如果我们的直播给你们带来了快乐和收获,那么请邀请你们的朋友一起来看吧,好东西要大家一起分享哦!

(三)商品销售环节

电商直播最重要的环节就是商品销售环节,一场直播中出现的商品数量不同,销售环节也会有所不同。直播一般分为单品直播、多品循环直播和多品过款直播(表 5.12)。

表 5.12 直播类型

直播类型	具体描述	特点
单品直播	一场直播仅推一种商品	产品聚焦,讲解透彻,但为了避免只有一件商品直播太过单调,可以采用多种规格增加商品数,例如,可以分为试用装、家庭装、囤货装等
多品循环直播	一场直播销售一组商品,循环 1~3 次进行讲解	商品品类丰富,能够适应不同用户的多种需求,循环直播能够满足不同时段进入直播间的消费者,但直播时长会比较长,对直播团队要求较高
多品过款直播	一场直播销售多种商品,每种仅讲解一次	商品品类丰富,节奏快速高效

首场直播需要测试直播效果和用户对直播商品的接受度。因此,小李选择采取多品循环直播的模式。每款商品的单次解说持续时长 8 分钟左右,这个时间既能将商品的卖点和使用场景充分表达,又能与粉丝进行互动。一款商品的具体讲解过程如下。

(1)商品引入。在直播带货时,商品引入介绍是至关重要的环节,它直接影响着观众的购买意愿。商品引入有表 5.13 所示几种方式。

表 5.13　商品引入方式

方式	具体做法	举例
引出话题式	通过提出与商品相关的话题或问题,引发观众的思考和兴趣	大家有没有发现,最近天气变化很大,皮肤也容易变得干燥,那么,如何才能让皮肤保持水润呢?
痛点解决方式	明确指出消费者可能遇到的痛点或问题。介绍一款能够解决这一痛点的商品,突出其优势和特点	很多人在选择洗面奶时,都会担心清洁力不够或者洗后皮肤会紧绷,洗完脸后既不舒服,还有可能对皮肤造成伤害。那么,有没有一款洗面奶,既能够保证清洁力又不会让皮肤感到紧绷呢?
场景带入式	通过描述一个具体的场景或情境,引发观众对商品的需求	在一个寒冷的冬夜,窗外飘着雪花,你刚刚结束了一天的忙碌工作回到家里,此时,你多么需要一款舒适度极高的枕头,带给你一场高质量的睡眠,让你的疲惫和压力瞬间得到释放。
对比式	通过与其他同类商品进行对比,突出商品的优势和特点	市面上有很多款洗发水,但是大家有没有发现,有些洗发水洗后头发会变得毛躁?而我们今天介绍的这款洗发水,不仅清洁力强,还能让头发变得柔顺有光泽。
互动式	与观众进行互动,了解需求后针对性地介绍商品	大家平时多长时间敷一次面膜呢?你们用的面膜一般是什么价位的?今天我们给大家带来一款……

引入方式各有千秋,根据自己所销售商品的特色和优势选择最适合的方式即可。

(2)卖点讲解。这是正式进入商品讲解的环节。当一场直播中有多种商品组合销售时,不同的商品按照功能和定位,可以分为引流款、主推款、利润款、对比款、形象款 5 种不同的类别。在直播过程中,商品的直播顺序可以按照引流款—主推款—对比款—利润款—形象款的流程进行,也可以根据直播内容和用户反馈灵活调整(表 5.14)。

表 5.14　直播商品类别

商品类型	描述	特点	作用
引流款商品	为直播间吸引流量的商品	低价格或特别优惠	福利秒杀商品,通过低价和限量吸引消费者,提高直播间活跃度

续表

商品类型	描述	特点	作用
主推款商品	直播间主要销售的商品	性价比高、市场竞争力强	商家重点介绍和展示的商品,决定整场直播的销售业绩
对比款商品	用于与其他商品进行对比的商品	突出主推款或利润款的优点	帮助消费者更好地理解和选择其他商品,非销售重点
利润款商品	提升整场直播利润的商品	高价格和利润空间	以独特设计、高品质材料或特殊功效,吸引追求高品质生活的消费者
形象款商品	提升直播间整体形象和档次的商品	高品质、高价格	展示高品质和专业度,增强观众对其他商品的购买意愿,不看重销量

小李及其团队在首次直播时选择了 5 款非遗产品,分别是铁画、漆扇、木榨芝麻油、"寿记"绿豆糕、章氏剪纸,根据每款商品的特点,将商品的直播类别和直播顺序安排如下(表 5.15)。

表 5.15 直播排品

顺序	名称	规格	单价/元	数量	类别
1	"寿记"绿豆糕	盒	9.9	100	引流款
2	漆扇	把	26.8	50	主推款
3	章氏剪纸	幅	39.9	20	对比款
4	木榨芝麻油	500 毫升/瓶	68	30	利润款
5	铁画	幅	118	10	形象款

商品讲解过程中通常会展示商品,提供商品参数、介绍使用方法、强调商品卖点、说明使用场景,以及自己试用的感受。例如,今天售卖的商品是一款遮阳帽,话术如下:

今天主播就给大家推荐一款极具性价比的遮阳帽,非常适合出行佩戴。它就是主播现在头上戴的这款(展示商品)。首先它非常轻巧,拿在手里还没有一个鸡蛋重,戴在头上没有任何重量感,非常舒适(卖点 1)。这款遮阳帽是可以折叠的,不戴的时候可以像我这样把它卷起来,小小的,装到包里也不占地方,非常好收纳(卖点 2)。更重要的是,不管是骑车还是步行,这款遮阳帽都不会遮挡视线,不仅防晒而且安全(卖点 3)。冰感面料轻盈透气,戴上自然灵动,既遮阳又显脸小,马卡龙配色清爽百搭,不管你是度假风,还是休闲运动风,都很适合佩戴(卖点 4)。防晒指数 PA50+,满足你任何户外活动的需求,空顶设计不压发,摘取方便不变形,后面是松紧设计,头围大小没有限制,大人小孩都能戴(商品参数+卖点 5)。接下来,主播给大家演示一下佩戴方法。不管你是披发、扎马尾,还是公主头;不管是长发还是短发,戴起来都适配度满满(介绍使用方法)。暑假到了,很多人都有出游计划,出去玩要轻装上阵,不想左手拿防晒伞、右手拿防晒霜的宝宝,戴上我们这款高颜值、高防晒指数的遮阳帽最适合不过了(说明使用场景)。

结合产品特色,小李及其团队针对直播产品木榨芝麻油,设计其卖点讲解如下:

接下来,芜小鸠要为大家介绍一款独特的、传统工艺制作而成的美食佳品——芜湖非遗木榨芝麻油。这款芝麻油的特色就在于其独特的"木榨"工艺。木榨工艺其实是非常烦琐和耗时的。它要求匠人们精心挑选出最饱满的芝麻,然后通过传统木榨设备,一点一滴地将芝麻中的油脂压榨出来。这样制作出来的芝麻油,不仅香气浓郁,而且味道很醇厚。更重要的是,木榨工艺能够最大限度地保留芝麻中的营养成分。与机械压榨相比,木榨更能确保油品的天然、健康与纯正。每一瓶芜湖木榨芝麻油,都是对传统工艺的传承与致敬。所以,当你选择芜湖非遗木榨芝麻油时,你不仅选择了一款高品质的食用油,更选择了一种对生活的热爱和追求。这样的芝麻油,无论是送给亲朋好友,还是自己家用,都是绝佳的选择,快来尝尝这款由传统木榨工艺制作而成的芝麻油,品味不一样的匠心之作吧!

(3)下单引导。下单引导首先要进行价格讲解。商品的价格讲解是至关重要的一环,它直接影响观众的购买决策。在进行下单引导时,要有效引导消费者做出购买决策,提高直播间的转化率,可以从表5.16所示的几方面去考虑。

表5.16 下单引导的策略及做法

序号	策略	做法
1	明确价格定位	1.阐述产品价值:强调商品的品质、功能、设计等方面的价值,给观众留下高价值的印象 2.对比市场价格:展示商品在市场上的常规价格或同类商品的价格范围,让观众了解市场定位
2	突出价格优势	1.直播间专属优惠:强调直播间购买可享专属优惠,如折扣、满减、赠品等 2.限时特价:设定一段时间内的特价,制造购买紧迫感,促使观众尽快下单
3	运用心理定价策略	尾数定价:将价格定为以9结尾的数字,如9.9元、19.9元等,给观众更便宜、实惠的错觉
4	详细解释价格构成	1.成本分析:简要介绍商品成本构成,如原材料、工艺、研发等投入,让观众理解价格的合理性 2.附加值说明:阐述除基本功能外的附加价值,如售后服务、品牌保障等,增加商品的整体价值
5	灵活应对价格质疑	1.准备充分的理由:针对观众可能的价格质疑,提前准备合理解释说明 2.引导观众关注价值而非价格:强调商品性价比和长期价值,让观众认识到长远利益

以遮阳帽为例:

这样一款防晒指数PA50+、用料又好又舒适,且百搭好看,适合生活各种场景的遮阳帽,一般你去线下买,不要100多元,也要七八十元,我们现在看一下抖音商城,跟我们差

不多款式的遮阳帽最便宜也要30多元,其实30多元也不算贵了,毕竟你买一顶帽子很实用,戴个两三年没有任何压力(价格对比)。但是,今天在我们直播间,我们是厂家直发,没有中间商赚差价,给大家一个意想不到的宠粉福利价。大家赶紧点点关注,点关注加入我们的粉丝团,才能享受这个价格。不过我们也先说好了,这个价格是限时限量的,今天不买,明天就没有了,毕竟厂家也不愿意一直不赚钱,所以一会儿一开价,大家抓紧时间去买,我们只上架5分钟,只放30单(价格优势)。我们今天的价格别说七八十元,30多元也不要了,今天凡是点了关注、加了粉丝团的,19.9元也不要了,我们直接一步到位,13.9元上链接。13.9元连一杯奶茶都买不到,现在随便一杯奶茶就要15元以上,而且奶茶喝了就没了,甚至还会长肉肉,你买到的是什么?是一款防晒、轻便、舒适、能陪你整个夏天帮你抵抗大太阳的防晒帽(产品价值)。13.9元,48小时包邮发货,支持七天无理由退换,解决你所有的后顾之忧,真的太划算了(附加值说明)!已经上链接了,只有30单哦,13.9元这个价格只开5分钟,过了就没有啦,大家赶紧去购买吧(限时特价)。不要担心质量不好,我们这款帽子已经卖出很多了,大家可以点击小黄车一号链接,下拉到评论区,看看已经购买的粉丝的评论,满满的好评哦。虽然价格很低,不到一杯奶茶钱,但我们的质量绝对不是13.9元的价格,买回去可以随意对比,觉得不好可以退回来,主播绝对有自信。放心去买吧,马上要下架了(好评促单)。

由于直播经验较少,小李及其团队在撰写商品讲解话术前认真研究了对标直播间,学习优秀话术结构,他们发现在真实直播过程中,产品销售环节中卖点讲解通常是和促单引导、互动引导结合在一起的。如果只讲卖点,而忽视跟直播间用户的即时互动,用户会觉得枯燥无味,就会减少停留时间。商品上架后,除了强调价格的优势,还要持续对商品进行价值塑造,营造稀缺、限时限量的紧张氛围,打消用户下单的顾虑,才能提升商品的转化率。

小李及其团队针对木榨芝麻油设计了下面的下单引导话术:

亲爱的朋友们,我们为您推出的芜湖非遗木榨芝麻油,今天在芜小鸠的直播间,每瓶500毫升,仅需68元,就能让您品味到传统工艺的独特魅力。这款芝麻油采用古老而精湛的木榨工艺,保留了芝麻的纯正与营养,为您的餐桌增添一抹独特的风味。68元买到这么大一瓶高品质的木榨芝麻油,无论是炒菜、凉拌还是吃火锅,都是不错的选择。别再犹豫了,机会难得!快点击直播间下方的购买链接,立即下单抢购吧!让芜湖非遗木榨芝麻油为您的厨房注入一丝传统的韵味,享受健康与美味的双重盛宴。仅需68元,就能让您轻松拥有这一独具匠心的美食佳品,赶快行动起来吧!库存有限,仅有30瓶,先到先得哦!

(四)结尾环节

一场直播的结尾部分,不仅关乎用户体验的完整性,还直接影响到用户对账号的印象及后续的销售转化。在结尾环节,主播可以通过抽奖互动或发福袋等方式吸引用户做出关注直播间、加入粉丝团等动作,为下次直播积累潜在粉丝,同时要对下场直播的时间做出预告,透露下场直播的主题或亮点,让用户提前做好准备并期待下次直播。最后,主播要对整场直播进行总结,并表达对观众的感谢和支持。

小李及其团队的结尾环节设计如下：

朋友们,转眼两个小时过去了,我们的直播已经到尾声了,这场直播是这个账号的首场直播,非常感谢大家对"芜小鸠看非遗"的支持与包容,我们最后再给大家送一波福利吧。大家点点关注就可以领取福袋,福袋里有 5 份非遗小礼物,大家不要错过哦。如果这次直播没有买到的非遗产品,请关注我们下周的直播,依旧是在周一晚八点,届时不仅会有更丰富的非遗商品,还会邀请我们芜湖的非遗传承人来到直播间与大家见面,千万不要错过哦。最后,再次感谢朋友们的支持,我们直播就结束了,朋友们下次再见!

三、任务总结

本任务讲述了电商直播的四个流程,即开场导入环节、互动环节、商品销售环节、结尾环节,具体阐述了每个环节的具体做法和话术。掌握电商直播的流程和话术在提升直播效果、促进产品销售、塑造品牌形象、提高用户黏性和培养用户忠诚度等方面都具有重要作用。因此,电商主播和运营团队应该注重这方面的学习和实践,不断提升自己的专业素养和直播能力。

四、任务实训

（一）实践训练

朱伟所创建的新媒体账号已经运营 3 个月了,目前抖音账号粉丝已经有 1 000 人以上,达到了进行带货直播的条件。朱伟跟家乡的农户们已经达成一致,决定趁着"五一"假期的热度开播。经过讨论,这场直播采用多品循环直播的形式,直播时长为 3 小时,共销售山芋、莲子、葡萄、莲藕、大米 5 种农产品（表 5.17）。请你帮他的团队完成首场直播的脚本。

表 5.17　直播产品详情

产品	数量/斤	直播价格/(元·斤$^{-1}$)
山芋	300	9.8
莲子	50	14.9
葡萄	100	3.99
莲藕	500	5.98
大米	1 000	1.99

其具体要求如下：

(1)请根据开场导入环节的 5 种不同类型,为这场直播撰写适合的开场话术。请为直播选择合适的互动类型并撰写互动话术。

(2)为即将售卖的 5 种农产品设定引流款、主推款、利润款、对比款、形象款,并进行直播排序,撰写销售话术。

(3)撰写直播结尾话术。

（二）实训评价

单位：分

评价内容	评价标准	分值	得分
撰写开场白	1. 开场白选择恰当 2. 话术新颖有趣，能抓住用户注意力	20	
撰写互动话术	1. 选择多种互动方式 2. 话术有引导力	20	
撰写商品销售话术	1. 商品直播顺序排序得当 2. 商品类别设定得当 3. 商品卖点提炼精准充分 4. 下单引导策略恰当 5. 话术撰写条理清晰，对用户有吸引力和说服力	50	
撰写直播结尾话术	话术有亲和力，互动性强	10	

项目六　内容编辑

项目导读

　　内容编辑在新媒体运营流程中扮演着桥梁和纽带的角色,连接内容创作、发布和传播的各个环节,通过专业的编辑能力提升内容的品质和效果,推动品牌在激烈竞争的市场中取得长期发展和成功。编辑在内容创作和编辑阶段,负责确保内容的质量和专业性。他们通过语言文字的精练与修饰、逻辑结构的完整性、信息的准确性等,提升内容的可读性和吸引力,增强内容的说服力和传播效果。编辑通过优化内容的表达方式和呈现形式,改善用户阅读体验和交互感受。他们关注内容的可理解性和易消化性,设计合适的段落结构、标题和亮点,提升用户的浏览和互动体验,增强用户黏性,提高用户参与度。新媒体中的内容形式多样,主要包括文本、图片、音频、视频、直播和互动内容等,能更好地满足不同用户的偏好和需求,因此本项目主要通过图文编辑、视频编辑、H5 交互内容编辑及直播编辑 4 个任务来进行学习。

项目目标

▶ 知识目标

1. 了解主流新媒体平台在文字内容、图片规格等方面的要求;
2. 了解主流新媒体平台在法律法规方面的要求;
3. 掌握图片筛选的标准;
4. 掌握公众号图文排版的技巧;
5. 掌握短视频剪辑的一般流程和剪辑技巧;
6. 掌握 H5 风格样式的规划技巧;
7. 掌握直播物料设计、直播场景搭建技巧。

▶ 能力目标

1. 能够运用图片编辑软件对图片进行处理;
2. 能够运用图文排版编辑器进行图文排版;
3. 能够运用剪映软件开展视频后期剪辑;
4. 能够运用 H5 编辑器进行 H5 交互内容制作;
5. 能够根据直播主题打造直播间;
6. 能够根据直播主题设计直播流程并执行;
7. 知道直播时常用的直播软件设备。

▶ 素质目标

1.培养学生的创新营销思维和数字化运营意识,适应新时代电商发展趋势;
2.培育学生的乡土情怀与社会责任感,为乡村振兴与文化繁荣贡献力量;
3.培养学生的团队协作精神,增强跨部门合作意识,提高整体项目执行效率;
4.激发学生对新技术的学习热情,培养持续学习和自我提升的能力;
5.培养学生的版权保护意识及法律意识。

任务 1 图文编辑

一、任务描述

最近,小李接到了公司派发的新任务——安徽省文化和旅游厅为了推动非物质文化遗产的传承与创新,特意委托小李所在的公司制作一系列精彩纷呈的安徽非物质文化遗产内容。这些内容将在安徽各大新媒体平台发布,以丰富多样的形式展现非遗文化的魅力,激发年轻一代对传统文化的热爱与认同。其内容形式涵盖面广泛,包括图文报道、短视频、H5 交互内容及直播等。每种形式都将以独特的视角诠释安徽非遗文化的精髓,为观众呈现一场视听盛宴。

二、任务实施

在完成前期的信息采集、内容策划、内容创作后,就进入了图文编辑阶段。老夏告诉小李,在图文编辑阶段要重点思考如何通过对图片的处理与排版、对语言文字的提炼与修饰、对表达方式和呈现形式的优化,来改善用户阅读体验和交互感受,提升用户浏览和互动的体验,增强用户黏性,提高用户参与度。

在开展图文编辑前,不仅需要熟悉各平台对文字内容及图片规格的要求,如文字长度、格式、风格等,还要熟知各平台的内容审核机制及在法律法规方面的要求。

(一)文字内容和图片规格要求

1.了解主流新媒体平台对文字内容的要求

小李通过访问微信公众号、小红书、知乎、微博、头条号和百家号等平台,发现它们对文字内容的要求各不相同,主要包括文字长度、格式、风格等方面的要求。因此,在撰写和发布文字内容时,建议根据具体平台的最新要求和用户群体偏好进行相应的调整和优化。

2.了解主流新媒体平台对图片规格的要求

针对主流新媒体平台对图片的要求,小李将微信公众号、小红书、知乎、微博、头条号和百家号等平台的图片规格要求进行了总结。他发现,平台对图片质量的要求主要集中在尺寸、格式和大小限制上。微信公众号、知乎等平台普遍要求封面图的比例为 16 : 9，保证清晰度和主题突出，同时对图片大小有严格限制（一般以 2 ~ 10 MB 为宜）。微博注重单图和九宫格图的清晰度，头条号和百家号也注重封面图的比例和吸引力。总体而言，各平台都强调图片的清晰度、适当的大小和符合平台规定的比例，以提升用户体验和内容吸引力。

（二）法律法规要求

1. 平台在法律法规方面的共性要求

不同的平台在文字内容的法律法规要求方面有一些共同点，总的来说，主要涉及以下几个方面。

（1）信息真实性和合法性。各平台要求发布的文字内容必须真实、合法，不得散布虚假信息或违法内容，如诽谤、侵权等。

（2）广告法规定。涉及商品或服务推广的文字内容须符合《中华人民共和国广告法》及相关法规的要求，不得夸大宣传、虚假宣传等。

（3）用户隐私保护。在处理用户数据或个人信息时，需符合相关法律法规（如《中华人民共和国个人信息保护法》），保护用户隐私，不得非法收集、使用用户信息。

（4）知识产权保护。对于文字内容中涉及的文字、图片、视频等知识产权，须尊重原创权、版权等相关法律，不得侵犯他人的知识产权。

（5）不得传播违法信息。禁止传播涉及赌博、暴力等的违法信息，遵守《中华人民共和国网络安全法》《中华人民共和国刑法》等相关法律规定。

2. 不同平台的规则和审核要求

每个平台会根据自身业务特点和法律环境，制定相应的平台规则和审核要求来确保内容的合法合规。发布者在撰写和发布文字内容时，需遵守各平台的规定，并注意避免违反相关法律法规。小李对微信公众号、小红书、知乎、微博、头条号和百家号等平台的规则和审核要求做了横向对比，发现这些平台对内容质量、用户体验、法律法规等方面都比较重视。发布者在使用这些平台时，需要遵守各自的规定，确保内容合法合规，以免触犯法律或平台规定而受到处罚。

（三）图片筛选标准

（1）分辨率和清晰度。图片的分辨率应该足够高，通常要求图片分辨率在 1 MB 以上。这是为了保证在上传过程中即使被平台压缩，图片依然保持清晰。图片必须清晰，无模糊或失焦的现象，确保细节丰富，观看效果好。

（2）文件大小适中。图片的文件大小应该适中，通常为 1 ~ 2 MB，以确保上传时不会被压缩过度，同时不会因为文件过大而影响上传速度。平台通常限制图片尺寸在 3 MB 以下。

（3）无水印无版权标识。选择无水印无版权标识的图片，以避免法律纠纷和影响美观。这种无水印无版权标识的图片可以去完全免费的素材网站或者有版权声明的网站获取。

（4）主题相关性。图片应与发布内容高度相关，这样才能增强内容的吸引力和表达效果。例如，旅游类文章配以风景或人物活动的图片，科技类文章配以高科技设备或办公场景的图片。

（5）色彩与构图。图片的色彩搭配应与主题的整体风格协调，避免颜色冲突。图片上的色彩应鲜明、吸引人，但不要过于刺眼。图片构图应平衡、美观，有助于信息的传达，要注意图片上的拍摄主体应处于明显的位置，且背景不要过于杂乱。

（6）合法使用。确保所选图片具备合法的使用权，优先选择原创或者完全免费的高质量图片，避免版权纠纷，在使用素材网站时要注意查看其使用条款。

（四）图片处理

1.常用的图片处理软件

搜集和筛选好图片后，可以运用一些图片处理软件来对图片进行多方面的处理，以确保图片最终的视觉效果和信息传递达到最佳状态。小李通过询问设计部门的同事，了解到常用的图片处理软件有 Adobe Photoshop、Canva、光影魔术手、稿定设计、美图秀秀等。

通过对图片处理软件进行对比，小李发现，Adobe Photoshop 是专业图像处理的标杆，功能全面，但最难掌握，适合需要进行深度图像编辑和创作的用户。Canva 主打简单易用和快速设计，特别适合需要频繁制作营销材料但设计技能有限的用户。光影魔术手作为国产软件，简单易用是其最大特点，适合对图片有基本处理需求的普通用户。稿定设计的功能介于 Canva 和 Adobe Photoshop 之间，可以为用户提供丰富的本地化模板和素材。而美图秀秀在移动端表现优秀，特别是在人像美颜方面有独特优势，深受年轻用户喜爱。因此，选择哪款软件主要取决于使用者的具体需求、技能水平和预算。通常情况下，专业用户可能更倾向于使用 Adobe Photoshop，而普通用户发现光影魔术手或美图秀秀便能满足他们对图片处理的需求。

2.借助图片处理软件对图片进行处理

在了解自身专业技能水平和需求后，小李在本任务中选择用光影魔术手（4.5.7.247版本）来对图片进行处理，处理过程如下。

（1）打开或导入图片。打开光影魔术手，可以看到软件的操作界面分为四个区域，分别为主菜单栏、图片编辑区、右侧栏（功能选区）和快捷方式区，如图 6.1 所示。单击图片编辑区中间的"打开图片"按钮，选择相应的图片，即可导入图片。

（2）裁剪和旋转。根据不同的平台需求，通过裁剪和旋转工具调整图片的尺寸和方向，确保图片在各类设备上的显示效果最佳，如图 6.2 所示。当单击"裁剪"按钮时，软件自带部分常用的比例可供选择；当单击"旋转"按钮时，也可以进行角度的调整。

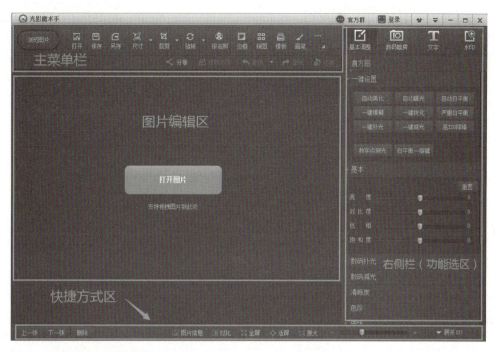

图 6.1　光影魔术手操作界面

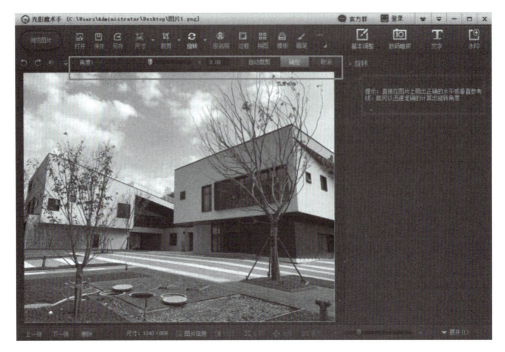

图6.2 图片裁剪和旋转

(3)修复和优化。若图片存在瑕疵或需要改进的部分,可以运用光影魔术手的数码暗房进行局部修复,调整局部细节,使图片更加完美和专业(图6.3)。

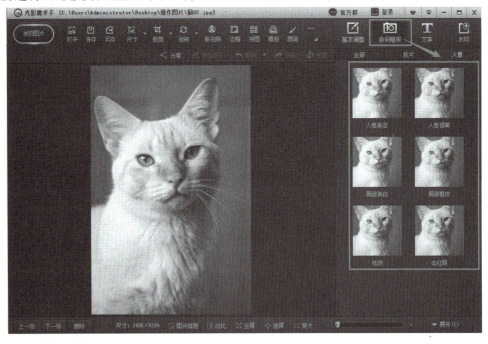

图6.3 图片修复和优化

(4)调整色彩和对比度。使用光影魔术手的基本调整功能,可以精确调整图片的色彩平衡、亮度和对比度。调整这些参数,可以使图片色彩更加鲜明生动,确保视觉效果更加吸引人(图6.4)。

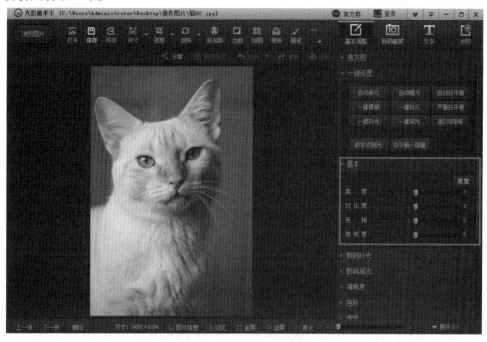

图6.4　调整色彩和对比度

(5)应用滤镜和特效。光影魔术手的数码暗房功能中还提供了丰富的滤镜和特效库,可以根据图片的风格和主题需求,选择合适的滤镜效果,如柔光镜、晕影、着色魔术棒等,以增强图片的艺术感和视觉冲击力。图6.5是应用了着色魔术棒后的效果。

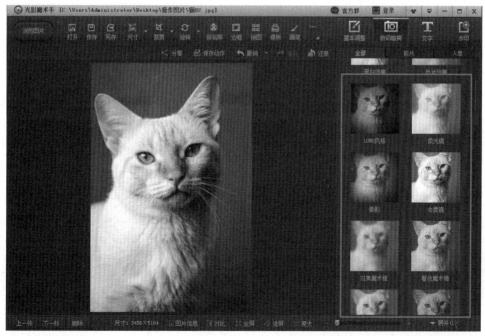

图6.5　应用滤镜和特效

（6）添加水印和文本。对于需要版权保护或者增加信息展示的图片，可以在光影魔术手中添加水印、标签或文字，可以自定义文本的字体、颜色、大小和位置，以便更好地传达信息和品牌标识（图6.6）。

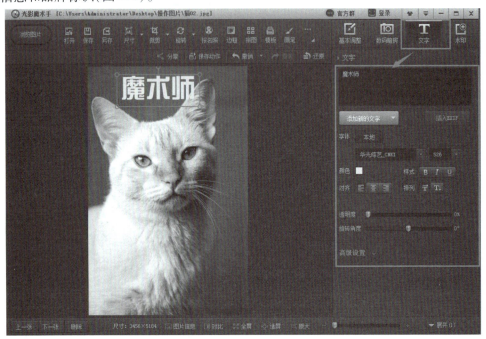

图6.6　添加水印和文本

（7）批量处理。对于大量相似的图片，则可以使用光影魔术手的批处理功能，一次性对多张图片进行相同的调整和效果应用，从而节省时间、提高工作效率（图6.7）。

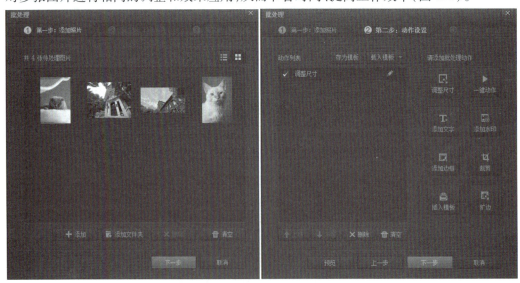

图6.7　批量处理

（8）输出和保存。批量处理完成后，编辑可以选择适当的文件格式（如JPEG、PNG等）和分辨率，将图片保存到本地或直接导出至发布平台。确保图片在上传后保持高质量和一致的视觉效果。

利用光影魔术手的这些功能,可以有效地优化和处理各类图片素材,提升内容的视觉吸引力、专业性,塑造品牌形象,从而更好地满足读者和观众的需求。

3.借助 AI 工具对图片进行智能处理

除了借助图片处理软件,还可以利用 AI 工具提升图片细节清晰度,消除可能存在的模糊或失真问题,提高视觉呈现效果。这里以百度 AI 图片助手为例,看看如何应用 AI 工具对图片进行智能处理,提升图片的质量和视觉效果,具体步骤如下。

(1)导入图片。将需要处理的图片导入百度 AI 图片助手中。百度 AI 图片助手支持直接从计算机文件夹中导入,也可以通过拖放功能实现(图6.8)。

图 6.8　将图片导入百度 AI 图片助手

(2)应用智能清晰化功能。在百度 AI 图片助手的界面中,选择"变清晰"选项,能够自动分析图像,识别模糊或失真的部分,并尝试恢复图像的细节和清晰度(图6.9)。

图 6.9　应用智能清晰化功能

(3)应用涂抹消除功能。选择"涂抹消除"选项,消除画面中不需要的元素。

(4)预览和比较。在应用处理之前,通常可以预览处理后的效果。编辑可以查看处理前后的对比,确保处理效果符合预期。

（5）导出处理后的图片。图片处理完成后，将处理后的图片导出并保存。选择合适的文件格式和质量设置，确保保存的图片符合发布或打印的要求。

运用 AI 工具进行图片处理，能够方便快捷地提升图片的质量和视觉效果，并提高工作效率。

（五）图文排版

1. 公众号图文排版的技巧

小李在进行公众号图文排版前，询问了公司有经验的编辑，并将他们给出的图文排版原则总结如下。

（1）确定排版样式和形成风格。每篇文章应保持统一的版式和风格，如字号、字体、颜色、图片尺寸等要保持一致。建议在不同的文章中逐步摸索，最终形成自己独特的排版风格，这有助于建立品牌认知。

（2）简洁为上原则。避免过度华丽的排版和装饰，保持简洁明了的视觉效果。版面最好不超过三种颜色，避免过多地标注和修饰，这样可以确保读者的注意力集中在主要内容上。

（3）控制字号和标题长度。文章正文的字号宜控制在 14 ~ 16 号，确保阅读的舒适性和可读性。标题应尽量控制在 14 个字以内，过长的标题可能导致显示不全，影响阅读体验。摘要也应精简，最好不超过 36 个字，包括标点符号在内，以便快速传达文章核心信息。

（4）段落排版和行间距设置。段落开头无须空格，两端对齐，确保页面整洁和美观。行间距设置建议在 1.5 ~ 2 倍，适当的行间距可以提升阅读体验，避免内容显得过于密集。

（5）多次预览和反复修改。编辑完成后，建议在不同设备上多次预览和调整，确保排版效果在各种屏幕上都良好。反复修改可以发现并纠正细微的排版问题，确保最终发布的内容质量达到最佳状态。

小李通过总结这些排版技巧，并应用于公众号图文排版中，有助于提升内容的可读性和吸引力，从而更有效地传达信息并给读者留下深刻印象。

2. 借助秀米编辑器进行图文排版的步骤

（1）登录与新建图文。登录秀米编辑器官网，进入图文排版界面。单击"新建图文"按钮，输入文章标题、摘要等，选择封面图片（图 6.10）。

图 6.10　登录与新建图文

（2）编辑正文。在编辑页面，可以设置整篇文章的字号、字体、颜色和段落格式。支持文字的加粗、倾斜、下划线等基本格式调整，可以设置段落的对齐方式和行间距、字间距（图6.11）。

图6.11　编辑正文

（3）系统模板添加标题。使用系统模板快速添加标题和副标题，支持标题的样式选择和编辑，可以自定义设置每个标题的字号和样式（图6.12）。

图6.12　使用系统模板添加标题

（4）插入和编辑图片。支持从本地上传或选择图库中的图片插入文章中。可以调整图片的大小、对齐方式和样式（图6.13）。

（5）插入其他元素。插入插画、图标、艺术字等图片，插入SVG（可缩放矢量图形）等。添加背景图和分割线，进行文章内容的美化和分隔，还支持插入二维码和设置二维码的链接（图6.14）。

（6）保存与发布图文。可以预览编辑好的文章，然后保存到素材库。支持同步到公众号或者复制粘贴到其他编辑器中进行进一步编辑和发布（图6.15）。

图 6.13　插入和编辑图片

图 6.14　插入其他元素

图 6.15 保存与发布图文

三、任务总结

本任务主要是进行图文编辑,要求在搜索和筛选优质图片素材后,运用软件如光影魔术手进行裁剪、调整尺寸、色彩和对比度的精细处理,应用滤镜和特效增强视觉效果,添加文字和水印以强化内容信息和版权保护。此外,负责精准的图文排版设计,确保页面美观易读,通过统一的排版风格和字体选取提升品牌识别度,同时优化用户体验和内容传达效果,确保发布的内容在不同平台上保持高质量和一致性。图文编辑通过优化文字、图像和视频等多媒体内容,使之更具吸引力和可读性,从而提升用户体验。

四、任务实训

(一)实践训练

小芳是一名即将毕业的新闻传播专业的学生,同时也是一位关注乡村振兴的新媒体运营者。她负责运营一个聚焦乡村发展的微信公众号,主要发布农村创新创业案例、特色农产品推广、乡村旅游资讯及农业科技知识等内容。最近,她家乡的县政府邀请她协助宣传"美丽乡村"建设计划,希望通过精美的图文排版吸引更多人关注乡村振兴事业。请使用秀米编辑器,创作一篇主题为"家乡味道——传统农产品的现代化之路"的图文推送,展示当地特色农产品如何通过现代化改造,在保留传统风味的同时提高产量和质量,带动乡村经济发展。其具体要求如下:

(1)封面设计。使用秀米的封面设计功能,创建一个吸引眼球的封面图;封面需包含标题"家乡味道",并融入地方特色农产品元素;注意字体清晰、图片质量高,颜色搭配协调。

(2)文章开篇。设计醒目的文章标题,使用秀米的标题模块;撰写 100 字左右的导语,概括文章主要内容;运用秀米的段落设置,确保开篇部分排版美观,易于阅读。

(3)正文排版。使用秀米的正文模块,设置合适的字体、字号和行间距;将文章分为 3 个或 4 个部分,每部分使用不同的强调方式(如引用框、颜色背景等);插入 2 张或 3 张与内容相关的图片,并合理搭配图文混排效果;使用秀米的分隔线或装饰元素,增强文章的层次感。

（4）互动设计。在文章末尾添加一个简单的互动投票，例如："您最喜欢哪种家乡特产?"设计一个醒目的"阅读原文"按钮，链接到相关的详细信息页面。

（5）整体风格。全文使用统一的配色方案，体现乡村特色;设计并应用统一的页眉和页脚，增强品牌识别度;确保整体视觉效果协调，突出主题。

（6）移动端适配。使用秀米的预览功能，确保文章在手机端显示正常;调整任何可能影响移动端阅读体验的元素。

（二）实训评价

单位:分

评价内容	评价标准	分值	得分
内容质量	1. 文章内容是否准确、丰富 2. 能否有效传达乡村振兴的信息	20	
视觉设计	1. 整体视觉效果是否美观 2. 是否符合微信公众号的阅读习惯	30	
创意性	1. 排版和设计是否有创新 2. 能否吸引读者注意	20	
技术应用	是否熟练运用秀米编辑器的各项功能	20	
移动端适配	在手机端的显示效果是否良好	10	

任务 2　视频编辑

一、任务描述

在开展非遗文化短视频编辑项目时，小李遇到了难题。之前在电视台工作过一段时间的他，一时无法适应从传统电视节目的制作到新媒体短视频创作风格的转变。如何通过新媒体短视频的剪辑与包装，既能全方位展现本地非遗文化的魅力，又能吸引更多年轻人关注并参与非遗文化的传承与发展，是小李本次任务重点考虑的问题。于是针对这些问题，小李请教了具备丰富新媒体运营经验的老夏，与他一起完成这项任务。

二、任务实施

（一）新媒体视频编辑的特点

新媒体视频编辑是专门为互联网平台和移动设备适配的视频内容制作过程。小李在工作中发现，这种编辑方式与传统视频编辑有显著区别，主要体现在其目标平台、视频格式、编辑风格和工具选择等方面。

（1）目标平台。社交媒体平台（如抖音、快手、微博）、视频网站（如哔哩哔哩）及各类 App。

（2）视频格式。通常制作竖屏视频（9∶16 比例）或方形视频（1∶1 比例），以适应移动设备的屏幕，同时也应考虑不同平台的视频长度限制。

（3）编辑风格。新媒体视频强调快节奏剪辑，使用快速切换、跳跃式剪辑等技巧，以适应用户快速浏览的习惯。高度视觉化是视频编辑的另一个特点，大量使用动画效果、转场、文字特效等，增强视频的视觉冲击力。此外，常常将画面变化与背景音乐节奏同步，以增强整体的视听体验。

（4）工具选择。除了专业的桌面软件（如 Adobe Premiere Pro，Final Cut Pro X），视频编辑还大量使用移动端 App（如剪映、快影）和在线编辑工具。这些工具通常更加简单易用，且提供丰富的模板和特效，能够快速满足编辑需求。

（5）内容优化。内容优化是新媒体视频编辑的核心任务之一。视频编辑需要注重开头的吸引力，通常在前几秒内就要抓住观众注意力。加入互动元素，如问答、投票等，可以提升用户参与度。考虑到很多用户是在无声环境下观看视频的，字幕的设计和排版就变得尤为重要。

（6）SEO 优化。SEO 优化也是新媒体视频编辑需要考虑的重要因素。在编辑过程中，视频编辑应考虑如何优化视频标题、描述、标签等，以提高其在平台内的曝光度。同时视频编辑常常需要快速响应热点话题，因此编辑周期通常很短，可能只有几小时或几天。

（7）数据驱动。数据驱动是新媒体视频编辑的另一个特点。编辑过程会参考之前视频的数据表现，如播放量、完播率、互动率等，来不断调整和优化编辑策略。多平台适配也是一个重要考虑因素，同一视频内容可能需要为不同平台制作多个版本，如长版和短版，或横版和竖版。

（8）商业植入。对于商业内容，新媒体视频编辑需要巧妙地将品牌元素融入视频中，既不影响观看体验，又能达到营销目的。此外，编辑时应考虑如何引导用户进行评论、分享或参与相关活动，增强视频的传播效果。许多平台支持视频循环播放，因此编辑时还应考虑如何让视频首尾自然衔接，提高重复观看的体验感。

总之，新媒体视频编辑是一个融合了技术、创意和营销的综合性工作，它要求编辑人员不仅要掌握基本的视频处理技巧，还要了解各平台特性、用户行为习惯，以及当前的热点趋势。视频编辑需要具备快速学习和适应能力，能够持续跟进新的工具和趋势，以创作出更加吸引人、更具传播力的视频内容。

（二）常用的视频后期剪辑软件介绍

目前行业内常用的视频后期剪辑软件众多，覆盖了从入门到专业的不同需求，提供了从简单易用的模板和特效到强大的专业编辑功能等多样化选择，用户可以根据自身需求和技能水平选择合适的工具。

市面上常用的视频后期剪辑软件有剪映、快影、iMovie、Adobe Premiere Pro、Final Cut Pro X 等，为用户提供了多样化的选择，适合不同需求和技能水平的用户。其中，剪映和快影主要面向短视频创作者，操作简单，特效丰富，但专业功能有限。iMovie 适合苹果生

态系统的业余用户,免费且易用。对于专业用户,Adobe Premiere Pro 作为行业标准软件,功能全面强大,但学习曲线陡峭且价格较高。Final Cut Pro X 则专为 Mac 用户、专业视频编辑设计,性能出色,界面直观,但同样价格不菲。因此,在从事视频编辑的工作时,选择合适的软件需要考虑个人需求、技能水平、预算和使用平台等因素。

(三)视频后期剪辑(剪映)

剪映是字节跳动公司推出的一款广受欢迎的视频编辑软件,界面简洁直观,即使没有专业视频编辑经验的新手也能快速上手。该软件提供了丰富的编辑工具,包括基础的剪切、拼接、调速等功能,还有更高级的画面调色、音频编辑、特效添加等选项。用户可以轻松对视频进行裁剪、旋转、翻转等操作,还能调整亮度、对比度、饱和度等参数来优化画面效果。因此,剪映以其易用性、功能丰富性和智能化特性,成为许多新媒体创作者和普通用户首选的视频编辑工具。它不仅满足了快速制作短视频的需求,也能处理较为复杂的视频编辑任务,是一款适合各类用户的全能型视频编辑软件。接下来,运用剪映软件(6.3.0 版本)对视频编辑的具体步骤进行介绍。

1.剪映主界面介绍

打开剪映主界面,可以看到 4 个区域,分别为账号信息区、菜单栏、创作区、草稿区(图6.16)。

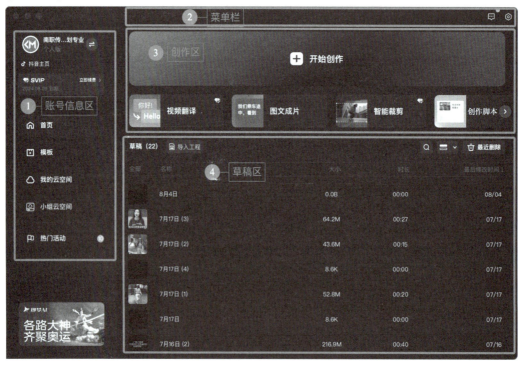

图6.16 剪映主界面

主界面的左侧是账号信息区,如果是第一次使用剪映或者没有登录过剪映账户,单击左侧最上面的“点击登录账户”按钮可以注册和登录账户。除此之外,还有一些常用功能,比如模板、我的云空间、小组云空间、热门活动。单击“模板”按钮可以打开模板界面,可以应用剪映提供的模板来进行创作。单击"我的云空间"按钮,登录剪映账号后,可免费获得或者付费购买云空间。单击"热门活动"按钮,展示剪映最近组织的与各类剪辑相关的活动,选择相应活动可以查看活动详情或报名参加活动。

主界面右侧的顶部是菜单栏。菜单区包含意见反馈和全局设置功能。在意见反馈功能中,用户可以将使用过程中遇到的问题进行反馈。全局设置提供了许多功能,常用的几个功能是全局设置、版本号查看等。全局设置功能用于对剪映的全局参数进行设置和调整,即可以对草稿、剪辑和性能进行设置。

主界面右侧中间是创作区。创作区主要包含开始创作、视频翻译、图文成片、智能裁剪、创作脚本、一起拍等快捷功能。单击"开始创作"按钮会打开剪映的剪辑页面。"视频翻译"功能可以提供 AI 语言翻译功能,包括但不限于英语、西班牙语、法语等。用户可以通过简单的操作步骤实现视频内容的国际化,覆盖更广泛的受众。"图文成片"功能可以帮助想做视频却只有文案的用户,当他们找不到合适的素材的时候可以使用该功能。"智能裁剪"功能能对视频调整智能转化比例,快速实现横竖屏转换。"创作脚本"功能可帮助用户撰写脚本,让用户对拍摄内容进行详细规划。用户创作完脚本后可将生成的脚本分享到社交平台或导出为 PDF、Word 等格式,方便与他人协作。"一起拍"功能是一种协同编辑功能,可以让多个用户同时参与同一个项目的编辑。

主界面右侧底部是草稿区。草稿区可以存储视频剪辑项目文件,并在这里对它们进行管理。单击相应的剪辑文件可以进入剪辑界面,并对这个文件进行剪辑。

2. 剪映剪辑界面介绍

剪辑界面可以分为菜单栏、媒体素材区、播放器区、属性调节区、时间线区 5 个部分(图 6.17)。

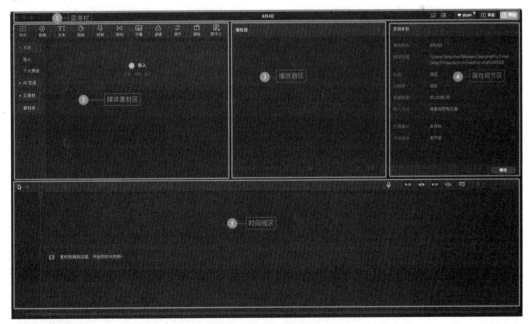

图 6.17　剪映界面

菜单栏主要提供快捷键设置、布局调整、审阅功能、导出功能。

媒体素材区主要用于对剪辑过程中需要用到的媒体素材进行导入和管理。另外,后期视频剪辑需要的各种特效和工具也是在这里进行添加与管理。媒体素材区上方的一排按钮中,"媒体""音频""文本""贴纸"按钮是可以添加到剪辑中的对象,"特效""转场""滤镜""调节"按钮是对剪辑进行各种处理的工具。"模板"是剪辑操作时可以参照的模板。"数字人"是剪映推出的模拟人口播的功能,不想出镜或者个人出镜效果不好的视频制作者,可以选择模拟人替你出镜。

播放器区主要为剪辑提供实时预览,单击"画质"则可以调节当前预览的画质,默认为画质优先。如果计算机配置比较低,可以设置为性能优先。单击"适应"按钮,则可以选择最终导出视频的比例。

属性调节区默认显示当前草稿的基本信息。单击时间线上的素材,则在功能区展示当前素材的相关参数,可以根据需求调节素材的参数。当在时间线上单击不同的素材时,功能面板显示当前所选中素材的相关参数。

时间线区是剪映剪辑界面比较重要的一个操作区域,可以将导入的素材添加或者拖曳到时间线区,使这些素材可以在时间线上堆叠显示。注意,时间线上很长的竖线叫播放头,可以使用鼠标拖动自由移动播放头的位置。

3. 剪映视频编辑步骤

(1)导入素材。单击"开始创作"按钮创建新项目后,在媒体素材区单击"导入"按钮,选择要使用的素材文件,将素材拖入项目媒体库,可以创建文件夹来组织不同类型的素材。双击每个素材可以预览,鼠标放至素材框两侧可以直接对素材的长短进行修剪,初步筛选出需要使用的部分(图6.18—图6.20)。

图6.18 导入按钮

(2)粗剪。将主要视频片段拖入时间线。按照预先规划的结构排列片段顺序。使用"分割工具"切除不需要的部分,拖动片段或者将鼠标放在素材片段的两端来延长或缩短,也可以选中时间线上的某段视频,右击,使用"智能镜头分割"功能,让AI自动分割视频(图6.21、图6.22)。

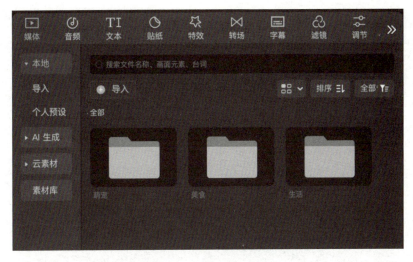

图 6.19　创建素材文件夹

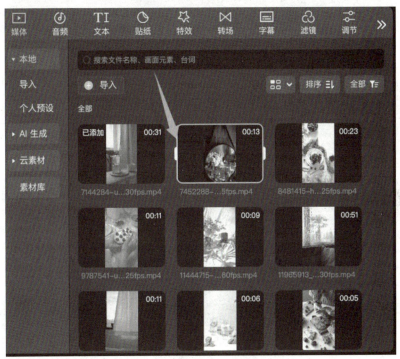

图 6.20　修剪素材

　　(3)精剪。仔细检查每个片段的入点和出点,精确到帧。单击片段,在媒体素材区单击"转场"按钮,会出现不同的转场效果供用户选择,将鼠标移动到转场效果上即可以对其进行预览,选择合适的转场,将其拖曳到需要添加转场的两个片段之间,完成转场效果的添加。添加完转场后,还可以在右侧的属性调节区对转场效果的时长进行调节,如图6.23 所示。

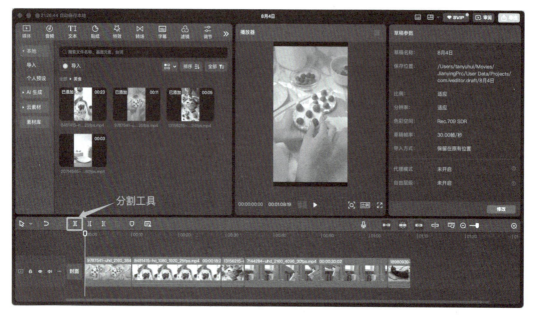

图 6.21　分割工具

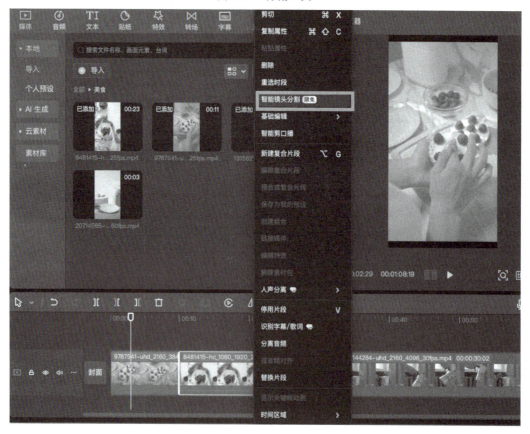

图 6.22　智能镜头分割

图 6.23 添加转场效果

如果要调节片段中的速度,可以使用变速功能,来强调某些动作或创造时间流逝效果,如图 6.24 所示,单击片段,在属性调节区执行"变速"→"常规变速"命令,对时长进行调节。如果想要实现单个镜头里的变速,则可以单击"曲线变速"按钮。

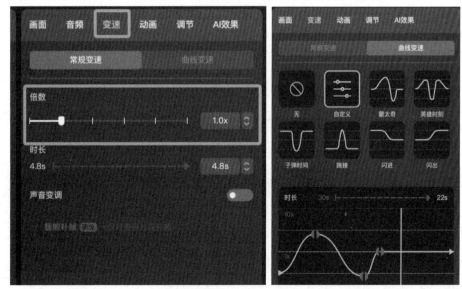

图 6.24 调节片段速度

(4)添加音频。如果不想保留视频的原声,单击片段,右击"分离音频"便可以将视频和音频分开。单击分离出来的视频原声即可删除。如果想给视频添加音乐音效,则可以在媒体素材区单击"音频"按钮,左侧出现"音乐素材""音效素材"等标签。首先添加音乐,选择与视频风格匹配的音乐,拖曳到时间线。剪切音乐以匹配视频长度。在属性调节区对音频进行"淡入时长""淡出时长""音频降噪""变速"等调节。然后添加音效,在

媒体素材区"音效素材"中选择音效,插入适当的音效来增强某些场景或转场的效果。此外,如果要使用某段视频中的音频,还可以运用"音频提取"功能进行提取(图6.25)。

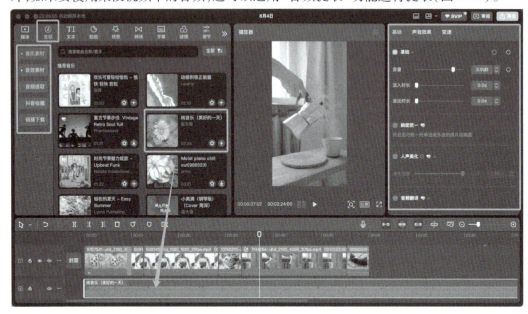

图6.25　添加音频

(5)插入文字和图形。在媒体素材区执行文本→新建文本→默认文本命令,将默认文本拖曳至时间线,单击时间线上的文本,则可以在右侧的属性调节区对文本的字体、字号、样式、颜色等参数进行调节。还可以使用"智能字幕"功能,通过识别视频中的人声,自动生成字幕。如果已经设置好字幕的格式,可以把它保存为预设,这样不用每次重新调整字幕的格式。还可以选中已设置好的字幕文本,右击选择复制属性,然后单击新的字幕进行粘贴,这样就可以使字幕样式统一(图6.26)。

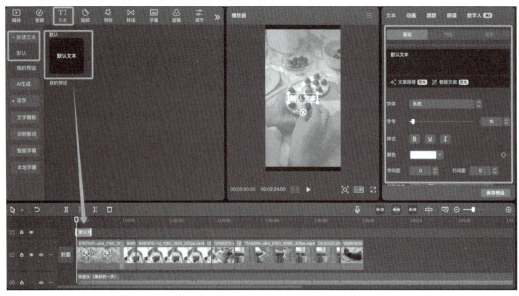

图6.26　插入文本

如果想给视频添加贴纸或图形,同样也需要在媒体素材区单击"贴纸"按钮,则可以添加贴纸或 AI 生成的自定义图形。从剪贴素材库中选择,将贴纸拖曳至时间线上,然后可以在属性调节区设置贴纸的大小、位置等,还可以单击"动画"按钮,为文字和图形添加入场动画和出场动画(图 6.27)。

图 6.27 插入贴纸或图形

(6)视觉效果增强。在媒体素材区单击"滤镜"按钮,选择一个统一的滤镜来设定视频整体色调。将滤镜拖曳至时间线,然后可以在属性调节区对滤镜参数进行调节。还可以通过添加关键帧,让滤镜产生动态变化(图 6.28)。

图 6.28 添加滤镜

（7）细节调整。完成前面的操作后，要对剪辑工作的细节进行检查和调整，比如检查所有的转场效果是否平滑自然。仔细检查音频是否与画面动作同步。调整关键帧，微调动画效果，使其更加流畅自然。检查字幕，确保所有文字在画面中的位置正确，持续时间适当。最后回看整个视频，确保节奏恰当。

（8）审核和修改。完成视频剪辑工作后，应从头到尾观看视频，注意整体流畅度和连贯性。检查是否出现技术问题，如画面抖动、音频断裂等。对内容进行审核，确保内容符合最初的创作意图。同时邀请团队其他成员观看审核，并提供反馈。最后根据审核结果和反馈进行最后的调整。

（9）导出。单击"导出"按钮会跳出输出设置界面，选择导出视频文件的保存位置（图6.29）。根据目标平台选择适当的分辨率、码率和帧率等参数。单击右上角"导出"按钮，等待处理完成。预览导出文件，确保导出的视频没有问题（图6.30）。

图6.29　单击"导出"按钮

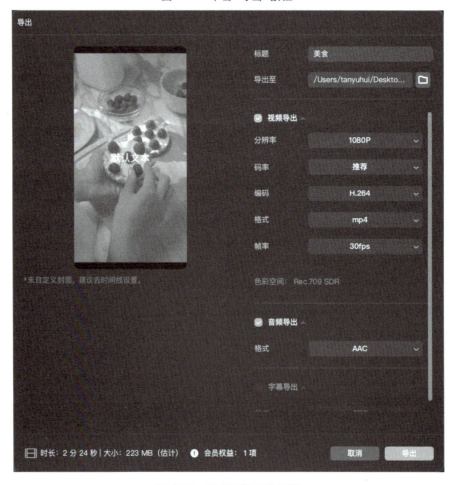

图6.30　导出视频参数设置

（四）视频发布

1.找准发布时机

合理安排发布时间至关重要。首先,利用数据分析工具了解粉丝活跃时段,同时考虑目标受众的作息规律。其次,通过历史表现分析和 A/B 测试,不断优化发布策略。再次,密切关注热点话题,适时跟进,但要避开内容发布高峰期。最后,建立规律的发布计划,培养粉丝的观看习惯,同时保持灵活性,以应对特殊情况和突发热点。

2.标题优化

创作引人注目的标题是吸引用户点击的关键。标题应简洁有力,控制在 15 个字以内,将核心关键词放在开头。通过设置悬念、使用数字或反常识表述来引发好奇心,例如"5 个你不知道的……",激发观众的探索欲。运用情感触发词增强吸引力,适度使用夸张修辞,如"震惊""感动""惊喜"等,直接唤起情感。同时,要注意融入热搜词和行业术语,提高相关性和搜索友好度。标题的每个元素都应精心设计,以最大化吸引目标受众的注意力。

3.封面设计

引人注目的封面设计能显著提升视频的点击率。第一,运用高对比度的色彩和明暗效果突出主体。第二,封面文字应简洁明了,控制在 5 ~ 7 个字,选用清晰醒目的字体。人物表情是关键,优先选用表情丰富的特写镜头。整体设计要确保在小屏幕上依然清晰可辨,同时与视频内容高度相关。

4.标签使用

合理使用标签可以提高视频的曝光度和精准推送。在选择标签时,第一,要确保与视频内容高度相关,包括主题标签、细分类别和场景标签。第二,适度使用热门标签,但不要过度,每个视频限制在 2 个热门标签内。控制总标签数量在 3 ~ 5 个,并按重要性排序。此外,考虑创建专属标签,如品牌标签或系列内容标签,以增强识别度。定期分析标签效果,及时调整优化策略。

5.互动引导

提高视频互动性可以提高用户参与度和内容传播度。首先,及时回复评论,给予个性化、幽默的回应,解答问题并引导深入讨论。其次,在视频中加入分享提示,设置分享奖励机制。通过开放式问题、观点征集或发起挑战来延续话题热度。再次,进行跨平台推广,将内容适当改编后分享到其他社交平台,建立统一的话题标签。最后,建立跨平台粉丝社群,加强粉丝黏性,形成良性互动循环。

三、任务总结

本任务聚焦于新媒体视频编辑,涉及使用剪映软件进行全面的短视频制作和优化,包括前期准备、素材导入与初步编辑、精细剪辑与视觉优化、音频处理、文字和图形添加、最终审核与导出,以及发布与推广策略七个关键阶段。整个过程从明确主题、收集素材开始,经过多轮精细编辑和优化,最终创作出既能准确传达信息又能快速吸引观众的高质量内容。此流程旨在提高创作效率,满足新媒体内容快速迭代的需求,同时建议通过定期总结和数据分析不断优化工作流程,提升视频质量和传播效果。

四、任务实训

(一)实践训练

小芳在县政府的邀请下,协助宣传家乡的"美丽乡村"建设,前期推出的宣传推文受到了广泛关注,最近接到了新任务,希望她能制作一个展示当地乡村振兴成果的短视频。为了完成这项任务,小芳决定使用剪映软件来剪辑一个主题为"乡村蝶变:传统与现代的完美融合"的短视频。其具体要求如下:

(1)内容包括但不限于改造后的村容村貌、现代化农业生产场景、特色文化活动、农民生活状况的改善,注意收集能够体现"前后对比"的画面,突出乡村变化。

(2)使用剪映软件进行后期制作:将拍摄的素材导入剪映软件,进行剪辑、配乐和特效处理,熟练运用剪映的核心功能,包括但不限于视频剪辑与拼接、转场效果添加、文字与字幕制作、音频处理(背景音乐、解说配音等)、滤镜应用与调色、制作简洁明了的片头和片尾、导出适合在各大社交媒体平台传播的视频文件。

(二)实训评价

单位:分

评价内容	评价标准	分值	得分
内容策划	1. 主题的明确性 2. 故事结构的完整性 3. 创意的独特性 4. 受众的吸引力 5. 信息传递的有效性	25	
拍摄技巧	1. 画面构图 2. 镜头的稳定性 3. 光线运用 4. 素材的多样性	20	
剪辑技巧	1. 节奏控制 2. 转场效果 3. 画面衔接流畅度 4. 特效运用 5. 音画同步 6. 字幕制作	30	

续表

评价内容	评价标准	分值	得分
后期处理	1. 调色效果 2. 音频处理 3. 滤镜应用	15	
作品完成度	1. 整体视觉效果 2. 主题表达的清晰度	10	

任务3　H5 交互内容编辑

一、任务描述

非遗文化 H5 交互内容设计任务的核心挑战在于:如何通过富有创意的 H5 设计与巧妙的交互,既能完整展现本地非遗的精髓,又能吸引年轻一代沉浸式体验这些传统文化的魅力。设计一个兼具传统韵味和现代感的 H5 页面成为小李的首要任务。他希望用户能通过简单的滑动和点击,仿佛穿越时空,亲身感受非遗文化的独特魅力。然而,如何在有限的移动屏幕上合理安排各种元素,如何巧妙融入音频、视频等多媒体内容,以及如何设计既有趣又能增强用户参与感的交互环节,这些都是小李需要认真思考的问题。

为了更好地完成这个富有挑战性的项目,小李决定和公司的老王合作。老王是一位经验丰富的 H5 交互设计师,在 H5 页面设计和用户体验优化方面有独到见解。小李希望通过与老王的合作,汲取新的创意和技术灵感,最终打造出一个既能传承传统文化,又能吸引现代年轻人的创新型 H5 作品。

二、任务实施

（一）了解什么是 H5

H5 是 HTML5 的简称,它是一种用于构建和呈现网页内容的置标语言。HTML5 是 HTML(超文本置标语言)的第五个主要版本,于 2014 年正式发布。H5 不仅指 HTML5 语言本身,在实际应用中,它通常代表使用 HTML5、CSS3 和 JavaScript 等现代 Web 技术构建的富媒体网页或应用。H5 的主要特性包括跨平台运行、响应式设计、丰富的多媒体支持、离线存储、地理位置服务、Canvas 绘图和 WebGL 3D 图形支持等。它广泛应用于移动网页、小游戏、互动广告、数据可视化、企业宣传和在线教育等领域。在营销中,H5 常用于微信公众号文章、线上活动、产品展示和数据收集等。相比原生 App,H5 具有开发成本低、更新方便、用户体验好和 SEO 友好等优势,但在性能、设备功能访问和网络依赖方面也存在一些局限性。未来,H5 技术可能会与 AI 和 WebXR 技术结合,其灵活性和广泛兼

容性使 H5 成为许多公司,特别是中小企业和创业公司的首选技术,在现代数字营销和网络应用开发中扮演着不可或缺的角色。

(二)熟悉常用的 H5 编辑器

移动互联网时代的到来使 H5 技术备受瞩目。随之而来的是各种 H5 制作平台和工具的涌现,为营销人员提供了丰富的创作资源。对 H5 营销人员来说,了解这些平台的特点至关重要,能帮助他们更快、更好地创作出优质的营销方案。目前,常用的 H5 创作工具主要分为三类,如表 6.1 所示。

表 6.1 H5 编辑器分类与功能介绍

H5 开发方式	特点	优势	适用人群	代表平台/工具
模板类 H5 开发平台	提供大量现成模板,可制作 H5 页面、微场景、创意海报、微杂志等	上手简单,无须设计或编程基础	新手、非专业用户	易企秀 人人秀 兔展 MAKA 初叶
功能类 H5 开发平台	提供模板,支持深度定制,丰富的动画和交互效果	灵活度高,可满足个性化需求	有一定设计基础的用户、中级用户	互动大师(iH5) 意派 360(Epub360) 木疙瘩(Mugeda)
H5 代码开发技术	使用 HTML5、CSS3 和 JavaScript 可实现复杂样式变化和交互效果	功能强大,高度个性化,不依赖 Flash	专业前端工程师	HBuilder(编辑器) CSS3 animation

(三)H5 交互内容制作

易企秀是一款广受欢迎的在线 H5 页面制作平台,主要面向无编程经验的用户。它提供了直观的拖拽式页面编辑器、丰富的模板库和多媒体内容支持,使用户能够轻松创建适配各种移动设备的 H5 页面。平台支持简单的动画效果、表单收集功能,并提供基本的数据分析工具。易企秀的优势在于快速上手、模板丰富,特别适合小型企业和营销人员快速制作营销内容、产品介绍、邀请函等。它采用免费+付费模式,支持团队协作,并可方便地将作品分享到各种社交媒体平台。然而,易企秀也存在一些局限性,如功能相对基础,不适合创建复杂的交互或动画,定制化程度有限。尽管如此,对于需要频繁创建简单而美观的 H5 页面的用户来说,易企秀仍是一个极具价值的工具。下面将结合易企秀完成创建与设计 H5 页面的过程。

(1)注册和登录。打开易企秀官网,单击右上角的"登录注册"按钮,填写手机号码或邮箱,设置密码,完成验证后登录账号,或者利用微信扫码登录方式进行登录(图 6.31)。

图6.31　易企秀注册和登录

（2）选择创作方式。登录后，在主页面右上角单击"工作台"进入易企秀的操作界面。创建H5，可以使用"模板创建"或"空白创建"。"模板创建"帮你实现简单编辑，快速制作出H5。假如已经做好物料图片、PDF或者PSD文件，通过"空白创建"就能快速完成H5的制作（图6.32）。

图6.32　选择创作方式

（3）浏览和选择模板。如选择"模板创建"，单击会进入模板中心，单击H5，会看到各种分类（如用途、行业等），使用筛选器按行业、场景等进行筛选，也可以在右上角的搜索框中搜索关键词，找到自己想要的模板，这里我们以"非遗"这一关键词为例进行查找。预览感兴趣的模板，找到合适的模板后，单击预览模板，单击"制作"按钮，即可进入编辑（图6.33）。

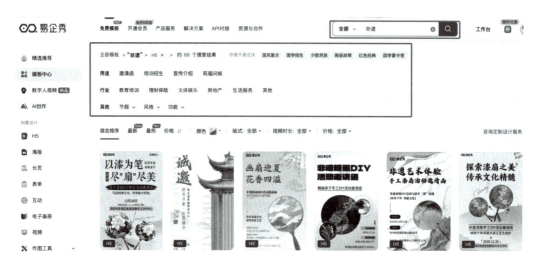

图 6.33　浏览和选择模板

（4）编辑页面内容。首先对页面内的文字进行编辑，可以双击文本框，输入新内容。使用顶部工具栏或者右侧"组件设置"调整字体、大小、颜色等（图 6.34）。

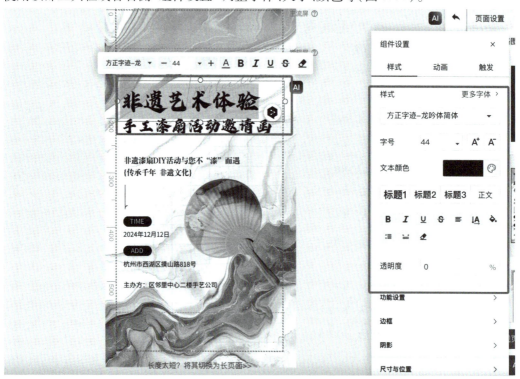

图 6.34　编辑文字

如果要对图片进行替换，可以单击图片，在右侧"组件设置"对话框选择"换图"选项，上传本地图片或使用素材库进行替换。还可以在这里对图片进行裁切、抠图、滤镜、透明度等操作（图 6.35）。

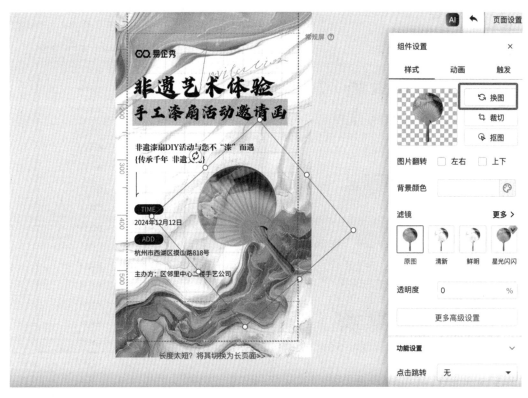

图 6.35　编辑图片

如果想在页面中添加新的元素,可以在左侧工具栏选择图文、单页、装饰、艺术字等。单击所需元素,该元素即可在画布上出现。在右侧的"模板设置"对话框内还可以对添加的内容进行属性修改(图6.36)。

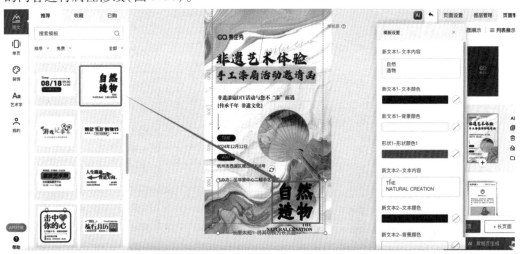

图 6.36　添加新元素

如果想对页面中的内容布局进行调整,则可以在选中元素后拖动改变位置,或者使用角落的调整点改变大小。利用右侧的图层管理工具,可以调整元素的前后顺序(图6.37)。

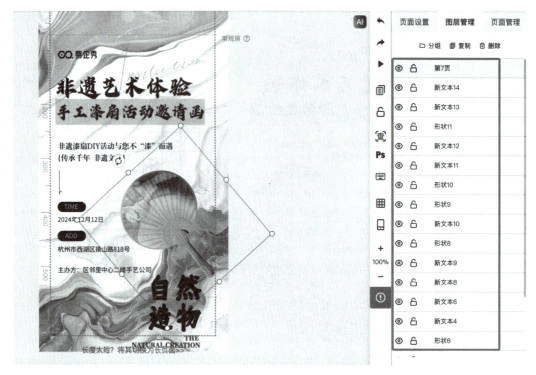

图 6.37　调整页面元素布局和图层管理

（5）设计动画效果。如果想要给页面中的元素设置动画,则需先在页面中选中一个元素,单击右侧的"动画"按钮,选择入场、强调或离场动画,调整动画的持续时间和延迟时间。如果想设置元素触发其他交互功能,如跳转外链、跳转页面、播放动画、播放视频等,则可以在"触发"下进行设置(图 6.38)。

图 6.38　设计动画效果

（6）添加交互功能。在顶部单击"组件"按钮，选择相应的交互功能，即可以添加到页面上（图6.39）。

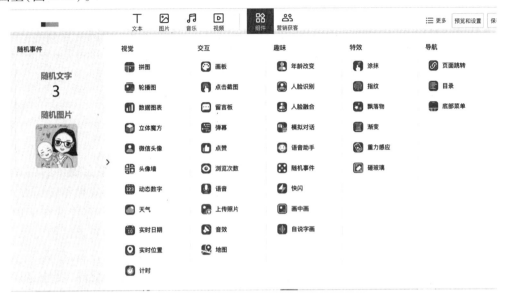

图6.39 添加交互功能

（7）预览和测试。单击顶部的"预览和设置"按钮，使用手机扫描二维码在移动设备上预览，检查所有页面的显示效果、动画和交互是否正常，也可以在不同尺寸的设备上进行测试，确保适配性。需要注意的是，预览的二维码和链接只在10钟内有效（图6.40）。

图6.40 预览和测试

(8)发布作品。完成编辑后,单击右上角的"保存"按钮,在"预览和设置"页面中设置作品标题、描述和封面,设置作品的翻页方式、参与人限制、作品访问状态等参数。设置好这些内容后,即可单击"发布"按钮进行发布。

(9)分享推广。复制生成的链接或保存二维码图片,将链接或二维码分享到微信、微博等社交媒体,可以将链接嵌入公司网站或电子邮件营销(EDM)中,也可以考虑使用易企秀的推广功能进行更广泛的传播。

三、任务总结

本任务主要围绕 H5 交互内容编辑展开,要求在易企秀平台上进行全面的页面设计与优化。首先,需要精心挑选符合非遗主题的高质量图片素材,运用平台提供的图片编辑工具进行裁剪、调整尺寸、优化色彩和对比度等处理。合理应用动画效果和转场方式,增强视觉吸引力,同时注意添加适当的文字说明和品牌标识,以强化内容传达和保护知识产权。其次,重点关注 H5 页面的整体布局和交互设计。通过巧妙的页面结构安排,确保内容呈现流畅自然,便于用户浏览和操作。选择恰当的字体和配色方案,打造统一的视觉风格,提升非遗文化的品牌识别度。充分运用易企秀提供的交互组件,设计富有创意的用户参与环节,如简单的小游戏或问答形式,增强用户对非遗文化的理解和兴趣。再次,需要优化 H5 页面在不同移动设备上的显示效果,确保内容在各种尺寸的屏幕上都能完美呈现。合理嵌入音频、视频等多媒体元素,丰富页面内容,但要注意控制页面加载速度。最后,运用易企秀的数据分析功能,对 H5 页面的访问数据进行分析,根据用户行为反馈持续优化内容和设计。

四、任务实训

(一)实践训练

小芳在成功完成乡村振兴短视频制作后,县政府对她的工作表示赞赏。近期,县里即将举办"村振兴农产品展销会",邀请小芳设计一个互动性强的 H5 邀请函,希望通过这个 H5 的邀请函吸引更多人关注和参与展销会,展示当地特色农产品和乡村发展成果。其具体要求如下:

1. 内容设计

(1)创作吸引眼球的封面页面,突出"乡村振兴农产品展销会"主题。

(2)设计展销会基本信息页面,包括时间、地点、主办方等。

(3)制作参展企业和特色农产品介绍页面,展示 3~5 家代表性企业和他们的产品。

(4)设计互动问卷页面,收集参会意愿和基本信息。

2. H5 制作技术要求

(1)使用 H5 制作工具(如易企秀等)完成邀请函设计。

(2)运用页面切换动画,增强视觉吸引力。

(3)加入背景音乐,营造轻快愉悦的氛围。

(4)嵌入图片轮播组件,展示更多产品细节。

(5)制作表单收集组件,用于收集参会意愿和联系方式。

(6)确保 H5 在各种移动设备上都能正常显示和交互。

(二)实训评价

单位:分

评价内容	评价标准	分值	得分
页面设计	1. 模板选择 2. 页面布局合理性 3. 字体与颜色搭配 4. 图片/视频素材应用 5. 整体视觉美感	25	
交互功能应用	1. 页面切换效果 2. 触发器使用 3. 动画效果运用 4. 表单设计与应用 5. 自定义组件使用	25	
多媒体元素整合	1. 图片处理与优化 2. 音频/视频嵌入 3. 图表/地图应用 4. 背景音乐选择	20	
内容质量	1. 主题明确 2. 内容组织逻辑 3. 文案吸引力 4. 信息传达有效性	20	
技术应用与创新	1. 高级功能应用 2. 创新设计元素	10	

任务4 直播编辑

一、任务描述

本次关于安徽非物质文化遗产的系列作品创作进行到了非遗文创产品直播阶段,小李又面临了新的挑战。小李在完成本次直播任务时,重点考虑如何通过富有吸引力的直播形式,既能完整展现安徽本土非遗文创产品的文化价值,又能激发年轻消费者的购买欲望。然而,如何在有限的直播时间内平衡文化传播和产品推广、如何巧妙融入非遗故事和制作工艺,以及如何设计既能彰显文化底蕴又能刺激销量的互动环节,这些都是小李需要认真思考的问题。

为了更好地完成这个富有挑战性的项目,小李决定和公司的资深带货主播小陈合作。小陈是一位经验丰富的电商直播达人,在产品展示和销售技巧方面有独到见解。小李通过与小陈的合作,前期已经完成了本场直播的策划和直播脚本的撰写,对直播话术也做了初步的设计,希望能通过本次直播将文化传播与商业推广完美结合,最终打造出一场既能传承传统文化,又能创造可观销售业绩的创新型非遗文创产品直播。

二、任务实施

(一)直播间筹备

1.直播物料设计

我们在直播时可能借助直播物料设计来突出产品或服务的优势,同时满足观众的审美和信息需求。直播物料的设计与准备可能帮助提高直播的整体效果,提高用户参与度和转化率。随着直播技术和用户习惯的不断变化,也要及时调整设计策略,以保持竞争力。直播物料设计通常有以下技巧。

(1)突出品牌识别与视觉吸引力。第一,要确保所有设计元素符合品牌形象,保持视觉识别系统的一致性。例如,某化妆品品牌在直播中使用其标志性的粉色和金色配色方案,从背景板到产品展示卡片,都保持这一配色,加强品牌识别。第二,要创造有视觉冲击力的设计,能在短时间内吸引观众注意。例如,运动鞋品牌在直播开场使用3D动画,展示新款鞋子从天而降,穿过各种障碍物,最终完美送达到主播手中。第三,物料要色彩搭配协调,符合品牌调性和目标受众审美。例如,有机食品品牌采用柔和的绿色和米色作为主色调,传达健康和自然的形象。第四,整体设计要和谐统一,不同元素之间要过渡自然。例如,珠宝品牌的直播间设计采用简约的白色基调,搭配柔和的暖光照明,营造出高雅统一的氛围。第五,要选择清晰可辨的字体,确保在不同设备和光线条件下的可读性。例如,电子产品品牌在展示技术参数时,使用无衬线字体,并确保在手机屏幕上也能清晰辨认。

(2)产品展示与信息传达。第一,要突出展示产品,避免背景元素分散注意力。例如,化妆品直播使用简洁的白色展示台,产品被柔和打光,与深色背景形成鲜明对比。第二,要确保产品细节在各种设备屏幕上清晰可见。例如,珠宝直播使用高清摄像头和微距镜头,展示宝石的切割细节和光泽。第三,要合理安排文字、图片和动画等元素,创造信息的层次感。例如,家电品牌直播时,在屏幕下方使用滚动条展示基本参数,重点功能则通过弹出卡片详细介绍。第四,要突出关键信息(如价格、购买方式),使观众醒目易找。例如,服装品牌在介绍每件商品时,在屏幕右下角显示一个醒目的价格标签和"立即购买"按钮。第五,要准确传达产品特性和价值主张,避免夸大或误导。例如,在保健品直播中,主播用图表的形式清晰展示产品的营养成分,并邀请营养师解释其功效,避免夸大宣传。

(3)功能性与用户体验。第一,要设计易于理解和参与的互动元素。例如,在美食直播中设置"你最想尝试的菜品"投票,观众可以实时参与并看到结果。第二,要考虑不同直播平台特性,设计适合的互动方式。例如,在抖音直播中加入与音乐节奏同步的动态贴纸,增加趣味性。第三,要确保设计适应不同设备(手机、平板、电脑)的显示需求。例如,设计自适应布局,在手机上商品展示优先,桌面端则能同时看到商品展示和聊天互动。第四,要优化图片和动画文件大小,确保快速加载。例如,将高清商品图片处理成渐进式加载的格式,确保在网络不佳时也能快速显示基本轮廓。第五,要设计模块化元素,便于快速调整和更新。例如,设计一套标准化的产品信息卡片,便于在不同直播场景中快速调用和更新。第六,要考虑横屏和竖屏两种观看模式的适配性。例如,汽车品牌直播设计两套布局,竖屏侧重车型外观展示,横屏则提供更多技术细节的并排对比图。

(4)合规性与可持续性。第一,要确保所有设计元素不侵犯版权。例如,服装直播中使用的背景音乐,选择获得正版授权的曲目或无版权音乐。第二,要遵守广告法等相关法规,确保信息准确。例如,在美容产品直播中,明确标注产品功效的科学依据和适用人群。第三,要考虑设计的可持续性和环保性。例如,使用可回收材料制作直播背景板,在直播中向观众传达环保理念。第四,要设计易于在社交媒体上分享的视觉元素。例如,设计简洁有力的产品亮点卡片,方便观众截图分享到朋友圈。第五,要创建适合不同社交平台的衍生设计。例如,将直播的精彩片段剪辑成 15 秒的竖版视频,适合在抖音等短视频平台传播。第六,要定期收集用户反馈并据此调整设计,持续优化直播物料效果。例如,通过后台数据分析观众在直播间的停留时间和互动频率,据此调整直播节奏和互动设计。

2.直播间场景搭建

直播间场景搭建对于提升直播质量和观众体验至关重要。以下是小李总结出来的实用技巧。

(1)主题与布局。确定直播主题后,设计与之匹配的整体布局。例如,如果是烹饪直播,可以布置一个简洁的厨房背景,包括灶台、案板和必要的厨具。关键是创造一个既美观又实用的空间,让观众一眼就能理解直播内容。布局时要考虑到摄像机的拍摄角度,确保重要区域都在画面内。

(2)灯光与色彩。良好的灯光对直播效果至关重要。使用柔和的主光照亮主要区域,辅以侧光和背光来增加层次感。避免刺眼的直射光或阴影。在色彩选择上,可以使用与品牌相关的色调,但要注意整体和谐。例如,使用中性色调作为基础,再点缀品牌特色色彩,既能突出重点,又不会显得杂乱。

(3)功能性与美观性平衡。在追求美观的同时,不要忽视功能性。所有必需的设备和道具都应该触手可及,但不要杂乱无章。可以使用隐藏式储物空间或美观的收纳盒来整理不常用的物品。例如,在化妆直播中,可以使用一个带抽屉的化妆台,既能展示当前使用的产品,又可以收纳其他物品。

(4)细节与氛围营造。注重细节可以大幅提升直播的专业感和吸引力。添加一些与主题相关的装饰品,如盆栽、艺术品或专业工具等,可以提升场景的真实感和趣味性。考虑使用纹理丰富的材料(如木质、金属、布艺)来增加视觉层次。氛围灯光(如暖色调的装

饰灯)可以创造温馨舒适的感觉。

（5）品牌元素融入。巧妙地融入品牌元素,如 Logo、标志性颜色或产品,可以提高品牌识别度。但要注意适度,避免过于刻意或喧宾夺主。可以考虑使用品牌色调的背景墙,或在显眼但不突兀的位置放置带 Logo 的物品。精心规划和巧妙运用这些技巧可以打造一个既专业又吸引人的直播场景,提升整体直播质量和观众体验。需要注意的是,场景设计应该增强直播内容,而不是分散观众的注意力。

（二）直播间常见设备

1. 拍摄设备

拍摄设备是直播的核心,负责捕捉图像和声音,主要包括摄像设备、音频设备、稳定设备。摄像设备包括网络摄像头、数码相机、专业摄像机、手机等;音频设备包括 USB 麦克风、领夹式麦克风、电容麦克风、声卡等;稳定设备包括三脚架、手持稳定器、桌面支架等。

2. 灯光设备

直播间里布置好灯光可以大幅提升直播的画面质量。直播间常用的灯光包括 LED 面板灯、环形补光灯、柔光箱等主要灯光,以及背景灯、头顶灯、装饰灯等辅助灯光。

3. 软件设备调试

（1）应用直播伴侣软件辅助直播。

通常在直播时,会结合直播辅助软件来进行直播,如果是在抖音平台直播,那么较常用的直播辅助软件是直播伴侣。这款软件支持多平台同步直播,让主播能够同时在抖音、西瓜视频和今日头条等平台进行直播,大大提高了直播的效率,扩大了覆盖范围。它还提供了丰富的画面布局选项和场景切换功能,使主播可以根据不同的直播内容快速调整画面效果。此外,直播伴侣还支持虚拟背景和绿幕抠像技术,让主播即使在家中也能呈现出专业的直播效果,增加直播的趣味性和观赏性。下面我们结合直播伴侣软件,介绍直播时如何设置相关参数。

打开直播伴侣软件,可以看到直播伴侣操作界面,主要分为左、中、右三部分,如图 6.41 所示。左侧红色框区域为模式管理、场景管理、添加素材、导播。可以在这里实现切换视频或语音模式、创建场景、添加和管理场景中使用到的素材,是否进行导播等操作。左侧黄色框区域为互动玩法和直播工具区,在互动玩法中可以实现 PK 连线,分享红包、福袋等功能,和收看直播的观众实现互动。直播工具可以实现直播设置、虚拟形象设置等功能。

中间白色框区域是直播画面采集预览区,如果是导播模式,我们在这个区域可以看到 2 个画面,一个是直播画面,另一个是预览画面,预览画面是下一个即将播放的画面,当我们准备播放时,可以单击"同步至直播画面"按钮来实现。下面橙色框区域是开关控制、性能占用情况、官方公告。

右侧蓝色框区域是在线观众榜,可以在这里看到在线观众的信息。右侧绿色框区域是互动消息区,可以展示直播时的互动情况,直播时可以把这个区域单独拖出,用一块屏

幕展示出来,方便主播和观众互动。

图 6.41 直播伴侣操作界面

第一步,直播设置。 在直播前,一定要检查直播设置,包括视频设置、音频设置等,如果不检查就有可能出现直播画面不清晰或者没有声音等情况。在主界面左侧黄色区域找到"直播设置"图标,单击进入"直播设置"界面。该界面通常包括视频、音频、录像、直播间、推流、回溯等设置(图 6.42)。

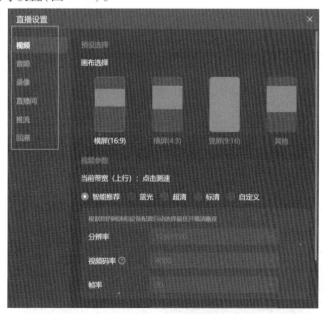

图 6.42 直播设置

第二步,视频设置。 在视频设置中,首先选择合适的画布,然后根据我们的网络情况在"智能推荐""蓝光""超清""标清""自定义"中选择合适的视频参数。如果网络和设

置都不错,一般建议选择 1 920×1 080(1 080 p)以获得高清画质。然后调整视频码率,可以根据网络情况选择 3 000~6 000 kb/s 的值。接着设置帧率,通常 30 f/s 是基本帧率,60 f/s 能提供更流畅的画面(图 6.43)。

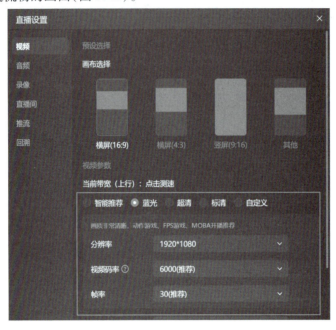

图 6.43　视频设置

　　第三步,音频设置。进入音频设置,选择正确的麦克风设备,注意不要选择默认设备,要单击下拉选择相应的音频设备。调整麦克风音量,确保声音清晰但不会出现爆音。如果需要播放背景音乐或系统声音,则可以在这里设置各音源的音量比例。开启降噪功能可以提升音质。要注意,如果在直播时,发现麦克风收音的声音太小,可以通过调整"增益"来增加音量(图 6.44)。

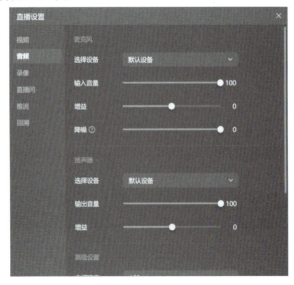

图 6.44　音频设置

第四步，美颜设置。在添加好摄像头后，可以使用美颜、滤镜等美化工具，调整磨皮、美白、瘦脸等参数。建议先使用预设的智能美颜，然后根据个人需求微调各项参数。同时，可以选择合适的滤镜效果，调整滤镜的强度（图6.45）。

图6.45　美颜设置

第五步，互动设置。在互动消息区中，单击右上角的"设置"按钮，可以自定义弹幕显示的文字大小，设置礼物特效的触发条件和显示方式（图6.46）。

图6.46　互动设置

完成所有设置后,建议在正式直播前进行测试,确保所有设置能正常工作。如果在直播过程中发现需要调整的地方,大多数设置可以实时修改,无须中断直播。

(2)应用巨量百应查看实时数据。

在直播时,除了应用直播伴侣软件来辅助直播,还要熟练运用巨量百应。巨量百应是一个基于抖音生态的一站式电商营销平台,旨在帮助商家和达人通过直播、短视频等形式进行商品推广和营销。巨量百应汇聚并连接了作者、商家和机构服务商,提供了一个综合商品分享管理平台,使得电商活动更加高效和便捷。

直播期间应用巨量百应的操作步骤如下。

第一步,登录巨量百应平台。首先,登录巨量百应平台,进入直播管理界面。确保已经完成直播前的各项准备工作,包括商品上架、直播标题设置、封面图片上传等。

第二步,打开巨量百应直播中控台。在直播间中,可以看到右下角有一个"中控台"按钮,单击该按钮,即可进入巨量百应直播中控台。

第三步,巨量百应直播中控台界面介绍。进入巨量百应直播中控台后,可以看到主要功能模块,如表6.2所示。

表6.2 巨量百应直播中控台功能模块

功能模块	功能介绍
直播画面	展示当前直播间的画面,可以实时查看观众互动情况
弹幕管理	查看和回复观众发送的弹幕,可以设置弹幕过滤规则
礼物管理	查看收到的礼物,可以设置礼物特效和感谢语
数据统计	查看直播间的观看人数、点赞数、分享数等数据,帮助了解直播效果
商品橱窗	展示添加的商品,观众可以在直播间购买商品
优惠券	设置直播间专享优惠券,吸引观众购买商品
抽奖活动	设置直播间抽奖活动,增强观众互动和购买意愿
管理员	邀请其他抖音用户成为直播间管理员,共同管理直播间

第四步,监控实时数据。开始直播后的首要任务是监控实时数据。在巨量百应的控制面板上,可进入巨量百应直播数据大屏,可以看到观看人数、点赞数、评论数等关键指标。密切关注这些数据的变化,它们能反映出直播的整体表现。

第五步,商品管理。直播时可以使用巨量百应的商品上架功能,可以根据直播进程灵活调整展示的商品。当介绍某个商品时,单击"讲解"按钮即可以将其置顶或重点展示,吸引观众注意。同时,实时关注每个商品的销售情况,必要时调整价格或库存。

第六步,互动设置。运用巨量百应的互动功能,如抽奖、问答等,提高观众参与度。密切关注评论区,及时回答观众问题,可以使用平台的智能客服功能协助处理常见问题。

第七步,订单管理。通过巨量百应的实时订单系统,可以监控订单状况,了解哪些商品销售火爆,哪些需要额外推广。如遇到异常订单,可以立即处理。

第八步,数据分析。在直播过程中,要善用巨量百应的数据分析功能。关注实时转化率、客单价等指标,根据这些数据适时调整直播策略。例如,如果某个商品转化率特别高,可以考虑延长其展示时间。

第九步,应用营销工具。 营销工具的使用也很重要。在合适的时机,可以通过平台发放优惠券或启动限时秒杀活动,刺激销售。这些活动可以提前设置好,在直播中一键启动。

要熟悉应用巨量百应需要一定的实践和经验。建议在正式大型直播前,进行几次小规模的测试直播,熟悉各项功能的操作流程。随着使用经验的积累,巨量百应的各项功能将得到更好的发挥,提升直播效果。

三、任务总结

本任务主要围绕直播电商展开。在直播前,在前期直播的内容策划和流程设计的指导下,应重点关注直播的整体节奏和互动设计。通过直播物料设计、直播道具准备、直播间场景搭建等吸引用户在直播间停留。接下来利用巧妙的内容安排,确保直播流程流畅自然,便于观众理解和参与。选择恰当的互动方式和促销策略,打造吸引人的直播氛围,提升观众的参与度和购买欲望。充分运用巨量百应提供的直播工具,设计富有创意的观众参与环节,如抽奖、答题或秒杀活动,增强观众的直播体验和对产品的兴趣。在直播过程中,可运用直播伴侣软件的美颜、滤镜功能优化主播形象和直播画面质量;运用虚拟背景功能创造专业的直播环境;通过多机位切换功能,灵活展示商品细节和不同角度。直播伴侣软件的实时数据监控功能将帮助我们及时了解观众互动情况、销售转化率等关键指标,从而快速调整直播策略。此外,优化直播团队的协作也是直播顺利进行的关键保障,要确保主播、场控、商品管理员和客服等角色分工明确,配合默契。合理运用实时数据监控功能,及时调整直播策略和商品展示。

四、任务实训

(一)实践训练

随着"乡村振兴农产品展销会"的临近,主办方希望进一步扩大活动影响力,提升本地农产品的知名度和销量。主办方决定在展销会现场开展一场农产品直播带货活动,以进一步扩大活动影响力,提升本地农产品的知名度和销量。他们邀请小芳负责策划并执行这场直播活动。其具体要求如下:

1. 直播策划

(1)设计一场90分钟的电商直播方案,包括开场介绍、产品展示、互动促销和抽奖环节。

(2)从展销会参展商中精选5~7种最具特色和市场潜力的本地农产品作为主推商品。

(3)邀请一两位本地知名农户或农产品企业代表作为联合主播,分享产品故事和种植经验。

(4)设计互动环节,如限时秒杀、满减优惠等,刺激观众购买欲。

2. 技术准备

(1)选择合适的电商直播平台(如淘宝直播、抖音小店、快手小店等)。

（2）准备专业直播设备,包括高清摄像机、专业麦克风、补光灯、直播推流设备等。

（3）搭建现场直播间,布置具有本地特色的背景,突出乡村振兴主题。

（4）确保网络稳定,必要时准备备用网络方案。

（5）提前测试并熟悉电商平台的带货功能,如商品上架、优惠设置、订单处理等。

3. 内容呈现

（1）设计吸引眼球的直播间标题和封面图,如"乡村振兴好物直播间"。

（2）准备每种产品的详细介绍脚本,包括产品特点、使用方法、价格优势等。

（3）设计产品展示环节,如现场品尝、功效演示、包装展示等。

（4）准备促销方案,如限时折扣、套餐优惠、首单特惠等。

（5）穿插展销会现场实况,展示热闹氛围,增加真实感。

4. 互动技巧

（1）设计观众参与的互动游戏,如农产品知识问答、抢红包等。

（2）实时回应观众的问题和评论,提高互动频率。

（3）鼓励观众分享直播间,设置分享奖励机制。

（4）邀请现场观众参与直播,增加临场感和互动性。

（二）实训评价

单位:分

评价内容	评价标准	分值	得分
直播策划能力	1. 直播流程设计的完整性和逻辑性 2. 产品选择的合理性和市场潜力 3. 嘉宾选择和利用 4. 互动环节的创意性和吸引力 5. 时间管理和节奏把控	25	
技术准备能力	1. 直播平台的选择和使用 2. 设备操作和画面质量 3. 直播间布置的创意性和主题呼应 4. 网络稳定性保障和应急处理	20	
内容呈现能力	1. 直播标题和封面图的吸引力 2. 产品介绍的全面性和吸引力 3. 产品展示方式的多样性和效果 4. 促销方案的设计和执行 5. 现场氛围的传递	25	
互动技巧	1. 互动游戏的设计和执行 2. 问题回应的及时性和准确性 3. 观众参与度的提升 4. 现场观众互动的组织能力	20	

续表

评价内容	评价标准	分值	得分
销售成效	1. 观看人数和互动量 2. 实际销售额 3. 转化率	10	

项目七　数据分析

项目导读

　　数据分析是新媒体编辑与运营的重要一环。通过对新媒体平台的相关运营数据的有效分析，调整运营账号的内容主题、信息量以及发布时间等要素，提升账号运营效率，提高运营账号的浏览量、粉丝量，以扩大运营账号品牌价值。首先，通过不同的数据采集方式，获取不同新媒体账号运营数据，为数据分析提供原始数据支持；其次，基于获取的原始数据，使用数据处理方法，解决原始数据缺失值、错误值、重复值、异常值等问题；再次，对处理后的数据从各个角度进行分析，挖掘有价值信息，为账号运营提供决策；最后，通过舆情分析，了解粉丝反馈、发现潜在的市场问题和更好把握社会热点和舆论导向，提高新媒体平台账号运营内容的针对性和影响力。

项目目标

▶ 知识目标

　　1.掌握数据采集的方法；
　　2.掌握数据处理的方法；
　　3.掌握数据分析的基本流程；
　　4.了解舆情分析的主要内容。

▶ 能力目标

　　1.能够通过网络爬虫工具采集数据；
　　2.能够通过数据处理工具填补缺失数据、清除异常数据、删除逻辑错误数据；
　　3.能够通过多维度进行数据分析；
　　4.能够通过多维度进行舆情分析。

▶ 素质目标

　　1.培养学生对采集到的数据进行深入分析和评估的能力，使学生能够识别信息中的偏见、误导性内容，并基于事实和逻辑做出独立判断；
　　2.培养学生在数据分析过程中遵守法律法规、尊重隐私和数据安全的意识；
　　3.培养学生的职业道德和社会责任感，确保分析工作的合法性和伦理性。

任务 1 数据采集

一、任务描述

通过这段时间在岗位上的锻炼,小李逐渐对新媒体编辑与运营相关工作内容有了更多的认识。为进一步锻炼小李的工作能力,这一天,老夏给小李安排了一项任务,让小李通过数据采集的方法,获取公司不同新媒体平台账号运营数据,以便后期通过数据挖掘、分析,获取有价值的信息,提升账号运营效率。小李在老夏的指导下,准备完成这项任务。

二、任务实施

小李通过调研发现,数据采集指的是通过各种方式获取数据分析所需数据的过程。数据采集是数据分析的首个环节,也是数据分析工作的基础工作。在数据采集的过程中,不同的新媒体平台,由于创作内容的形式不同,数据的采集方式也是多样的,需要小李针对不同的平台采用不同的方式。老夏对小李特别强调,数据采集的过程一定要在法律允许的范围内进行。

(一)新媒体数据采集需求分析

老夏告诉小李,新媒体平台往往包含大量的数据,数据的采集应当根据新媒体账号运营的状况,数据分析的需求,明确自己的数据采集需求。如果对采集的数据没有针对性地分析、挑选,可能导致后续数据分析的过程步骤更加烦琐,难以获取有价值的信息。

为更好地进行新媒体数据采集需求分析,小李通过查阅资料,在老夏的指导下,分别从用户行为分析、内容效果分析及同行竞争分析三个方面展开(表7.1—表7.3),选取了部分新媒体平台,包括抖音、微信公众号和小红书,根据需求分析结果,确定了数据采集内容,有针对性地提供了多种不同的数据采集方法。其具体如下:

表 7.1 用户行为分析

新媒体平台	用户行为分析需求	数据采集内容	数据采集方法
抖音	用户兴趣、喜好、观看习惯、互动行为	视频观看时长、点赞量、评论量、分享量、关注、取消关注	抖音官方账号后台、第三方数据工具或网络爬虫工具
微信公众号	用户基本信息、阅读习惯、互动行为	用户性别、年龄、地域、阅读量、点赞量、评论量、分享量	微信公众号账号后台、第三方数据工具
小红书	用户浏览、点赞、收藏、评论、分享	用户行为轨迹、兴趣偏好、购买意向	小红书账号后台、第三方数据工具

表 7.2　内容效果分析

新媒体平台	内容效果分析需求	数据采集内容	数据采集方法
抖音	内容受欢迎程度、热点话题、流行趋势和用户反馈	热点话题、挑战活动、用户反馈、点赞量、评论量、分享量	抖音官方账号后台、第三方数据工具或网络爬虫工具
微信公众号	内容受欢迎程度、用户反馈	内容阅读量、点赞量、评论数、分享数、用户留言	微信公众号账号后台、第三方数据工具
小红书	内容受欢迎程度、用户需求、用户评价、商品的市场竞争力	内容阅读量、点赞量、评论量、分享数、商品描述、价格、销量、评价内容	小红书账号后台、第三方数据工具

表 7.3　同行竞争分析

新媒体平台	同行竞争分析需求	数据采集内容	数据采集方法
抖音	其他运营账号的运营策略、内容趋势、用户反馈	其他运营账号的视频内容、发布时间、互动数据	第三方数据工具或网络爬虫工具
微信公众号	其他运营公众号的文章质量、发布频率、用户互动	其他运营公众号的文章内容、阅读量、点赞量、评论量	微信公众号账号后台、第三方数据工具
小红书	其他运营账号的营销策略、内容趋势、用户反馈、商品价格、销量	其他运营账号的内容、用户互动数据、销售数据	小红书账号后台、第三方数据工具

（二）新媒体账号后台数据采集

小李在了解了数据采集的需求后，根据总结的数据采集方法，通过查阅资料得知，各种新媒体平台账号后台为运营者提供了该账号的运营数据。

1.抖音账号后台数据采集

图 7.1 给出了某抖音账号后台数据中心。可以看出后台数据中心包括总览、作品分析、粉丝分析和收入分析，旨在帮助运营者全面了解其账号的运营状况、内容表现、粉丝互动情况及收益情况，从而做出更加科学、合理的决策，推动账号持续健康发展。

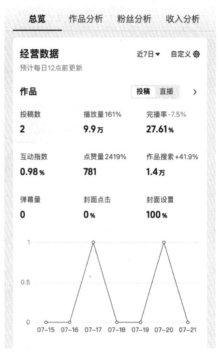

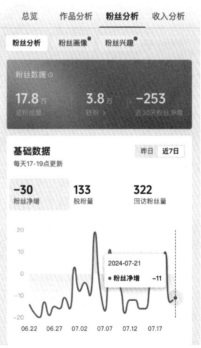

图 7.1　某抖音账号后台数据中心

2. 微信公众号账号后台数据采集

图 7.2 给出了某公众号账号 2024 年 4 月 1 日—6 月 30 日的后台数据,其中包括但不限于年龄分布、性别分布、流量来源等,可以帮助运营者精准定位目标受众、优化内容策略、拓宽流量渠道、评估运营效果和制订营销策略。

年龄分布

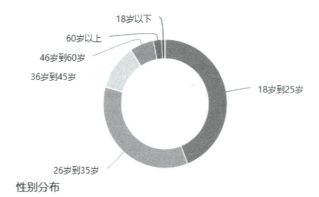

18岁以下
60岁以上
46岁到60岁
36岁到45岁
18岁到25岁
26岁到35岁

性别分布

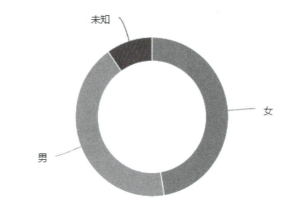

未知
女
男

流量来源 ②

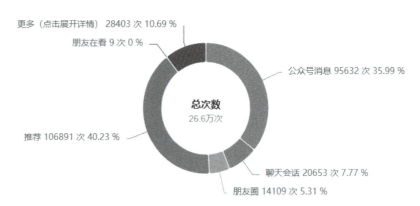

更多（点击展开详情）28403 次 10.69 %
朋友在看 9 次 0 %
公众号消息 95632 次 35.99 %
总次数
26.6万次
推荐 106891 次 40.23 %
聊天会话 20653 次 7.77 %
朋友圈 14109 次 5.31 %

图 7.2　某公众号后台数据中心

3.第三方软件数据采集

小李在学习中整理了几款操作简单的网络数据采集软件(八爪鱼数据采集方法详见项目三的任务 2)。

网络数据
采集软件

三、任务总结

本任务主要通过新媒体账户后台和网络爬虫工具采集数据,高效且全面地采集了公司多个新媒体平台账号的运营数据。数据采集指的是通过各种方式获取数据分析所需数据的过程。它是数据分析的首个环节,也是数据分析工作的基础工作。获取公司不同新媒体平台账号运营数据,有助于后期通过数据挖掘、分析,获取有价值的信息,提升账号运营效率。

四、任务实训

(一)实践训练

本次训练旨在通过运用八爪鱼信息采集器这一强大的数据抓取工具,从 Kaggle 这一知名的数据共享平台中,精确采集泰坦尼克号乘客数据集中的性别与年龄信息。其具体要求如下:

(1)在 Kaggle 平台上找到并定位到泰坦尼克号乘客数据集。确保选择的数据集包含乘客的性别与年龄字段。

(2)安装并熟悉八爪鱼信息采集器的使用,了解其基本操作界面、采集规则配置及数据导出功能。

(二)实训评价

单位:分

评价内容	评价标准	分值	得分
数据采集的合理性	1.评估学生设计的采集规则是否合理,能否准确匹配并抓取到目标数据; 2.优化了采集流程,考虑采集效率,包括采集速度、资源消耗等	35	
数据采集的完整性	1.评估学生是否成功从 Kaggle 平台上采集到了泰坦尼克号乘客数据集中的性别与年龄信息; 2.检查采集到的数据是否完整,即是否涵盖了数据集中所有相关乘客的性别与年龄信息	35	
数据采集的准确性	验证采集到的数据是否准确,与原始数据集进行比对,确认无误	30	

任务 2 数据处理

一、任务描述

小李在老夏的悉心指导下,在历经信息的采集和整合后,内容编辑逐步完成。小李再次面临一项挑战,即如何妥善处理从多元渠道汇聚而来的原始数据。这些数据,作为新媒体平台运营分析的基础,往往掺杂着缺失值、错误值、重复值及异常值等复杂问题。若忽视对这些数据的预处理,将严重影响账号运营效率的优化与提升。因此,对于这个问题,小李专门请教导师老夏,老夏肯定了小李的细心发现,并决定指导小李通过完整的数据处理流程。

二、任务实施

老夏向小李强调了数据处理在数据分析过程中的核心地位,它不仅是不可或缺的一环,更是数据分析中的至关重要的一个步骤。数据处理主要是为了填补缺失数据、剔除异常数据和逻辑错误数据,提升数据质量,确保数据准确可靠,以满足深入分析的需要。尽管新媒体数据处理需要耗费大量的时间和精力,但它对于确保数据分析结果的可靠性和准确性具有至关重要的作用。数据处理就好比是数据分析的基石,会直接影响数据分析的可靠性和准确性。进行数据处理后的数据分析得出的结果才更科学、更有参考性。

小李为此进行了大量的调研,他发现常见的数据处理工具有三种,分别是 Excel、Python、IBM SPSS Modeler。

(一)数据处理工具对比

在老夏的指导下,小李总结出了三种数据处理工具的优缺点对比。

数据处理
工具对比表

不仅如此,小李还发现我们可以根据具体需求、新媒体数据量大小、新媒体数据分析复杂度以及预算等因素来选择合适的工具。对于小规模数据集、简单的数据分析和低预算需求,Excel 是个很好的选择;而对于大规模数据集和复杂的数据分析需求,Python 更具优势。

(二)使用 Excel 处理新媒体数据

现在小李已经知道常见数据处理工具的优缺点,但老夏觉得小李的知识还不够,老夏告诉小李,IBM SPSS Modeler 此处不详细介绍了,如果小李感兴趣可以自行学习。于是他带着小李分别学习了如何用 Excel 和 Python 来进行数据处理。当使用 Excel 处理新媒体数据时,小李可以从以下几个具体方面入手,按照以下步骤进行操作。

1.缺失值的处理

造成缺失值的常见原因可以分为两种。一种是人为因素。比如由于各种主观或非主观意愿、经济目的、有意隐瞒造成数据缺失。例如,市场调查时,被访者拒绝透露一些数据信息,或者录入数据时,录入的数据有误等。另一种是环境因素。如传感器质量参差不齐、外界噪声影响大、机械故障、存储器损坏等原因造成数据缺失。对于缺失值,常见的处理方式如表7.4所示。

表 7.4　常见的缺失值处理方式

处理方式	操作方法	缺点	适用性
替换缺失值	(1)用样本平均值、中位数、众数替换	没有考虑已有信息,可能会有较大误差	适用于缺失值可以通过本数据源或其他数据源推导出来
	(2)根据已有信息的相关性或逻辑性分析推导与估算	可能会存在相关性偏差或逻辑偏差	适用于数据整体呈现正态或近似正态分布,且缺失值数量相对较少
删除整个样本	删除含有缺失值的某个样本	有效样本数据减少,无法充分利用所有数据	适用于缺失值的样本重要性较低,或者样本含有较多无效值
删除变量	删除含有缺失值的某个变量	有效变量数据减少,无法充分利用所有数据	适用于某变量缺失值较多,且该变量在所研究问题中所占的权重较小

现在介绍使用 Excel 2016 查找并替换缺失值的方法。如果缺失值以空白单元格的形式出现在数据表中,可以采用 Excel 2016 中的"定位"功能将其查找出来,具体步骤如下。

第一步,选中 E 列,单击"开始"选项卡,在"编辑"组中选择"查找和选择"→"定位条件"选项,弹出如图 7.3 所示对话框。

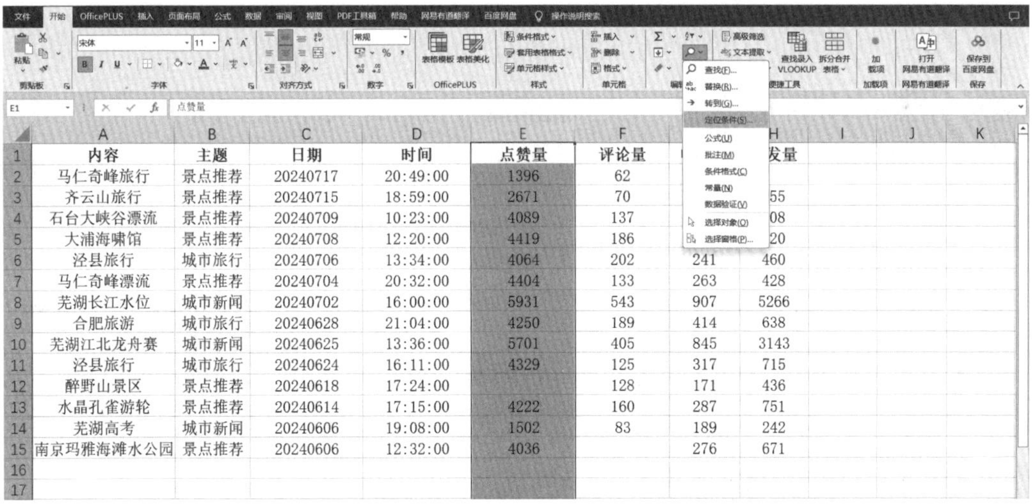

图 7.3　选择"定位条件"选项界面

第二步,如图 7.4 所示,在弹出的"定位选项"对话框中,单击"空值"单选按钮,然后单击"确定"按钮。

第三步,弹出如图 7.5 所示界面,自动定位查找到缺失值 E12。

第四步,在实际操作中,针对缺失值,较为常见的处理方法是使用样本平均值代替缺失值。这里将点赞量的平均值"3924"(四舍五入结果)输入 E12 缺失值处,如图 7.6 所示填充点赞量数据界面。

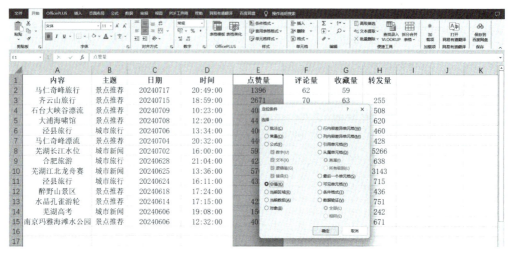

图 7.4　单击"空值"按钮界面

图 7.5　缺失值界面

图 7.6　填充点赞量数据界面

第五步,重复以上方法,分别定位 F、H 列中的缺失值,并分别将评论量的平均值"186"、转发量的平均值"1087"输入缺失值处,如图 7.7 所示。

内容	主题	日期	时间	点赞量	评论量	收藏量	转发量
马仁奇峰旅行	景点推荐	20240717	20:49:00	1396	62	59	1087
齐云山旅行	景点推荐	20240715	18:59:00	2671	70	63	255
石台大峡谷漂流	景点推荐	20240709	10:23:00	4089	137	340	508
大浦海啸馆	景点推荐	20240708	12:20:00	4419	186	283	620
泾县旅行	城市旅行	20240706	13:34:00	4064	202	241	460
马仁奇峰漂流	景点推荐	20240704	20:32:00	4404	133	263	428
芜湖长江水位	城市新闻	20240702	16:00:00	5931	543	907	5266
合肥旅游	城市旅行	20240628	21:04:00	4250	189	414	638
芜湖江北龙舟赛	城市新闻	20240625	13:36:00	5701	405	845	3143
泾县旅行	城市旅行	20240624	16:11:00	4329	125	317	715
醉野山景区	景点推荐	20240618	17:24:00	3924	128	171	436
水晶孔雀游轮	景点推荐	20240614	17:15:00	4222	160	287	751
芜湖高考	城市新闻	20240606	19:08:00	1502	83	189	242
南京玛雅海滩水公园	景点推荐	20240606	12:32:00	4036	186	276	671

图 7.7 处理缺失值界面

如果缺失值以错误标识符的形式出现在数据表中,可以采用 Excel 2016 中的"查找和替换"功能将其替换为正确的数据。其具体步骤如下。

第一步,复制错误标识符,单击"开始"选项卡,在"编辑"组中选择"查找和选择"→"替换"选项,弹出如图 7.8 所示界面。

内容	主题	日期	时间	点赞量	评论量	收藏量	转发量
马仁奇峰旅行	景点推荐	20240717	20:49:00	1396	62		087
齐云山旅行	景点推荐	20240715	18:59:00	2671	70		55
石台大峡谷漂流	景点推荐	20240709	10:23:00	4089	137		08
大浦海啸馆	景点推荐	20240708	12:20:00	4419	186		20
泾县旅行	城市旅行	20240706	13:34:00	4064	202	241	460
马仁奇峰漂流	景点推荐	20240704	20:32:00	4404	133	263	428
芜湖长江水位	城市新闻	20240702	16:00:00	5931	543	907	5266
合肥旅游	城市旅行	20240628	21:04:00	4250	189	414	638
芜湖江北龙舟赛	城市新闻	20240625	13:36:00	5701	405	845	3143
泾县旅行	城市旅行	20240624	16:11:00	4329	125	317	715
醉野山景区	景点推荐	20240618	17:24:00	3924	128	171	436
水晶孔雀游轮	景点推荐	20240614	17:15:00	4222	160	287	751
芜湖高考	城市新闻	20240606	19:08:00	1502	83	189	242
南京玛雅海滩水公园	景点推荐	20240606	12:32:00	4036	186	276	#N/A

图 7.8 选择"替换"界面

第二步,在弹出的"查找和替换"对话框中,单击"查找内容"输入框,然后粘贴错误标识符。在"替换"输入框中输入正确的替换值,然后单击"全部替换"按钮,如图 7.9 所示。

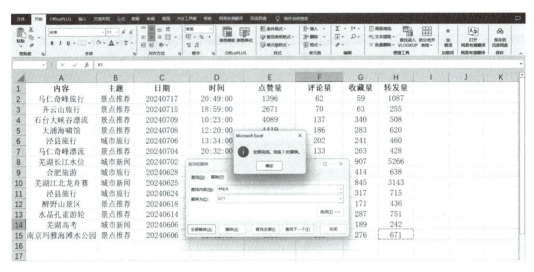

图7.9　替换完成界面

2.重复值的处理

所谓重复值,指的是在数据表中被重复输入的数据,如图 7.10 所示。其中内容为"芜湖长江水位"、主题为"城市新闻"的数据重复了两次。老夏告诉小李,应该先将重复数据选择出来再做相应处理。因此,小李查阅了相关资料,针对处理重复值的操作步骤如下。

	A	B	C	D	E	F	G	H	I
1	内容	主题	日期	时间	点赞量	评论量	收藏量	转发量	
2	马仁奇峰旅行	景点推荐	20240717	20:49:00	1396	62	59	1087	
3	齐云山旅行	景点推荐	20240715	18:59:00	2671	70	63	255	
4	石台大峡谷漂流	景点推荐	20240709	10:23:00	4089	137	340	508	
5	大浦海啸馆	景点推荐	20240708	12:20:00	4419	186	283	620	
6	泾县旅行	城市旅行	20240706	13:34:00	4064	202	241	460	
7	马仁奇峰漂流	景点推荐	20240704	20:32:00	4404	133	263	428	
8	芜湖长江水位	城市新闻	20240702	16:00:00	5931	543	907	5266	
9	合肥旅游	城市旅行	20240628	21:04:00	4250	189	414	638	
10	芜湖江北龙舟赛	城市新闻	20240625	13:36:00	5701	405	845	3143	
11	泾县旅行	城市旅行	20240624	16:11:00	4329	125	317	715	
12	醉野山景区	景点推荐	20240618	17:24:00	3924	128	171	436	
13	水晶孔雀游轮	景点推荐	20240611	17:15:00	4224	160	287	751	
14	芜湖高考	城市新闻	20240606	19:08:00	1502	83	189	242	
15	南京玛雅海滩水公园	景点推荐	20240606	12:32:00	4036	186	276	671	
16	芜湖长江水位	城市新闻	20240702	16:00:00	5931	543	907	5266	

图7.10　重复值界面

第一步,单击选中任一单元格,在"数据"选项卡中选择"删除重复值"按钮,弹出如图 7.11 所示界面。

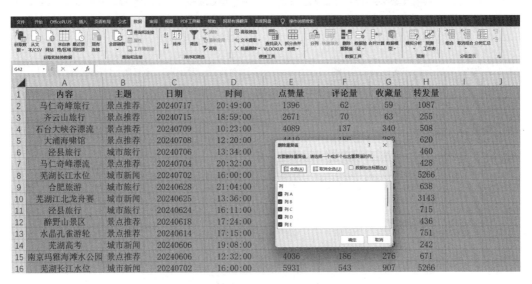

图 7.11 单击"删除重复值"按钮界面

第二步,在弹出的"删除重复值"对话框中,单击"全选"按钮,然后单击"确定"按钮即可完成重复值删除,如图 7.12 所示。

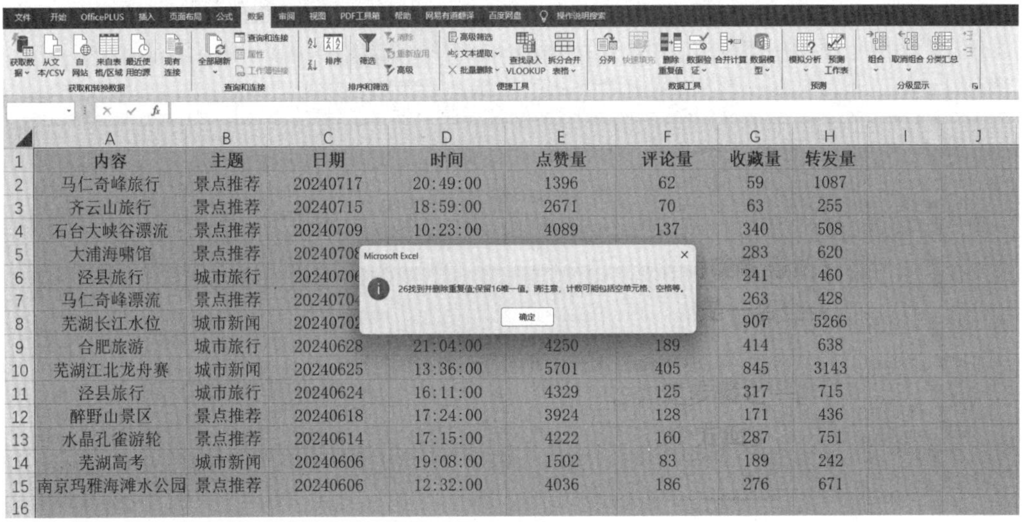

图 7.12 删除重复值界面

3.逻辑性检查

老夏对小李的工作表示了肯定,他告诉小李,除了对数据的缺失值、重复值进行处理,还需对数据进行逻辑性检查,即将不符合逻辑的数据查找出来。例如,某短视频运营者查看并统计自己最近 10 天内的视频浏览量,如图 7.13 所示。

从逻辑上看,不管是视频的点赞量、评论量、收藏量,还是转发量都应该大于或等于 0,不应该为负数。因此,针对这种情况,需要进行逻辑性检查。第一种逻辑性检查处理方法是使用"条件格式",具体步骤如下。

新媒体编辑与运营

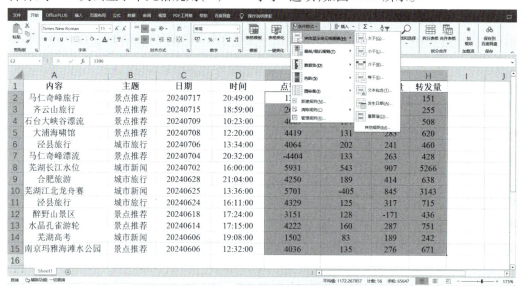

图 7.13 视频浏览量

第一步,选中单元格 E2∶H15 区域,然后单击"开始"选项卡,在"样式"组中选择"条件样式"→"突出显示单元格规则(H)"→"小于"选项,如图 7.14 所示。

图 7.14 选择"小于"选项界面

第二步,如图 7.15 所示,在弹出的"小于"对话框中,输入"0"至文本框,并且右边颜色文本框可自定义。

单击"确定"按钮,即可显示表格内所有不符合逻辑的数据,如图 7.16 所示。

图 7.15　设置数值小于 0 选项界面

图 7.16　不符合逻辑的数据显示界面

（三）使用 Python 处理新媒体数据

现在小李已经能够基本掌握 Excel 处理工具操作新媒体数据，接下来老夏将带领小李用 Python 处理新媒体数据。首先使用 PyCharm 来搭建 Python 的集成开发环境。其次使用 PyCharm 安装大数据分析与科学计算的第三方模块，如 Pandas 和 NumPy 等。最后当使用 Python 处理新媒体数据时，小李可以从以下几个具体方面入手，按照以下步骤进行操作。

1. 缺失值的处理

第一步，使用 Pandas 库的 read_excel( ) 函数从 Excel 中读取包含空值的数据并创建 DataFrame（一种二维的数据结构对象）格式的数据表，演示代码如下所示：

```
1   import pandas as pd
2   data = pd. read_excel("01 浏览量统计表. xlsx")
3   print(data)
```

代码运行结果如下所示：

	内容	主题	日期	时间	点赞量	评论量	收藏量	转发量
0	马仁奇峰旅行	景点推荐	20240717	20:49:00	1 396.0	62.0	59	NaN
1	齐云山旅行	景点推荐	20240715	18:59:00	2 671.0	70.0	63	255.0
2	石台大峡谷漂流	景点推荐	20240709	10:23:00	4 089.0	137.0	340	508.0
3	大浦海啸馆	景点推荐	20240708	12:20:00	4 419.0	NaN	283	620.0
4	泾县旅行	城市旅行	20240706	13:34:00	4 064.0	202.0	241	460.0
5	马仁奇峰漂流	景点推荐	20240704	20:32:00	4 404.0	133.0	263	428.0
6	芜湖长江水位	城市新闻	20240702	16:00:00	5 931.0	543.0	907	5 266.0
7	合肥旅游	城市旅行	20240628	21:04:00	4 250.0	189.0	414	638.0
8	芜湖江北龙舟赛	城市新闻	20240625	13:36:00	5 701.0	405.0	845	3143.0
9	泾县旅行	城市旅行	20240624	16:11:00	4 329.0	125.0	317	715.0
10	醉野山景区	景点推荐	20240618	17:24:00	NaN	128.0	171	436.0
11	水晶孔雀游轮	景点推荐	20240614	17:15:00	4 222.0	160.0	287	751.0
12	芜湖高考	城市新闻	20240606	19:08:00	1 502.0	83.0	189	242.0
13	南京玛雅海滩水公园	景点推荐	20240606	12:32:00	4 036.0	NaN	276	671.0

其中 NaN 表示缺失值，从运行结果可以看出，数据表的第 0 行、第 3 行、第 10 行和第 13 行存在缺失值。如果需要查看每一列缺失值的存在情况，可以使用 Pandas 模块中的 info( ) 函数来进行操作。演示代码如下所示：

```
1   import pandas as pd
2   data = pd. read_excel("01 浏览量统计表. xlsx")
3   data. info( )
```

代码运行结果如下所示：

```
1   <class ' pandas. core. frame. DataFrame' >
2   RangeIndex: 14 entries, 0 to 13
3   Data columns (total 8 columns):
4    #   Column    Non-Null Count   Dtype
5   ---  ------    --------------   -----
6    0   内容        14 non-null      object
7    1   主题        14 non-null      object
8    2   日期        14 non-null      int64
9    3   时间        14 non-null      object
10   4   点赞量       13 non-null      float64
11   5   评论量       12 non-null      float64
12   6   收藏量       14 non-null      int64
13   7   转发量       13 non-null      float64
14  dtypes: float64(3), int64(2), object(3)
15  memory usage: 1.0+ KB
```

从运行结果可以看出,"收藏量"有"14 non-null"(14 个非空值),"点赞量"和"转发量"有 13 个非空值,"评论量"有 12 个非空值。这说明"点赞量"和"转发量"有 1 个缺失值,"评论量"有 2 个缺失值。此外还可以使用 isnull( )函数判断数据表中哪个是缺失值,如果是缺失值标记为 True,非缺失值标记为 False。演示代码如下所示:

```
1  import pandas as pd
2  data = pd. read_excel("01 浏览量统计表. xlsx")
3  result = data. isnull( )
4  print( result)
```

代码运行结果如下所示:

1		内容	主题	日期	时间	点赞量	评论量	收藏量	转发量
2	0	False	False	False	False	False	False	False	True
3	1	False	False	False	False	False	False	False	False
4	2	False	False	False	False	False	False	False	False
5	3	False	False	False	False	False	True	False	False
6	4	False	False	False	False	False	False	False	False
7	5	False	False	False	False	False	False	False	False
8	6	False	False	False	False	False	False	False	False
9	7	False	False	False	False	False	False	False	False
10	8	False	False	False	False	False	False	False	False
11	9	False	False	False	False	False	False	False	False
12	10	False	False	False	False	True	False	False	False
13	11	False	False	False	False	False	False	False	False
14	12	False	True	False	False	False	False	False	False
15	13	False	False	False	False	False	True	False	False

第二步,用 dropna( )函数可以删除数据表中存在缺失值的行。演示代码如下所示:

```
1  import pandas as pd
2  data = pd. read_excel("01 浏览量统计表. xlsx")
3  result = data. dropna( )
4  print( result)
```

代码运行结果如下所示:

1		内容	主题	日期	时间	点赞量	评论量	收藏量	转发量
2	1	齐云山旅行	景点推荐	20240715	18:59:00	2 671.0	70.0	63	255.0
3	2	石台大峡谷漂流	景点推荐	20240709	10:23:00	4 089.0	137.0	340	508.0
4	4	泾县旅行	城市旅行	20240706	13:34:00	4 064.0	202.0	241	460.0
5	5	马仁奇峰漂流	景点推荐	20240704	20:32:00	4 404.0	133.0	263	428.0
6	6	芜湖长江水位	城市新闻	20240702	16:00:00	5 931.0	543.0	907	5 266.0
7	7	合肥旅游	城市旅行	20240628	21:04:00	4 250.0	189.0	414	638.0
8	8	芜湖江北龙舟赛	城市新闻	20240625	13:36:00	5 701.0	405.0	845	3 143.0
9	9	泾县旅行	城市旅行	20240624	16:11:00	4 329.0	125.0	317	715.0
10	11	水晶孔雀游轮	景点推荐	20240614	17:15:00	4 222.0	160.0	287	751.0
11	12	芜湖高考	城市新闻	20240606	19:08:00	1 502.0	83.0	189	242.0

从运行结果可以看出,原数据表的第 0 行、第 3 行、第 10 行和第 13 行已被删除。默认情况是只要某一行中有缺失值就会删除这一行。如果只想删除整行都是缺失值的行,只需要为 dropna( )函数设置参数 how 的值为"all",即可删除整行为缺失值的行。演示代码如下所示:

```
1  import pandas as pd
2  data = pd. read_excel( "01 浏览量统计表. xlsx")
3  result = data. dropna( how = "all")
4  print( result)
```

代码运行结果如下所示:

		内容	主题	日期	时间	点赞量	评论量	收藏量	转发量
2	0	马仁奇峰旅行	景点推荐	20240717	20:49:00	1 396.0	62.0	59	NaN
3	1	齐云山旅行	景点推荐	20240715	18:59:00	2 671.0	70.0	63	255.0
4	2	石台大峡谷漂流	景点推荐	20240709	10:23:00	4 089.0	137.0	340	508.0
5	3	大浦海啸馆	景点推荐	20240708	12:20:00	4 419.0	NaN	283	620.0
6	4	泾县旅行	城市旅行	20240706	13:34:00	4 064.0	202.0	241	460.0
7	5	马仁奇峰漂流	景点推荐	20240704	20:32:00	4 404.0	133.0	263	428.0
8	6	芜湖长江水位	城市新闻	20240702	16:00:00	5 931.0	543.0	907	5 266.0
9	7	合肥旅游	城市旅行	20240628	21:04:00	4 250.0	189.0	414	638.0
10	8	芜湖江北龙舟赛	城市新闻	20240625	13:36:00	5 701.0	405.0	845	3143.0
11	9	泾县旅行	城市旅行	20240624	16:11:00	4 329.0	125.0	317	715.0
12	10	醉野山景区	景点推荐	20240618	17:24:00	NaN	128.0	171	436.0
13	11	水晶孔雀游轮	景点推荐	20240614	17:15:00	4 222.0	160.0	287	751.0
14	12	芜湖高考	城市新闻	20240606	19:08:00	1 502.0	83.0	189	242.0
15	13	南京玛雅海滩水公园	景点推荐	20240606	12:32:00	4036.0	NaN	276	671.0

从运行结果可以看出,没有行被删除,这是因为这里不存在整行都是缺失值的情况。

第三步,使用 fillna( )函数将数据表中的缺失值填充为指定的值。演示代码如下所示:

```
1  import pandas as pd
2  data = pd. read_excel( "01 浏览量统计表. xlsx")
3  result = data. fillna(0)
4  print( result)
```

其中,第 3 行代码表示将数据表中所有的缺失值都填充为 0。

代码运行结果如下所示:

		内容	主题	日期	时间	点赞量	评论量	收藏量	转发量
2	0	马仁奇峰旅行	景点推荐	20240717	20:49:00	1 396.0	62.0	59	0.0
3	1	齐云山旅行	景点推荐	20240715	18:59:00	2 671.0	70.0	63	255.0
4	2	石台大峡谷漂流	景点推荐	20240709	10:23:00	4 089.0	137.0	340	508.0
5	3	大浦海啸馆	景点推荐	20240708	12:20:00	4 419.0	0.0	283	620.0

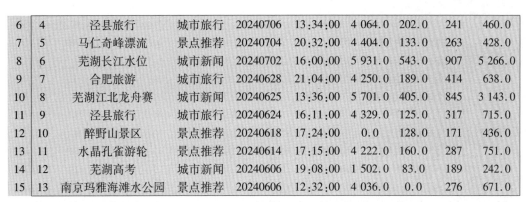

6	4	泾县旅行	城市旅行	20240706	13:34:00	4 064.0	202.0	241	460.0
7	5	马仁奇峰漂流	景点推荐	20240704	20:32:00	4 404.0	133.0	263	428.0
8	6	芜湖长江水位	城市新闻	20240702	16:00:00	5 931.0	543.0	907	5 266.0
9	7	合肥旅游	城市旅行	20240628	21:04:00	4 250.0	189.0	414	638.0
10	8	芜湖江北龙舟赛	城市新闻	20240625	13:36:00	5 701.0	405.0	845	3 143.0
11	9	泾县旅行	城市旅行	20240624	16:11:00	4 329.0	125.0	317	715.0
12	10	醉野山景区	景点推荐	20240618	17:24:00	0.0	128.0	171	436.0
13	11	水晶孔雀游轮	景点推荐	20240614	17:15:00	4 222.0	160.0	287	751.0
14	12	芜湖高考	城市新闻	20240606	19:08:00	1 502.0	83.0	189	242.0
15	13	南京玛雅海滩水公园	景点推荐	20240606	12:32:00	4 036.0	0.0	276	671.0

如果想为不同列中的缺失值设置为不同的填充值,可以使用 fillna( ) 函数传入一个字典。演示代码如下所示:

```
1  import pandas as pd
2  data = pd. read_excel("01 浏览量统计表. xlsx")
3  result = data. fillna({"点赞量":3157,"评论量":135,"转发量":151})
4  print(result)
```

其中,第 3 行代码表示将数据表中"点赞量"列中缺失值填充为 3157,将"评论量"列中缺失值填充为 135,将"转发量"列中缺失值填充为 151。

代码运行结果如下所示:

1		内容	主题	日期	时间	点赞量	评论量	收藏量	转发量
2	0	马仁奇峰旅行	景点推荐	20240717	20:49:00	1 396.0	62.0	59	151.0
3	1	齐云山旅行	景点推荐	20240715	18:59:00	2 671.0	70.0	63	255.0
4	2	石台大峡谷漂流	景点推荐	20240709	10:23:00	4 089.0	137.0	340	508.0
5	3	大浦海啸馆	景点推荐	20240708	12:20:00	4 419.0	135.0	283	620.0
6	4	泾县旅行	城市旅行	20240706	13:34:00	4 064.0	202.0	241	460.0
7	5	马仁奇峰漂流	景点推荐	20240704	20:32:00	4 404.0	133.0	263	428.0
8	6	芜湖长江水位	城市新闻	20240702	16:00:00	5 931.0	543.0	907	5 266.0
9	7	合肥旅游	城市旅行	20240628	21:04:00	4 250.0	189.0	414	638.0
10	8	芜湖江北龙舟赛	城市新闻	20240625	13:36:00	5 701.0	405.0	845	3 143.0
11	9	泾县旅行	城市旅行	20240624	16:11:00	4 329.0	125.0	317	715.0
12	10	醉野山景区	景点推荐	20240618	17:24:00	3 157.0	128.0	171	436.0
13	11	水晶孔雀游轮	景点推荐	20240614	17:15:00	4 222.0	160.0	287	751.0
14	12	芜湖高考	城市新闻	20240606	19:08:00	1 502.0	83.0	189	242.0
15	13	南京玛雅海滩水公园	景点推荐	20240606	12:32:00	4 036.0	135.0	276	671.0

2. 重复值的处理

第一步,使用 Pandas 库的 read_excel( ) 函数从 Excel 文件中读取数据,并创建一个 DataFrame 对象,这里假设 Excel 文件中存在重复值:

```
1  import pandas as pd
2  data = pd. read_excel("02 浏览量统计表. xlsx")
3  print(data)
```

代码运行结果如下所示:

1		内容	主题	日期	时间	点赞量	评论量	收藏量	转发量
2	0	马仁奇峰旅行	景点推荐	20240717	20:49:00	1 396	62	59	151
3	1	齐云山旅行	景点推荐	20240715	18:59:00	2 671	70	63	255
4	2	石台大峡谷漂流	景点推荐	20240709	10:23:00	4 089	137	340	508
5	3	大浦海啸馆	景点推荐	20240708	12:20:00	4 419	131	283	620
6	4	泾县旅行	城市旅行	20240706	13:34:00	4 064	202	241	460
7	5	马仁奇峰漂流	景点推荐	20240704	20:32:00	4 404	133	263	428
8	6	芜湖长江水位	城市新闻	20240702	16:00:00	5 931	543	907	5 266
9	7	合肥旅游	城市旅行	20240628	21:04:00	4 250	189	414	638
10	8	芜湖江北龙舟赛	城市新闻	20240625	13:36:00	5 701	405	845	3 143
11	9	泾县旅行	城市旅行	20240624	16:11:00	4 329	125	317	715
12	10	醉野山景区	景点推荐	20240618	17:24:00	3 151	128	171	436
13	11	水晶孔雀游轮	景点推荐	20240614	17:15:00	4 222	160	287	751
14	12	芜湖高考	城市新闻	20240606	19:08:00	1 502	83	189	242
15	13	南京玛雅海滩水公园	景点推荐	20240606	12:32:00	4 036	135	276	671
16	14	芜湖长江水位	城市新闻	20240702	16:00:00	5931	543	907	5 266

从运行结果可以看出,数据表中的第6行和第14行数据重复。如果想要删除与第6行重复的行,可以直接使用drop_duplicates()函数。演示代码如下所示:

```
import pandas as pd
data = pd.read_excel("02 浏览量统计表.xlsx")
result = data.drop_duplicates()
print(result)
```

代码运行结果如下所示:

1		内容	主题	日期	时间	点赞量	评论量	收藏量	转发量
2	0	马仁奇峰旅行	景点推荐	20240717	20:49:00	1 396	62	59	151
3	1	齐云山旅行	景点推荐	20240715	18:59:00	2 671	70	63	255
4	2	石台大峡谷漂流	景点推荐	20240709	10:23:00	4 089	137	340	508
5	3	大浦海啸馆	景点推荐	20240708	12:20:00	4 419	131	283	620
6	4	泾县旅行	城市旅行	20240706	13:34:00	4 064	202	241	460
7	5	马仁奇峰漂流	景点推荐	20240704	20:32:00	4 404	133	263	428
8	6	芜湖长江水位	城市新闻	20240702	16:00:00	5 931	543	907	5 266
9	7	合肥旅游	城市旅行	20240628	21:04:00	4 250	189	414	638
10	8	芜湖江北龙舟赛	城市新闻	20240625	13:36:00	5 701	405	845	3 143
11	9	泾县旅行	城市旅行	20240624	16:11:00	4 329	125	317	715
12	10	醉野山景区	景点推荐	20240618	17:24:00	3 151	128	171	436
13	11	水晶孔雀游轮	景点推荐	20240614	17:15:00	4 222	160	287	751
14	12	芜湖高考	城市新闻	20240606	19:08:00	1 502	83	189	242
15	13	南京玛雅海滩水公园	景点推荐	20240606	12:32:00	4 036	135	276	671

第二步,还可以使用Pandas库中的unique()函数获取某一列数据的唯一值。演示代码如下所示:

```
import pandas as pd
data = pd.read_excel("02 浏览量统计表.xlsx")
```

```
3    result = data["主题"].unique()
4    print(result)
```

其中,第3行代码表示选中数据表中的"主题"列。

代码运行结果如下所示:

```
1    ['景点推荐' '城市旅行' '城市新闻']
```

从运行结果可以看出,主题类别分别有"景点推荐""城市旅行""城市新闻"。

三、任务总结

本任务主要是对采集到的原始数据进行全面而细致的处理,这是数据分析中至关重要的一个步骤。原始数据往往包含缺失值、错误值、重复项及异常值等问题,若不经处理便直接用于分析,将无法有效分析新媒体平台的相关运营数据,进而无法有效提升账号的运营效率。因此,对数据进行细致的预处理,是确保分析准确性和决策有效性的关键步骤。

通过综合运用 Excel 和 Python 数据处理工具填补缺失数据、清除异常数据、删除逻辑错误数据等,系统地提升数据质量,确保数据的一致性和完整性,以充分满足复杂多变的分析需求。

四、任务实训

(一)实践训练

通过八爪鱼信息采集器,从 Kaggle 数据共享平台中,采集泰坦尼克号乘客的数据集(如 titanic.csv),该数据集包含乘客的多个属性,如乘客 ID、姓名、性别、年龄、舱位等级、上船港口、船票号、家庭大小及是否存活等。请使用 Python 的 Pandas 库对该数据集进行处理。其具体要求如下:

(1)缺失值处理:检查数据集中哪些列含有缺失值(NaN)。并且对于年龄(Age)列,使用该列的中位数来填充缺失值。

(2)重复值处理:检查数据集中是否存在完全相同的行(所有列的值都相同的行)。如果有,请删除这些重复的行,只保留一个副本。结果输出处理后的数据集的前几行,以便验证处理结果。

(二)实训评价

单位:分

评价内容	评价标准	分值	得分
缺失值处理	1. 正确识别缺失值 2. 使用合适的方法填充年龄缺失值 3. 考虑并处理了其他可能含有缺失值的列规则是否合理,能否准确匹配并抓取到目标数据	35	

续表

评价内容	评价标准	分值	得分
重复值处理	1. 正确识别重复行 2. 仅删除完全相同的行,保留数据唯一性 3. 检查并确认删除重复行后数据的完整性	35	
代码实现	1. 代码清晰、易于理解 2. 正确使用 Pandas 库的方法和函数 3. 处理了可能出现的异常或错误情况	30	

任务3 数据分析

一、任务描述

经过老夏的悉心指导,小李现在能够对采集到的数据进行基本的数据处理。但是老夏告诉小李,新媒体平台每天会产生海量的数据,如内容数据、热度数据、粉丝数据等,分析这些数据并挖掘背后的潜在价值可以帮助个人、企业或者机构快速了解内容传播效果,为决策提供强有力的支撑。因此仅会数据处理还远远不够,还必须对处理后的新媒体数据进行分析。因此,老夏给小李安排了一个任务,让小李对某平台某用户2024年1—6月的新媒体数据从内容、热度、粉丝三个方面进行详细分析,以获取有价值的信息,提升账号运营效率。小李在老夏的指导下,准备完成这项任务。

二、任务实施

小李在老夏的指导下,通过数据采集工具采集了某平台某用户(后面统称为"该账户")2024年1—6月的新媒体数据,分别从内容、热度和粉丝三个方面进行分析,从而掌握新媒体账号的运营方向、了解新媒体账号的运营情况、控制新媒体账号的运营成本和对营销方案进行有效评估。老夏告诫小李,在进行数据分析时,要遵守科学性、系统性、针对性和实用性四个原则。

(一)内容数据分析

小李发现在互联网信息蓬勃发展的当今社会,内容数据分析不仅可以帮助个人、企业或者机构更好地理解和利用数据,还可以通过分析用户和内容互动的数据(点赞率、评论率、转发率等)深入了解用户的兴趣爱好和需求,从而优化内容质量,提高营销效率,评估和改进问题,进而给用户更好的体验。

1. 主题数据分析

主题是对内容的高度概括,好的标题迅速吸引用户的注意力,激发用户的分享欲,也可以快速地帮助用户筛选出感兴趣的内容数据,直接影响文章的点击率、阅读量和传播率。小李通过数据采集工具得到图 7.17 所示的该账户在 2024 年 1—6 月的不同主题的发文数量,例如在 1 月,主题为景点推荐的发文数量是 3 篇,城市旅行的发文数量是 2 篇,城市新闻的发文数量是 2 篇,美食推荐的发文数量是 4 篇。

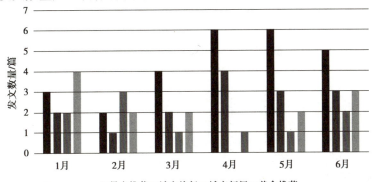

图 7.17　2024 年 1—6 月不同主题的发文数量

图 7.18 显示了在 2024 年 1—6 月各类主题的发文数量,其中景点推荐占比最高,发文数量是 26 篇。城市旅行其次,发文数量是 15 篇。随后是美食推荐,发文数量是 14 篇。占比最低的是城市新闻,发文数量是 9 篇。可以看出,该账户更倾向于发布主题为景点推荐的相关内容。

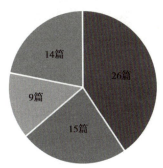

图 7.18　2024 年 1—6 月各类主题的发文数量

2. 内容发布分析

近半年,该账户内容发文总量如图 7.19 所示,其中 1 月发文总量为 11 篇,2 月发文总量为 8 篇,3 月发文总量为 9 篇,4 月发文总量为 11 篇,5 月发文总量为 12 篇,6 月发文总量为 13 篇。

从图 7.19 中可以看出,在 2 月至 6 月,该账户内容发布总量呈递增状态,说明该账户有较强的内容生产能力。其次通过公式"内容发布频率＝某时期内容发布总量÷时间周期×100%"计算得到内容发布频率为每月平均 10.67 篇。

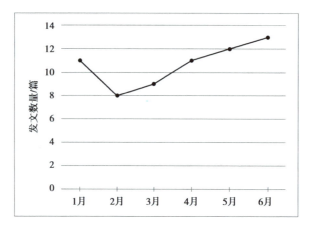

图7.19　2024年1—6月发文总量

（二）热度数据分析

老夏告诉小李,热度数据分析是提升内容质量、增强用户黏性、检测市场竞争分析的重要工具。小李通过对浏览量的分析可以直观了解热度数据的曝光程度和受众范围。点赞量的分析可以直观反映用户的喜爱程度。评论量提供了用户的直接反馈,有助于帮助创作者直接了解用户的真实想法。转发量直观体现了热度数据的传播力和影响力。收藏量表明该热度数据具有长期价值,反映了该用户对内容的喜爱程度。表7.5显示了2024年1—6月该账户的热度数据总数。从热度数据总数来看,各项关键指标——总浏览量、总点赞量、总评论量、总转发量、总收藏量在轻微波动的情况下呈现稳步增长的趋势。

表7.5　2024年1—6月热度数据总数

月份	总浏览量/次	总点赞量/次	总评论量/次	总转发量/次	总收藏量/次
1月	442 456	21 188	733	4 679	1 475
2月	388 354	18 989	673	4 778	1 382
3月	400 686	21 591	1 046	5 943	1 595
4月	582 726	32 539	856	4 365	2 387
5月	686 806	36 935	1 047	6 246	3 661
6月	702 184	40 289	1 631	8 377	3 447

表7.6汇总了2024年1—6月该账户热度数据的平均数(已四舍五入)。从热度数据平均数来看,各项关键指标如平均浏览量、平均点赞量、平均评论量、平均转发量、平均收藏量存在轻微波动。从1—6月,平均浏览量呈上升趋势,尤其是4—5月有一个显著的增长幅度,表明内容的曝光度在逐渐增加,可能是受内容质量的提升、推广力度的加大或季节性因素的影响。平均点赞量也呈现逐月增长的趋势,特别是在2—4月,反映了用户对这些账户发布内容的认可度在不断提高。平均评论量在3月和6月相对较高,可能意味着账户发布内容引起了更多用户的讨论或争议。平均转发量在3月和6月也相对较高,显示出这两个月的内容更容易激发用户的分享欲。平均收藏量在5月和6月达到较

高水平,分别为305次和265次,表明这两个月的内容具有较高的收藏价值。不过,2月的收藏量相对较低,可能是受到特定因素的影响。

表7.6 2024年1—6月热度数据平均数

月份	平均浏览量/次	平均点赞量/次	平均评论量/次	平均转发量/次	平均收藏量/次
1月	40 223	1 926	67	425	134
2月	48 544	2 374	84	597	173
3月	44 521	2 399	116	660	177
4月	52 975	2 958	78	397	217
5月	57 234	3 078	87	520	305
6月	54 014	3 099	125	644	265

表7.7汇总了2024年1—6月该账户热度数据平均值环比增长率。从热度数据平均值环比增长率来看,平均浏览量、平均点赞量和平均收藏量在轻微波动的情况下整体呈现稳步增长的趋势。而平均评论量和平均转发量的波动较为剧烈,表明用户互动行为的多样性和不稳定性。

表7.7 2024年1—6月热度数据平均值环比增长率

单位:%

月份	平均浏览量	平均点赞量	平均评论量	平均转发量	平均收藏量
1月	—	—	—	—	—
2月	20.69	23.24	26.25	40.37	28.82
3月	−8.29	1.07	38.15	10.56	2.60
4月	19.00	23.47	−33.29	−40.18	22.45
5月	8.07	4.05	12.12	31.18	40.59
6月	−5.62	0.70	43.79	23.80	−13.08

表7.8显示了该账户各类主题热度数据平均数(四舍五入)。从各类主题热度数据平均数来看,城市旅行和城市新闻在各项指标上均表现突出,尤其是城市新闻在平均评论量和平均转发量上遥遥领先,显示出其强大的传播力和影响力,有助于帮助该账户创作者直接了解用户的真实想法。景点推荐整体指标呈现良好状态,而美食推荐整体相对较弱。

表7.8 各类主题热度数据平均数

主题	平均浏览量/次	平均点赞量/次	平均评论量/次	平均转发量/次	平均收藏量/次
景点推荐	48 488	2 565	71	396	192
城市旅行	59 479	3 370	101	548	321
城市新闻	58 423	3 767	239	1 489	321
美食推荐	37 467	1 457	34	177	89

老夏肯定了小李的工作,但是也指出浏览量、点赞量、评论量、转发量、收藏量这些指标变化浮动较大,经常出现在不同内容相差几倍甚至几十倍的情况,因此得出的结果往往不科学。此时需要使用比例性指标,具体见表7.9。

表7.9 比例性指标

指标名称	平均浏览量	指标说明
点赞率	点赞率=点赞量÷浏览量×100%	点赞率是指视频的点赞量占视频浏览量的比例
评论率	评论率=评论量÷浏览量×100%	评论率是指视频的评论量占视频浏览量的比例
转发率	转发率=转发量÷浏览量×100%	转发率是指视频的转发量占视频浏览量的比例
收藏率	收藏率=收藏量÷浏览量×100%	收藏率是指视频的收藏量占视频浏览量的比例

图7.20显示了2024年1—6月该账户的热度数据分析中各项比例性指标。从图中可以看出,点赞率、评论率、转发率和收藏率在轻微波动的情况下整体呈现稳步增长的趋势。说明账户内容质量在不断提升,并且用户对内容的肯定程度在增强,能为账户带来更多的流量。

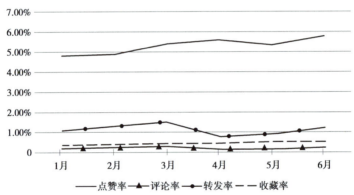

图7.20 2024年1—6月热度数据分析中各项比例性指标

(三)粉丝数据分析

小李还发现要想了解新媒体账号的运营情况,粉丝数据分析必不可少。粉丝数据分析指的是通过对粉丝变化数据和粉丝属性数据进行分析,从而了解关注新媒体账号的运营情况和对营销方案进行有效评估。

1.粉丝变化数据分析

图7.21给出了2024年1—6月该账户粉丝数量增长情况,从中可以看出,该账户的粉丝数量总体呈现稳步增长的状况,说明该账户创作的内容质量越来越好。如果继续保持或加强类似的推广策略,有望进一步增加粉丝数量。

2.粉丝属性数据分析

图7.22给出了2024年1—6月该账户粉丝地域分布情况,可以看出该账户粉丝分布最集中的区域之一是芜湖市,这表明该账户在芜湖市拥有较高的知名度和影响力,可能与其内容定位、推广策略或地域性服务紧密相关。

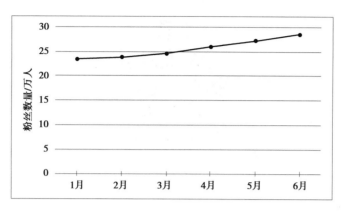

图 7.21　2024 年 1—6 月粉丝数量

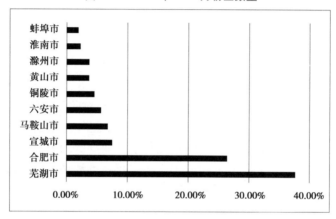

图 7.22　2024 年 1—6 月粉丝地域分布

图 7.23 给出了 2024 年 1—6 月该账户年龄分布情况,可以看出该账户的粉丝群体以
20～29 岁青年用户和 30～39 岁中年用户为主,同时也拥有一定数量的 19 岁以下青少年
用户和 50 岁以上老年用户。为了进一步提升影响力和用户黏性,该账户可以根据不同
年龄段用户的特点和需求,制订更加精准和多样化的推广策略和内容创作计划。

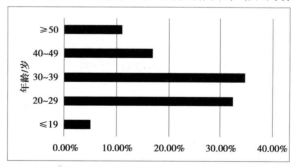

图 7.23　2024 年 1—6 月年龄分布

图 7.24 给出了 2024 年 1—6 月该账户性别分布情况,该账户女性用户占据了总粉丝
的 50.60%,略高于男性用户(42.40%)。这表明该账户在女性用户中具有较高的吸引力
和影响力,可能与其内容定位、风格或主题更加贴近女性用户的兴趣和需求有关。

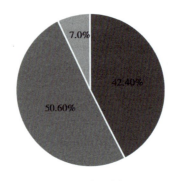

图7.24　2024年1—6月性别分布

三、任务总结

本任务主要是针对处理后数据进行全面而细致的分析,新媒体平台每天会产生海量的数据,本任务对新媒体内容、热度、粉丝三个方面的数据进行详细分析,获取有价值的信息,提升账号运营效率,控制新媒体账号的运营成本和对营销方案进行有效评估。本任务工作不仅是对数据的简单汇总与呈现,更是通过深度分析挖掘数据背后的价值,为新媒体账号的运营决策提供有力支撑。通过这种全面而细致的分析,将有效促进账号运营效率的提升,合理控制运营成本,并对营销方案进行精准评估与优化,助力新媒体账号在激烈的市场竞争中脱颖而出,实现可持续发展。

四、任务实训

(一)实践训练

根据任务1、任务2中采集的泰坦尼克号乘客的数据集(如 titanic. csv)进行分析。第一,对乘客 ID、姓名、性别、年龄、舱位等级、上船港口、船票号、家庭大小及是否存活等基本信息进行统计分析,以研究不同舱位乘客的生存率差异。通过综合运用 Excel 和 Python 数据处理工具处理数据,绘制图表展示乘客的生存分布情况。第二,假设对特定群体(如儿童、老人乘客)的生存状况感兴趣,可进一步对这些热度数据进行细分,分析这些"特定粉丝"群体的生存特征。

(二)实训评价

单位:分

评价内容	评价标准	分值	得分
内容数据分析	1. 数据完整性校验 2. 统计准确性评估 3. 洞察深度挖掘	30	

续表

评价内容	评价标准	分值	得分
热度数据分析	1. 分析热度数据总数 2. 分析热度数据平均数 3. 分析热度数据平均值环比增长率 4. 分析各热度数据平均数及比率指标	40	
粉丝数据分析	1. 分析粉丝数据变化情况 2. 分析粉丝属性数据,如地域分布、年龄分布、性别分布等	30	

任务4 舆情分析

一、任务描述

经过前期的精心筹备与不懈努力,小李已经顺利完成了数据采集、数据处理和数据分析等一系列关键步骤。老夏告诉小李现阶段的工作主要聚焦于"舆情分析"这一核心任务,旨在将前期积累的数据转化为有价值的洞察与策略建议。

舆情分析广泛应用于政府、企业、媒体等各个领域。对于政府而言,舆情分析有助于了解公众对政府工作的满意度和期望,及时发现和应对潜在的社会问题;对于企业而言,舆情分析有助于了解消费者对产品和服务的评价和反馈,及时发现和解决潜在的市场问题;对于媒体而言,舆情分析有助于把握社会热点和舆论导向,提高新闻报道的针对性和影响力。老夏给小李安排了一个任务,让小李对××城市某段时间的旅游情况进行全面的舆情分析。

二、任务实施

小李通过调研和老夏的指导,用数据采集工具采集了××城市某段时间的旅游情况,处理和分析了其中2024年上半年的新媒体数据。小李决定从传播分析、平台分布分析、热点分析、情感属性分析关注人群分析5个维度进行舆情分析。将以上5个维度的分析结果综合起来,形成对旅游市场全面深入的理解,并指导决策制定。

(一)任务概述

本任务以"××城市旅游"为关键词,采集2024年上半年各类新媒体平台网络数据,分析××城市在2024年上半年(特别是元旦假期、"五一"假期及端午小长假)的旅游舆情,总结××城市旅游的市场表现、亮点、存在问题及未来发展趋势,为××城市新媒体文旅类账号的运营策略制订提供参考。

（二）传播分析

根据 2024 年 1—6 月的关键字搜索指数，分析 2024 年上半年××城市旅游的传播趋势。从图 7.25 可以看出，2024 年上半年的搜索指数均高于 4 000，且在 2—5 月呈上升趋势，并在 2024 年 5 月达到最高。图 7.26 分析了 2024 年上半年关键字资讯指数，从图中可以看出，资讯指数呈现出高低不均、波动较大的态势，分别在 2024 年 3 月、5 月达到了一次小高峰和一次大高峰。

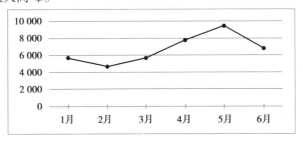

图 7.25　2024 年 1—6 月搜索指数

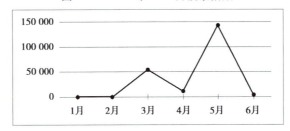

图 7.26　2024 年 1—6 月关键字资讯指数

总的来说，随着××城市旅游活动的不断丰富和宣传推广力度的加大，近期关于城市旅游的媒体报道和网络关注总量显著上升。特别是在重要节假日期间，报道量和关注量达到高峰。

（三）平台分布分析

在新媒体平台上，抖音、微博、微信、小红书等成为城市旅游信息传播和获取的主要阵地，图 7.27 给出了新媒体平台分布图，其中抖音平台的占比接近 50%，是最受媒体和网友欢迎的。这些平台通过短视频、图文、直播等多种形式，生动展示了××城市的旅游资源和活动盛况。

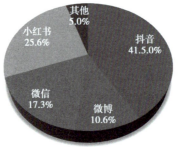

■抖音 ■微博 ■微信 ■小红书 ■其他

图 7.27　新媒体平台分布

（四）热点分析

根据 2024 年 1—6 月的词云统计结果,分析 2024 年上半年××城市旅游的关键字热点。从图 7.28 可以看出,用户的兴趣主要集中在具体的旅游景点和旅游攻略上,特别是特点地区、特点景点和特点需求在词云统计结果中占据了较高的热度。另外,旅游规划需求和季节性旅游需求也是较为关注的热点。

图 7.28　2024 年 1—6 月××城市旅游的关键字热点

（五）情感属性分析

"××城市旅游"有关数据的情感属性分析如图 7.29 所示,从图中可以看出,喜欢、开心等积极情感占主导地位,而平和、疑惑等中立情绪占比处在第二梯队,讨厌、生气等消极情感处于第三梯队,占比较低。这表明,大多数人的情感倾向是积极和正面的,但仍然有部分人群对当前关键词持中立态度,没有太多情绪波动。

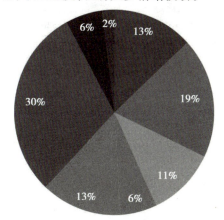

图 7.29　情感属性分析

（六）关注人群分析

"××城市旅游"网络数据的关注人群分析可以从地域分布、年龄分布及性别分布 3 个方面展开。从图 7.30 可以看出,关注人群主要分布在安徽省,后面依次分别是江苏省、浙江省、上海市等。这表明,××城市的旅游群体主要是当地人群,其次是周边省市的人群,××城市的旅游吸引力是地区性的,在全国范围内的影响力有限。根据图 7.31 可知,在年龄分布上 30~39 岁年龄段的人群比例最大,占 40% 多,其他年龄段在 30~39 岁两边呈递减趋势。这表明,30~39 岁年龄段是××城市旅游的主力军,40~49 年龄段、20~29 岁年龄段次之。从图 7.32 可以看出,在性别分布上男性占比要远多于女性,这表明,××城市旅游对男性的吸引力大于女性。

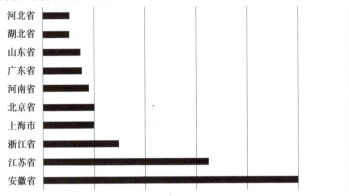

图 7.30　地域分布图

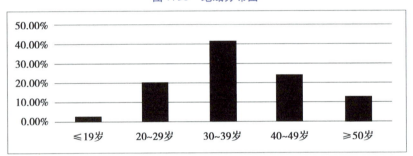

图 7.31　年龄分布图

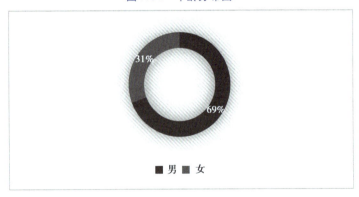

图 7.32　性别分布图

(七)总结点评

从××城市旅游的数据分析可以看出,××城市旅游在 2024 年上半年呈现蓬勃发展的态势,网络平台相关数据总量上升、传播路径多样、话题热点丰富。未来,应继续加强旅游基础设施建设、提升服务质量、推动文旅融合创新,为游客提供更加优质的旅游体验。同时,也应加强舆情监测和分析,及时回应社会关切和游客诉求,维护良好的旅游市场秩序和形象。

三、任务总结

本任务旨在通过数据采集、处理与分析,对××城市 2024 年上半年旅游情况的新媒体数据进行全面的舆情分析。本任务涵盖了传播分析、平台分布分析、热点分析、情感属性分析、关注人群分析 5 个关键维度,旨在深入洞察旅游市场在新媒体环境下的动态变化、用户偏好、情感倾向及热点话题,既为相关决策提供有力支持,也为该城市的旅游管理部门、旅游企业和相关从业者提供有价值的参考信息,从而进一步助力旅游业的可持续健康发展。

四、任务实训

(一)实践训练

为了纪念电影《泰坦尼克号》上映 25 周年,2012 年 4 月 10 日,该片以 3D 形式重新上映,不仅唤醒了无数影迷的深刻记忆,更在网络上掀起了一波前所未有的讨论与关注浪潮,迅速成为社交媒体与各大新闻平台的热门话题。"泰坦尼克号 3D""经典重现""杰克与露丝"等关键词频繁出现在微博热搜、抖音热门话题及各大论坛讨论区中,形成了持续多日的舆论热点。舆情分布呈现出多元化特征,但主要集中在社交媒体和视频分享平台。微博、抖音、快手、知乎、豆瓣等平台成为深度讨论与影评分析的重要场所。舆情热点主要集中在影片的视觉升级、经典情节的再现、角色命运的探讨以及影片背后的文化意义等方面。观众普遍对这次重映持正面评价,怀旧情感与新技术体验交织,引发了强烈共鸣。此外,关注人群跨越了年龄、性别、职业等界限,展现出经典电影跨越时代的魅力。

请你从传播分析、平台分布分析、热点分析、情感属性分析、关注人群分析 5 个关键维度,对该电影的舆情进行详细的监测、分析和报告。

(二)实训评价

单位:分

评价内容	评价标准	分值	得分
传播分析	1. 搜索指数 2. 资讯指数	20	
平台分布分析	1. 平台多样性 2. 平台受众匹配度	20	
热点分析	关键词热点	20	
情感属性分析	属性级别情感分析	20	

续表

评价内容	评价标准	分值	得分
关注人群分析	1. 地域分布 2. 年龄分布 3. 性别分布	20	

项目八 运营推广

项目导读

　　媒介技术的飞速发展带来了媒体生态的演变,微信、微博、抖音、小红书、今日头条等新媒体平台日渐取代大众传媒成为传递资讯、宣传产品的主要渠道,尤其是2012年微信公众号诞生后,众多企业开始尝试通过官方公众号发布产品相关内容,以此作为获取用户、实现盈利的渠道,新媒体运营岗位应运而生。时至今日,新媒体运营已成为连接互联网用户和互联网产品的桥梁,主要工作内容是利用新媒体工具,策划与品牌及商品相关的互联网内容和活动,将产品价值传递给用户,帮助企业获取潜在用户,并将潜在用户变成付费用户,从而帮助企业盈利。在本项目中,我们将一起体验用户运营、内容运营、私域运营、直播运营及付费推广等新媒体运营工作任务。

项目目标

▶ 知识目标

1. 了解新媒体运营的基本要素和不同模式;
2. 了解用户运营、内容运营、私域运营、直播运营及付费推广的基本策略;
3. 熟悉用户运营、内容运营、私域运营、直播运营及付费推广的操作流程。

▶ 能力目标

1. 能够构建新媒体用户画像并搭建用户体系;
2. 能够制订并实施新媒体内容运营计划;
3. 能够创建新媒体社群并开展社群活动;
4. 能够利用新媒体进行直播引流和带货;
5. 能够制订合理的付费推广方案。

▶ 素质目标

1. 培养学生的互联网思维和用户思维,使学生理解网络传播的基本逻辑;
2. 培养学生的新闻敏感性,使学生能及时捕捉新媒体热点;
3. 培养学生的沟通意识和领导能力,提升学生协作解决问题的能力;
4. 培养学生服务乡村振兴的理想信念,引导学生利用新媒体服务乡村振兴。

任务1 用户运营

一、任务描述

经过前一阶段的实习,小李已较为熟练地掌握了新媒体内容的制作方法。紧接着,他在"芜小鸠看芜湖"抖音账号上发布了几个作品,尝试进行账号试运营,希望通过这些作品快速为账号积累粉丝,带动本地非遗文化产业发展。然而在一段时间后,小李通过对账号数据的分析发现,账号运营情况并不理想,粉丝增量、用户活跃度,以及作品的点赞量、评论量、转发量、完播率等关键指标偏低,店铺中非遗产品的销量也不尽如人意,这让他意识到当前的运营策略肯定存在某些方面的不足,亟待改善,但作为一个新手,他苦思冥想也不知道到底该从何处进行改变。"究竟怎样才能做好新媒体运营呢?"带着这个问题,小李找再次找到导师老夏。

二、任务实施

了解到小李的困境后,老夏首先问道:"这段时间你都做了哪些运营工作呢?"小李回答:"我每周发布两三个短视频,还会不定期回复用户评论。""除此以外呢?"老夏继续发问,这可把小李难住了:"作为运营人员,除了这些我还能做什么呢?"老夏语重心长地对他说:"新媒体运营的本质是运用新媒体传播手段在产品和用户之间建立连接,运营人员既要和产品打交道,又要与用户交朋友,你只顾着埋头发作品,这就好比没弄清楚朋友喜欢什么,就自顾自地提着一堆礼品上门,结果对方不领情。要做好新媒体运营,第一步就是要仔细观察用户,回答好三个问题。"

(一)绘制用户画像

在老夏的指导下,小李决定先从第一个问题入手,弄清楚账号的用户到底是哪些人。虽然,在账号创建初期,小李也曾进行过目标受众分析,但这种依据运营人员经验、缺乏数据支撑的代入式设想显然不能满足实际运营的需要。现在他认识到,用户运营必须以客观、准确的用户画像为依据。用户画像的构成要素是用户数据,用户画像的构建过程分三步走:收集、整合、分析用户信息;从基本信息、兴趣爱好、行为习惯等多个维度进行数据分析;提炼用户标签,梳理目标用户群体的共性特征和个性需求。

1.收集用户数据

用户数据是构建用户画像的基础,收集这些数据是构建用户画像的第一步。用户数据的获取方式多种多样,依据不同的采集途径,可以分为线上数据和线下数据两大类。线上数据主要通过互联网平台如网站、应用程序、社交媒体等收集,包括用户的注册资料、浏览习惯、社交互动和购物记录等。而线下数据通过实体渠道如会员卡、调查问卷、面对面访谈等手段获取,涵盖用户的多方面信息。此外,根据数据的类型,其又可以分为定性数据和定量数据两类。定性数据常通过访谈或座谈等方式获得,以文本形式存在,属于广义的数据范畴。定量数据则更为具体,可以通过企业的数据管理系统获取,或者从销售记录、用户注册信息中提取,还可以通过调查问卷来收集。特别强调一点,在用户数据的收集过程中,必须确保数据的精确性和完整性,防止数据的混乱和遗漏,对采集到的原始数据还要实施数据清洗、去重和验证等操作,以提升数据质量,达到更好的分析效果。

2. 提炼用户标签

建立画像的核心环节是为用户群体打上"标签"。用户标签,即对用户某个维度属性的描述,也可以理解为用户在特定场景下扮演的角色,由于用户在不同场景下扮演不同的角色,因此若想完整呈现用户特征,就需要从多个维度设置多个标签。

一般来说,用户标签依据其属性大致可分为下述三类。

(1)属性标签。属性标签反映用户的基本身份特征,回答"用户是谁"的问题。属性标签还可进一步细分为基本信息,如用户的性别、年龄、地域、职业、学历等;兴趣爱好,如用户对旅行、健身、美食、音乐、游戏等的偏好;行为习惯,如用户使用新媒体的操作习惯、使用频率、停留时间等;消费习惯,如用户的购买记录、购物车行为等;社会属性,如用户现在的婚姻状况、社交网络、社交互动等。用户基本属性特征具有稳定性,短时间内不会发生变化。

(2)路径标签。路径标签反映用户的行为偏好,回答"用户在哪里"的问题。其包括用户常用的软件、常用的平台、常用的购物工具、关注的账号、常浏览的账号等。

(3)场景标签。场景标签反映用户的生活习惯,即在某特定时间或特定场合从事的活动。如在早上起床、午间休息、通勤途中等场景内从事的学习、工作、娱乐、消费等活动。

用户标签的设计需要以运营目标为导向,根据不同的运营目标构建不同的标签体系。如果企业的运营目标是实现个性化推荐,那么就要设计"收藏""加购"等消费习惯和"搜索""浏览"等兴趣爱好标签,如果运营目标是加强精细化运营,那么"注册日期"等留存度和"近7日活跃时长""近7日活跃天数"等活跃度标签更为关键。

3. 构建用户画像

标签作为一个中间层系统模块,是搭建用户画像的原材料,但并不等同于画像本身,新媒体运营者仍需要在用户标签的基础上进行画像描述。

用户画像构建的大概流程可概括为:首先使用Excel、SQL等数据处理工具,对采集到的原始数据进行整理、清洗,进而开展用户数据分析;然后根据分析结果提炼关键词作为用户标签;最后整合用户标签,以图表形式呈现用户画像。

用户画像构建的关键步骤是圈选用户标签,也就是决定由哪些标签整合成一个完整的用户形象。如某家电品牌在平台大促销活动期间,电商运营人员需要筛选出平台上的优质用户,并通过平台智能信息推送、平台定向推广,以及短信、邮件等渠道进行精准营销。基于这一营销需求,运营人员在构建用户画像时,就必须圈选"浏览""搜索""加购""收藏""购买"家电相品类的标签,以及"年龄""消费金额""活跃度"等其他标签用户来挖掘可能对商品感兴趣的潜在用户群。

跟着老夏梳理完用户画像绘制的步骤后,小李决定围绕"加深年轻群体对非遗文化的了解和喜爱"这一运营目标,开展问卷调查,采集用户信息,绘制"非遗爱好者"的新媒体用户画像。

非遗文化了解
度问卷调查

（二）精准获取用户

新媒体运营说到底是与用户打交道的工作，无论是内容创作还是商品推广都必须建立在拥有一定数量用户的基础上。就某一新媒体账号的运营而言，其运营的效果需依据粉丝量、阅读量、互动量、转化量等指标来评价，而这些指标又往往与用户总体数量相关联。因此，对于新媒体运营人员来说，如何获取用户——也就是所谓的拉新——是在运营初期必须解决的重点问题。这里需要特别指出，拉新不是片面追求用户数量的增长，而是结合用户画像，面向潜在用户群体进行精准引流。获取精准用户的途径大致包括以下几种。

1. 传统地推

重点参考用户场景标签，找出用户经常活动的场所和时间段，利用发放传单、粘贴海报、摆放卡片、制作电商包裹卡等方式展示二维码（图8.1）。

商家通过设置关注公众号领取新客优惠券的方式，将线下顾客转化为新媒体用户，这些顾客本身是商品的消费者或意向消费者，对商品持认可态度，后期通

图8.1　线下海报推广

过公众号定期推送商品和服务信息，可进一步巩固其消费意愿，也有利于顾客留存。

2. 定向广告

重点参考属性标签和路径标签，选择抖音、小红书、微博、微信朋友圈等社交平台或百度、搜狗等搜索引擎，运用精准广告投放工具，采取搜索推广、信息流广告等形式，针对特定人群展示广告。

（1）信息流广告。这类广告多出现于微信朋友圈和搜索引擎，如图8.2所示。

（2）开屏广告。一般出现于各类App的首页，如图8.3所示。

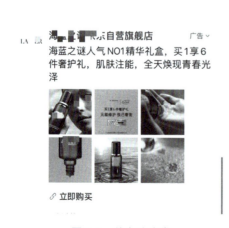

图8.2　信息流广告

图8.3　开屏广告

（3）发现页广告。借助发现页广告系列,相关账号的内容会被推荐到 App 的首页展示,能够覆盖更多平台用户,如图8.4所示。

需要注意的是,使用广告方式拉新要注意广告投放方式和广告内容的合理性,避免因"牛皮癣"式的广告给用户造成不良体验,不仅有损企业形象,还会激起用户的抵触心理。

3. 内容引流

通过创造有价值、相关性强的内容吸引目标用户。爆款视频能够帮助账号在短时间内迅速吸引大量用户,但要实现持续的用户增长还有赖于稳定高质量的内容输出。

图8.5是"绝对可乐"抖音账号发布的一则视频截图,该视频播放量达到 4 813.7 万人次,视频发布后一天内涨粉近 10 万人。

图8.4 发现页广告

图8.5 内容引流

4. 社群引流

从目标用户重合度较高的网络社群中直接获取用户。社群引流的前提是征得管理员同意,同时运营人员本身应该在该社群内具有一定影响力和号召力(图8.6)。

5. 活动获客

设置发放红包、优惠券、抽奖等激励机制,向线索客户推送优惠信息,吸引目标用户并触发裂变传播,不断引入更多新用户(图8.7)。

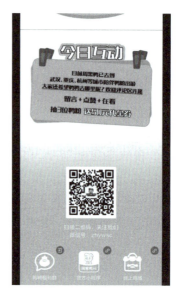

图 8.6　社群引流　　　　　　　图 8.7　活动获客

6.合作营销

与其他非竞争品牌合作,通过品牌联名、联盟营销、交叉推广等方式共享客户资源,扩大影响力,如图 8.8 所示。例如,某面向年轻人的零食品牌与某备受年轻用户喜爱的饮料品牌,共同策划了一场户外活动,双方品牌的用户都可能是对方潜在的购买者,借由合作互动,都可能直接从对方私域中吸引新用户。

图 8.8　合作营销

(三)搭建用户体系

随着用户数量的扩张,一方面,用户群体展现出多样化特征,如年龄、性别、职业等日渐多元化;另一方面,即便具有某些相同特征的用户,其消费场景、产品使用习惯也可能截然不同。因此,运营团队不能再采取"一刀切"的运营模式,而应基于用户画像和用户行为,更清晰地识别用户在产品使用过程中的不同阶段和不同需求,搭建分层分类的用户体系,面向不同阶段、不同特点的用户制订有针对性的运营策略,形成"用户—策略—接触—反馈—改进"的运营标准化流程,从而实现用户资源的最大化利用。

这里,老夏为小李介绍了一种常见的用户体系管理方法,即用户生命周期管理。用户生命周期通常可以划分为以下阶段:导入期、成长期、成熟期、休眠期、流失期。

1.导入期

用户可能通过广告、社交媒体、企业网站、搜索引擎等渠道首次接触产品或服务,并在浏览相关内容的过程中对产品或服务有了初步认识,但尚未进行深入体验。本阶段,用户运营的主要目标是将潜在的市场流量转化为自身产品的用户,通过设置奖励门槛条件,引导用户关注社交账号或注册企业网站是该阶段常见的运营手段。

2. 成长期

用户关注账号/注册网站,开始使用产品,体验了产品的关键功能,并达成了完整观看作品、首次付费等关键行为。本阶段,用户运营的主要目标是通过内容营销和个性化优惠来加强与新用户的关系,提升用户转化率。本阶段运营的主要任务一是对产品着陆页、详情页等用户转化触点进行优化;二是进一步细分用户群体,通过配置专属客服、精准消息推送、登录有奖、发送应用内消息、网站内容深度链接等多种手段向用户展示产品或服务的高价值,促使更多用户保留下来。

3. 成熟期

用户开始频繁交易,购买量增加,并保持一定时间的线上活跃状态,对品牌收入的贡献也随之上升。本阶段,用户运营的主要目标是维持品牌和用户之间的稳定联系,建立起用户忠诚度。企业可鼓励用户加入会员、积分体系,并给予用户积分兑换、会员专属优惠、老客户特权等激励,提高用户的留存率以实现长期收入。成熟期可进一步细分为三个小阶段。

(1)使用阶段。用户熟练使用产品,深入体验产品功能。一旦用户开始使用产品,运营团队就必须建立起通畅的企业-用户沟通渠道,以防用户在使用过程中遇到问题或疑虑,导致用户流失。

(2)复购阶段。用户认可产品价值,再次购买。运营团队可以统计复购率数据,结合问卷调查、客服咨询等方式扩大与用户的交流,征集产品优化建议,分析客户流失的可能因素,也可以通过福利、特权、奖励、折扣、发券提高用户二次购买行为。

(3)推广阶段。用户在社交网络或其他平台上分享产品或服务,并将其推荐给其他潜在用户。运营团队可以设置等级累计、续费奖励、拉新激励等机制,让用户成为品牌的拥护者和推广者,促进品牌口碑传播。

4. 休眠期

当成熟期用户在一段时间内没有产生有价值的行为,说明其可能因为失去兴趣、找到替代品或其他原因而停止使用产品或服务,这时用户就进入了休眠期。本阶段,用户运营的主要目标是唤回用户,消息通知、定期问候、分享激励、回归礼包、老客奖励等都是比较常见的唤回用户的手段。

5. 流失期

用户经历唤回阶段但仍未回归使用产品,这就意味着他们已经彻底流失,进入了所谓的流失期。不过,"用户流失"并不是一种恒定状态,保留用户信息,并等待他们可能的回归,是一种积极的策略。此外,通过不定期发送召回信息,也可以增加用户重新参与互动的可能性。

根据老夏介绍的这套方法,小李对参考前期的用户调查数据对"芜小鸠看非遗"抖音账号用户进行了生命周期分析,构建了如图8.9所示的用户生命周期管理模型。

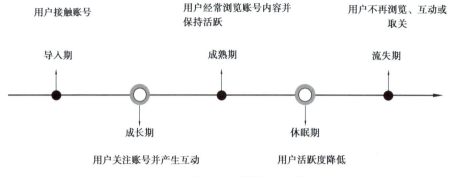

图8.9 用户生命周期管理模型

三、任务总结

本任务主要是开展用户运营,即以企业(账号)的用户活跃、留存、付费为目标,依据用户需求,制订运营策略,并严格控制实施过程,以达到预期所设置的运营目标与任务。用户运营的关键环节包括拉新(增加粉丝)、留存(减少流失)、促活(促进活跃度)、转化(提高付费率)。用户运营必须以用户数据分析为基础,用户画像是数据分析结果的一种可视化呈现。需要注意的是,用户画像并不是对单个用户的特征进行描述,而是用数据刻画某个有着相近基本属性、心理特征或者行为倾向的人群的特征,根据特征为该群体打上一系列标签。用户画像一方面可以帮助企业更准确地筛选潜在用户,另一方面能帮助企业因人施策,针对用户需求实施精准营销,不断优化产品和服务,提高整体业务效益。此外,在用户数据分析的基础上,企业还能够深入了解用户在不同阶段的行为和特征,制订分层分类运营策略以提高用户留存率、活跃度和转化率。

四、任务实训

(一)实践训练

超哥作为新农人一员,早在2020年就兴办了×××农业发展有限公司,致力于集发展种植养殖、采摘、文化旅游、户外拓展于一体的农村文旅综合产业。近年来,超哥一直积极探索新媒体、电子商务与农业农村产业的深度融合,为乡村振兴提供有力支持。通过前期的努力,"新农人超哥"抖音账号积累了一定的粉丝量,但近一个月来账号数据下滑,且出现一定规模的粉丝流失,产品销量也有所下降,作为团队中主要负责用户运营的工作人员,你认为有必要就账号主推的文旅产品进行用户调研、绘制产品用户画像、优化账号运营策略、调整产品营销模式。其具体要求如下:

(1)设计并发布农村文旅产品用户调查问卷。

(2)对回收问卷中的数据进行分析。

(3)根据数据分析结果,绘制用户画像。

（二）实训评价

单位：分

评价内容	评价标准	分值	得分
调查问卷	1. 问题设计合理 2. 样本选取合理	20	
数据分析	1. 数据有效性 2. 数据准确性 3. 数据真实性	30	
画像绘制	1. 标签体系设计 2. 画像模型构建	50	

任务2　内容运营

一、任务描述

经过前期的用户分析，小李对于新媒体平台中的非遗文化爱好者群体有了比较清晰的认识，绘制了用户画像，接下来，要解决的就是账号数据低迷的问题，因为不论是推广非遗文化，还是销售非遗产品，都必须建立在账号作品具有足够传播热度和覆盖率的基础上。

二、任务实施

老夏告诉小李，提高新媒体内容传播效果正是内容运营的主要任务。他建议小李，可以先制订阶段性内容运营计划，到期后通过对周期内账号运营数据的分析，确定计划目标是否达成，并根据计划实施效果调整接下来的内容运营策略。

（一）制订内容运营计划

为了降低试错时间成本，尽快找到最优版本的内容运营方案，小李决定尝试制订"芜小鸠看非遗"月度运营计划。老夏为小李提供了一份计划提纲，拿到提纲，小李才发现，想要制订一份有效、可操作的新媒体内容运营计划，并不是一件简单的事，需要综合考虑诸多因素，并按照一定的步骤将这些因素统筹起来。

1. 评估账号运营现状

小李调取了账号近一个月的运营数据，作品播放情况及粉丝变化趋势如图 8.10 所示。

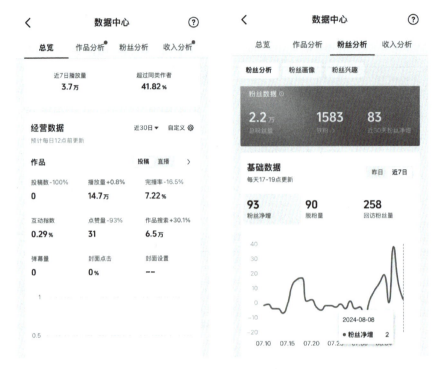

图 8.10　账号数据总览

从账号数据和作品流量来看,热度最高的是原创剧情类、技艺展示类的内容,其次是传承人采访类,而新闻类、科普类内容在粉丝中反响一般。

在近一个月中,账号粉丝数量增速平缓,甚至出现一定数量粉丝脱粉的情况,粉丝互动积极性不高,作品总点赞量不升反降,点赞数相较粉丝总量偏低。据此分析,这段时间账号作品对用户的吸引力不足,没有产出能够固粉和促活的爆款视频。

2.设定阶段运营目标

从账号当前的运营数据来看,视频的播放量、点赞量、互动指数等指标均亟待提升,然而从内容优化到数据上涨需经历一个传导过程,其间一方面要保证作品数量,以达到维稳数据之效;另一方面要尽可能产出爆款视频,达到拉升数据之效。

在抖音平台中,点赞数最能直观反映作品的受众覆盖面,因此,小李拟定了本月度的账号内容运营的整体目标和具体目标。

(1)整体目标。每月发布视频 20 条左右,其中 500 赞视频不少于 10 条,争取产出 2 条 2 000 赞的热门视频。

(2)具体目标一。优化作品选题。在小李看来,想要实现提升网感、优化选题的目标,应采取以下措施:一是进行热门作品分析。每月从抖音、快手、小红书、微博等新媒体平台中筛选 20 个热门作品,借鉴选题技巧。二是追踪对标账号作品选题。每月选取对标账号中流量较高的 12 个作品,进行分析。三是跟进新媒体热点。每月追踪热点数量不少于 16 个。

(3)具体目标二。提升内容产能。通过前面热门选题分析和新媒体热点追踪的步骤,小李认为每周应该产出一两个具有热度的选题,两三个常规选题,所以第二个具体目标就是结合选题制作优质内容。他将账号的内容产能设定为每周更新四五个作品。

在动手创作之前,小李还需要对上一步筛选出的热门作品和对标账号作品从内容元素、表现形式、构图手法、剪辑技巧等方面做进一步分析,完成由模仿创作思路、借鉴内容元素到贴合账号定位、融入独特创意的进阶之路,逐步提升内容质量。

3.分解阶段任务

小李将账号内容运营的阶段目标以周为单位分解为具体的任务指标,制作了内容运营目标分解表(表8.1)和内容创作任务分解表(表8.2)。团队对照指标,每周复盘,并根据当周任务完成进度调整下一周的目标和任务。

表8.1 内容运营目标分解表

第一周			第二周			第三周			第四周		
目标任务	任务指标(个)	任务达成(个)	目标任务	任务指标(个)	任务达成(个)	目标任务	任务指标(个)	任务达成(个)	目标任务	任务指标(个)	任务达成(个)
热门作品分析	5		热门作品分析	5		热门作品分析	5		热门作品分析	5	
对标账号作品分析	3		对标账号作品分析	3		对标账号作品分析	3		对标账号作品分析	3	
热点追踪	4		热点追踪	4		热点追踪	4		热点追踪	4	
策划选题数	5		策划选题数	5		策划选题数	5		策划选题数	5	
发布作品数	5		发布作品数	5		发布作品数	5		发布作品数	5	
500赞作品数	2		500赞作品数	2		500赞作品数	3		500赞作品数	3	
2 000赞作品数	0		2 000赞作品数	1		2 000赞作品数	1		2 000赞作品数	1	
复盘总结			复盘总结			复盘总结			复盘总结		

表8.2 内容创作任务分解表

周一	周二	周三	周四	周五	周六	周日
选题策划①②(编导)	拍摄视频①(摄像)	撰写脚本③(编导)	选题策划⑤(编导)	撰写脚本⑤(编导)	剪辑成片⑤(剪辑)	发布作品⑤(运营)
撰写脚本①(编导)	撰写脚本②(编导)	拍摄视频②③(摄像)	撰写脚本④(编导)	拍摄视频④(摄像)	发布作品③(运营)	复盘总结(团队全员)

续表

周一	周二	周三	周四	周五	周六	周日
	选题策划③④ （编导）	剪辑成片①② （剪辑）	拍摄视频④ （摄像）	剪辑成片④ （剪辑）	发布作品④ （运营）	
			剪辑成片③ （剪辑）	发布作品② （运营）		
			发布作品① （运营）			

(二)优化内容运营策略

经过一周的尝试,小李从后台调取了"芜小鸠看非遗"账号的运营数据,并填写了第一周的内容运营目标完成情况表(表8.3)。

表 8.3　内容运营目标完成情况表

目标任务	任务指标/个	任务达成/个
热门作品分析	5	5
对比账号作品分析	3	5
热点追踪	4	5
策划选题数	5	5
发布作品数	5	5
500 赞作品数	2	1
2 000 赞作品数	0	0

从任务完成情况来看,团队完成了规定的任务动作,但"2 000 赞作品数"指标均未能达成。为此,小李特意邀请老夏来参加团队的复盘会,为他们"把脉问诊"。

(1)分析当前内容定位。老夏让小李及其团队对视频内容的结构、封面、文案、节奏进行逐一分析,得出以下结论。

一是已发布的视频从结构上可以分为两部分,前一大半在第三视角下介绍各地非遗产业发展的新动态或各类非遗技艺的发展历史,后一小半则采取第一视角由主播针对前述内容发表个人看法或进行讲解,而主播拍摄时使用了动画特效,语言表达偏口语化,与新闻、科普内容专业、严谨的特性不符,造成了视频前后内容在调性上的割裂感。

二是视频的封面从视频中随意截取,没有形成统一的风格。文案多为内容简介,篇幅较长但重点不突出。

三是视频整体节奏缓慢,前 3 秒没有展现具有冲击力的画面或没有在脚本中埋下"钩子",导致完播率不高。

同时,老夏指导小李及其团队将账号粉丝的需求与当前作品的特点进行对比分析,找出了账号内容的供需矛盾:一是账号半数粉丝为女性,更偏好剧情方向、情感方向的内容,而现有的作品选题集中于新闻、科普两个领域,且内容风格比较严肃,有可能导致这部分粉丝的流失;二是目前的粉丝群体以本地用户为主,但是账号的内容没有充分体现地域特色;三是视频和评论区没有抛出容易引发互动的话题,导致互动量较低。

(2)调整作品创作思路。从内容供需矛盾出发,小李及其团队和老夏对账号内容创作的整体思路进行了重新梳理,形成以下几点复盘意见。

一是扩大选题范围,尤其是注重结合地区热点策划选题,加强账号的垂直度,以获得平台更多推流;二是进一步巩固女性粉丝及扩展年轻粉丝群体,加快视频节奏,在视频中融入更多剧情;三是真人出镜,塑造稳定的主播形象和风格,并且在口播部分加入固定话术,打造记忆点;四是寻找对标优秀作品,通过模仿借鉴,尝试打造热门作品。

根据上述意见,团队选取了两个作品作为案例,尝试找出内容创作中存在的问题并形成优化方案(表8.4)。

表8.4　典型作品分析表

作品	优点及缺点	优化措施
《长月烬明》中的敦煌	优点:由热播影视剧导入,贴合热点,具有吸引力 缺点:1.画面转场不流畅,配音存在卡顿 2.节奏平缓,没有高潮部分 3.主体部分没有呼应开头的影视剧情节,结构不完整	1.强化对剪辑环节的把关,提升画面流畅度 2.加强编导和后期的沟通,加快视频节奏,制造故事/情绪高潮 3.脚本完成后要复查,确保内容和结构完整
苗绣的故事	优点:作品采用苗绣技艺传承人的口吻讲述苗绣技艺传承和创新的故事,具有一定的剧情性 缺点:1.通过主人公的旁白讲述故事,缺少互动情节,无法给观众带来沉浸式的观看体验 2.视频时长超过两分钟,影响完播率 3.平台自带的配音效果生硬,与视频整体舒缓的风格不符	1.在脚本撰写中强化剧情,设置戏剧冲突 2.协调编、拍、剪环节,将视频时长控制在1分钟左右 3.如果平台自带配音效果不合适,后期自行配音

(3)打造爆款作品。首先,小李以"非遗"为关键词在抖音平台进行搜索,选取了本周内点赞量前十位的视频作为样本,并对它们进行逐一分析,以寻找合适的爆款对标视频。

爆款对标
视频分析表

其次,通过对比分析,小李及其团队初步总结了爆款视频打造的思路。①选题看两点:热点、痛点,就是说视频选题要么结合当前的社会热点,要么触及大部分人的痛点,只有如此,才能够扩大内容的受众面。②内容有价值:社交价值、情绪价值,就是说视频的内容具有话题性,能够为受众提供社交资本,或者具有感染力,能激发受众强烈的情感反应,只有如此,受众才会积极参与互动,激发病毒式社交传播。

最后,团队综合参考视频 1、视频 7、视频 9、视频 10 的内容创作思路,拟定了一个爆款视频的创作方案。

团队根据以上方案撰写了视频脚本,完成了视频的拍摄、剪辑,并发布在账号上,如图 8.11 所示。

图 8.11　视频截图

三、任务总结

随着新媒体平台的蓬勃发展,博主数量的激增使受众对内容质量的期待水涨船高。面对这一趋势,新媒体创作者必须勇于尝试多样化的创作手法,持续提升内容的深度与广度。

内容运营的本质,就是要打造一个以内容生产和消费为核心的良性循环系统。内容运营的工作任务可大致概括为四个方面:吸引流量、提升用户活跃度、增强用户黏性、实现收益增长。相应地,新媒体创作者既要能够根据账号的运营现状合理设定目标,制订出切实可行的运营策略,还要具备深入分析对标作品、追踪新媒体热点的能力。此外,新媒体创作者还要结合账号内容定位,挖掘具有爆款潜力的选题和内容元素,归纳爆款作品内容生产框架,稳定输出高质量、高热度的作品。

四、任务实训

(一)实践训练

"新农人超哥"在 9 月一共发布了 13 条视频,点赞量在 500～1 000,数据较上个月下降了不少,既无爆款产出(该账号爆款标准为 5 000 赞),带货视频的转化率也比较低。请你协助超哥完成以下任务,帮助他调整账号内容策略,实现视频热度的回升。其具体要求如下:

(1)制订 10 月内容运营方案。

(2)选择两三个对标作品并进行分析。

(3)拟定一个爆款视频策划大纲。

（二）实训评价

单位：分

评价内容	评价标准	分值	得分
内容运营方案	1.结构完整 2.内容合理 3.思路清晰	40	
对标作品分析	1.作品选择合理 2.分析全面、准确 3.结论具有参考价值	20	
爆款视频策划大纲	1.选题策划 2.场景选择 3.情节设置	40	

任务 3　私域运营

一、任务描述

经过一段时间运营策略的调整，"芜小鸠看非遗"账号已经积累了 4 万名粉丝，视频的互动数据也看涨，但让小李头疼的新问题又出现了：随着用户评论、私信数量增多，无法做到有评必回、即评即回，难以在账号和用户之间形成及时、紧密的互动联结，也导致部分潜在购买需求流失。

听完小李的"诉苦"，老夏告诉他："平台中的用户好比海中的水，也就是我们所说的公域流量，你要做的就是挖池、引流，把一部分用户存储到自己的私域流量池中。"

二、任务实施

老夏要求小李首先厘清公域流量和私域流量的概念，并对两者进行比较。小李通过学习，向老夏提交了如下总结。

从字面理解，公域流量就是公共所有的流量，私域流量就是私人所有的流量。具体来说，公域流量指企业在搜索引擎、社交媒体、第三方应用等外部平台上获取的流量，由于每个平台上入驻的企业数量众多，企业通过竞争才可能获得平台上的公域流量，且公域流量流动性强，企业对这部分流量的所有权和掌控权比较弱。私域流量是从公域平台、私域平台中引流到企业网站、App、社群等企业自己掌握的私域平台中的流量或是私域平台本身产生的流量。企业对这一类流量具有较高的所有权和掌控权，能够更自由地进行管理和运营，可以进行二次以上链接、触达、推出等市场营销活动。

老夏肯定了小李对公域流量和私域流量的理解,并告诉小李,打造私域平台的方法有多种,如建立官网、开发企业 App、发起拼团等,而对于"芜小鸠看非遗"账号来说,目前最合适的私域运营方式就是运营粉丝社群。

社群运营是指利用社交化工具,如微信、QQ、微博、抖音、豆瓣等,将有共同目标和需求的人联系起来,建立社交圈子,通过内容、活动等方式转化潜在目标用户群体,建立持续的相互交往和共同的群体意识及规范,以达到品牌推广、用户增长、口碑传播等目的的一种运营方式。

(一)社群创建

社群运营要打通以下链路:创建社群—吸引用户加入社群—维护社群用户—引导转化变现,创建社群是起始步骤。

1.社群定位

要建立一个有效的社群,必须先明确社群定位,也就是社群的目标人群、需求和特点,然后确定社群的发展方向和目标,继而制订社群内容和社群活动规划,由此建立起来的社群才能更好地为后续转化服务。

要明确社群定位必须回答如图 8.12 所示的四个问题。

图 8.12　社群定位因素

问题一:社群的目标是提高品牌认知度、实现用户增长、提升用户活跃度还是拉动产品销售? 如娱乐明星通过在微博、微信上建立粉丝群,及时与粉丝互动,分享节目花絮,增强与粉丝的黏性;而知识博主推出学习社群的目标是传播专业知识,通过知识付费的方式实现商业盈利。

问题二:社群的目标用户是以账号粉丝为主,还是以从多平台引入的新用户为主? 同时,还可以从年龄、性别、职业、兴趣等多个维度进一步细化社群用户,如音乐爱好者可能分化出流行乐迷、古风乐迷、摇滚乐迷、嘻哈乐迷等不同的圈子。只有找准细分定位,才能更加明确受众的需求和特点。

问题三:使用哪种工具建立社群? 目前比较常见的社群形式有微信群、微博群、QQ群、抖音群、钉钉群,运营者应根据社群目标和用户的使用习惯选择相应的平台建立社群。

问题四:社群能满足用户哪些需求? 如是否能为用户提供个性化的服务、定制化的营销策略? 是否能为用户提供更多、更大的优惠福利? 是否能为用户提供交流互动的平台?

通过对以上四个问题的分析,小李申请创建抖音群——"芜小鸠看非遗",将社群运营的目标初步设定为抖音账号引流、增强粉丝黏性及带动非遗商品销售。

社群引流
方法汇总表

2.社群引流

社群建立起来了,现在要解决的问题是如何引导用户进入社群。小李对常用的社群引流方法进行了梳理归纳。

考虑到"芜小鸠看非遗"已在抖音建立账号矩阵,小李决定采用以自媒体账号引流为主,以同类账号、社群引流及用户裂变引流为辅的手段来为微信群引流。

(1)自媒体账号引流。

①在各平台账号简介中加入"加入粉丝群领取专属福利"引导语。

②将进群门槛设置为"仅关注"。

③将粉丝群展示在抖音账号主页上。

④将粉丝群放在评论区的入口。

⑤私信开通自动发送粉丝群功能。

(2)同类账号引流。

小李在抖音平台中搜索"非遗"相关账号,圈定了"非遗来了""非遗竹编"等流量比较大的账号,坚持使用"芜小鸠看非遗"的账号在这些账号视频下留言,成为评论区的"老熟人",开辟一条稳定拓展用户的新途径。

(3)用户裂变引流。

设置"拉新奖励",即群内老用户通过拉新用户入群可获得相应的奖励。在群内发布助力链接,凡有三名新用户通过助力链接完成关注账号和入群两项任务,作为邀请人的老用户即可获得一次抽奖机会,奖品设置为本地非遗周边商品。

(二)社群运营

社群运营的工作包括明确社群成员结构、制订社群管理规则、输出社群内容和策划社群活动等。

1.明确社群成员结构

为提高社群管理效率,小李认为应该对社群成员实施分层管理,赋予其不同的身份和权利(表8.5)。

表8.5 社群成员结构表

身份	特点
群主	创建社群、制订社群管理规则
管理员	由群主设置,协助群主管理群事项,单个群组至多设置10名群管理员
意见领袖	在群内具有较大影响力的成员,通常具备较强的专业知识水平或技能,能够在一定程度上影响群内的话题走向和成员意见
活跃成员	积极参与群内交流的成员,是活跃社群气氛、增强社群凝聚力的重要力量。这部分成员越多,则社群的稳定性和活跃度越高
普通用户	参与度一般或较低的用户,可以通过有针对性的社群任务进行激活

2. 制订社群管理规则

无规矩不成方圆,只有设置好合适的规则,才能营造良好的社群交流氛围,保护私域流量池不被恶意广告污染。

(1)入群门槛。通过设置入群门槛,筛除不符合社群定位的人群,避免引入僵尸粉或引流号。常见的入群方式有:

①邀请制:需通过群主或管理员邀请入群。

②举荐制:需要通过其他成员的推荐才能进入社群。

③任务制:完成特定任务方可进群。

④付费制:通过支付社群规定的费用后(一般是会员费)才能进入社群。

⑤申请制:用户主动申请才能进入社群。

⑥审核方式:需要正确回答问题或经管理员通过后方可入群。

为了尽快扩大用户规模,同时保证用户质量,小李选择了用户申请和管理员审核相结合的入群方式,将关注账号设置为入群必要条件。

(2)入群规则。入群门槛只是筛选社群成员的第一道门槛,入群规则是第二道门槛,能让新成员尽快熟悉群内生态。入群规则通常包括:

①统一群昵称格式:要求群内成员按照统一格式修改群昵称,如"姓名+地域""姓名+职业""姓名+爱好"等。

②设置群欢迎语、群公告:欢迎语可以让新成员感受到来自其他成员的热情,建立起社群认同感;群公告可以对群规则中的重点事项予以提示。

③举办破冰仪式:管理员定期举办破冰仪式,由新成员按照模板进行自我介绍,帮助成员消除陌生感,快速建立社交关系,也能增强成员的仪式感。

(3)用户行为规范。常见的用户行为规范通常包括交流规则、活动规则两个方面,下面以"芜小鸠看非遗"粉丝群的行为规范为案例,供大家参考。

"芜小鸠看非遗"抖音社群规范

为了营造良好的交流互动氛围,特制订以下群员行为规范,一定要看哦!

1.提倡积极、正向的交流氛围,鼓励分享有价值的内容。

2.不得发布任何违法、违规信息,包括但不限于暴力、色情、虚假信息及未经证实的谣言等。

3.不得私自在社群内发布广告信息或进行任何形式的交易活动。

4.不得在群内实施任何形式的诈骗行为。

5.尊重知识产权,不得侵犯他人的版权、商标权。

6.尊重其他用户权益,不得恶意攻击群员或泄露个人隐私。

7.参与社群活动需遵守规则,否则将被取消活动资格。

8.积极参与社群活动,三个月内无发言或活动记录的用户将被清除。

3. 输出社群内容

社群日常发布的内容主要围绕以下五个主题展开。

(1)日常关怀。日常关怀的内容包括节假日问候、天气温馨提醒、民生热点提示等,可以通过海报或文案的方式发布。对群体给予日常关怀是加深用户好感的有效手段。

（2）行业资讯。第一时间发布与行业相关的新闻资讯,并针对社群用户的兴趣、需求,提供差异化的信息合集,帮助用户节省获取信息的时间成本,养成用户通过社群获取资讯的习惯。

（3）专业知识。根据社群定位和用户特点,整理行业相关文章、课程、资料包发布在群内,分享垂直行业知识,以满足用户对价值内容的需求。

（4）商品种草。社群运营人员可以在社群中直接进行产品展示或发布有产品软植入的内容,也可以根据用户讨论、咨询的问题,进行有针对性的推荐,促成消费转化。商品种草的内容形式多为海报、条漫、短视频等。

（5）福利信息。社群中的福利信息主要包括活动预告、专属优惠、权益提醒等。福利信息主要通过海报和简短图文形式,以生动简洁的方式呈现,确保用户能够直观地看到参与活动的收益。

现阶段,"芜小鸠看非遗"粉丝群内发布的内容以行业资讯、专业知识和商品种草为主。小李安排社群管理员负责搜集非遗文化和产业发展的相关新闻,并制作成"非遗新闻周报"发布在群内。另外,管理员还会不定期在社群中分享非遗技艺视频,推荐精选非遗商品,开展特价商品抢购活动。

4. 策划社群活动

策划社群活动是活跃社群气氛的重要方式。如果一个社群长期没有活动,成员之间会变得陌生,会失去对社群的归属感,进而影响到成员的留存和转化。下面介绍几种常见的社群活动开展方式。

1）活动一：主题分享

管理群分享和"大咖"分享是主题分享最常见的两种模式。群主和管理员需要定期分享专业领域的干货,为群员答疑解惑。这既有助于强化管理层的权威性,也要求他们具有丰富的知识储备与较高的专业水平。同时,社群还可以邀请行业内的"大咖"进行定期分享,与"大咖"交流对外能够扩大社群的知名度和影响力,对内可以彰显社群的行业资源优势,提升社群对成员的吸引力。

2）活动二：群内讨论

组织一次高质量的社群讨论,需要经过四个步骤:一是确定话题,可以通过观察社群动态、成员聊天记录,或问卷调查来收集成员感兴趣的话题,也可以通过网络了解最近的行业热点;二是发布预告,由管理员或群助手通知活动时间、讨论话题、讨论规则及嘉宾介绍等;三是组织讨论,组织者要做好互动引导,提前设置好互动诱导点,鼓励大家发言,在出现冷场情况下,可以安排几个人及时出来救场;四是汇总记录,对讨论的内容,尤其是成员的精彩观点进行汇总记录,并分享到群内,增强成员在讨论中的获得感,也激励更多成员参与下一次讨论。

3）活动三：社群福利

在社群运营过程中,运营人员应当通过分析社群的目标和成员加入的驱动因素,充分考虑成员的长期利益和即时利益,在不同阶段为成员提供多样化的福利。这些福利可能是物质福利、现金福利、优惠福利,也可能是知识福利、荣誉福利,其关键是要始终关注成员的内在需求。

4)活动四:打卡任务

设置打卡任务也是一种提高成员参与度和保持社群活跃度的方法。社群可以设置与福利活动相配套的周期性打卡活动,在周期内每天提醒成员完成任务,并使用小程序签到,坚持打满周期的成员可以获得事先承诺的福利。如果社群需要开展长期打卡活动,则可以采用排名与兑换机制来维持成员的兴趣和动力。以某健身社群为例,其设定的打卡规则是成员每日晚9点前上传自己的健身照片,连续打卡一周可获得10个积分,每50个积分可兑换30元健身课程代金券。

"芜小鸠看非遗"粉丝群已开展过主题分享和社群福利活动。小李和管理员团队共同策划了"传承人在线话非遗"系列活动,计划定期邀请本地的非遗传承人参与线上分享会。另外,小李打算更换账号视觉标识,但团队成员对新标识意见不统一,于是大家决定邀请社群粉丝来为账号设计新头像和背景图,投稿一经采用,作者可获得价值1 000元的芜湖铁画作为奖励。

三、任务总结

在新媒体运营不断升温的背景下,社群运营凭借其独特优势和高度自主操作性,迅速成为连接用户与品牌之间的重要纽带。企业为了在市场竞争中获得优势,捕捉发展机遇,必须掌握社群运营的技巧,开拓新的增长点。而社群一旦建立,为了确保其健康发展和持续增长,需要通过一系列创新的社群活动来激发社群的活力,增强成员间的联系,提高社群的吸引力和凝聚力,培养成员的忠诚度,激发他们积极参与社群建设的热情,扩大社群的规模和影响力。

四、任务实训

(一)实践训练

"新农人超哥"近期开展了两次直播,直播间人气旺盛,用户对直播间专享价、主播福利价等优惠信息尤其敏感,很多特价商品一上架就很快售罄,直播结束后还有不少用户通过评论、私信等方式咨询商品信息和优惠信息。为了能够有效利用直播间带来的流量,请你协助超哥创建抖音粉丝群,将账号和直播间的粉丝集中引流到社群中,通过私域运营,进一步提高用户的转化率。其具体要求如下:

(1)明确社群定位。

(2)拟定社群内容输出提纲。

(3)至少策划一次社群互动。

（二）实训评价

单位:分

评价内容	评价标准	分值	得分
社群定位	1. 定位明确 2. 社群定位与账号定位契合 3. 社群用户分层合理	30	
社群内容输出提纲	1. 输出方式合理 2. 输出内容符合社群定位 3. 输出内容有价值	30	
策划社群活动	1. 合理选择活动形式 2. 活动设计完整	40	

任务4 直播运营

一、任务描述

小李在老夏的带领下,熟悉并掌握了新媒体在内容、用户、社群等方面的运营方式和技巧。随着直播在各行各业的迅速崛起,小李想试着将"芜小鸠看非遗"利用直播的方式进行运营,为芜湖非遗产业的发展开拓新的机遇。但是如何进行直播运营呢? 小李陷入思考。

老夏对小李的想法非常支持。直播作为当下流行的媒体传播方式,不仅为用户带来了便利,也为各行各业提供了更好的运营方式。直播可以促使行业通过直播平台开展运营活动,以便更加立体化地展示行业信息,直接销售产品。老夏告诉小李,直播运营主要分为三大部分,分别为直播准备、直播开展、直播复盘。

二、任务实施

（一）直播准备

老夏告诉小李直播准备的重要性不容忽视,它直接关系到直播的顺利进行、用户体验及最终的直播效果。直播准备工作概括起来主要有四大点,分别是人、品、场及直播脚本的撰写。人,顾名思义就是直播的团队建设,品就是直播销售的产品,而场就是直播的设备及场地搭建。

1. 选品

老夏告诉小李,每场直播都是一场精心策划的盛宴。而选品,即选择直播产品,无疑

是这场盛宴中最诱人的前菜。它直接关系到观众的购买欲望、直播间的氛围营造及最终的转化率。因此,选品是直播前极其重要的一环。直播商品价格通常区别于正常售价,直播产品的组合通常为引流款、利润款与品牌款。

(1)引流款。引流款也被称为"钩子款"、福利款或宠粉款,是专为直播间引进流量而设计的商品。这类产品的主要目的是吸引观众进入直播间,增加直播间的曝光率和人气,从而为后续的销售活动打下良好的基础,一般为价格低于 1 元甚至是 0 元的产品。根据引流款的特点,小李选取了芜湖非遗产品荻港香菜作为引流款,原价 12.8 元,直播间价格 0.99 元。

(2)利润款。那些旨在提高直播间整体利润率的产品。这类产品通常具有较高的品质、独特的产品卖点或品牌优势,使用户对其价格敏感度相对较低,通常在直播间人气和流量较高的时候上架,以确保更多的观众能够看到并了解这些产品。综合考虑,小李将芜湖非遗产品曹山七传统糕点荷花酥作为利润款,原价 25.8 元,直播价格 19.9 元。

(3)品牌款。那些在直播间中销售的品牌商品。这类商品通常具有较高的品质保证、良好的市场口碑和广泛的消费者认知度。品牌款商品可以作为重点推荐或限时优惠的商品进行销售。主播可以通过介绍品牌故事、产品特点和使用体验等方式来吸引消费者的关注与购买兴趣,也可以结合其他营销策略如赠品、优惠券等来提高品牌款商品的销量和转化率。小李将芜湖著名非遗产品铁画迎客松作为品牌款。

2.直播脚本的撰写

"芜小鸠看非遗"抖音账号计划于 8 月 10 日开展"芜湖非遗暑期季"直播,直播脚本的撰写可参考本书项目五的任务 3。

3.直播设备的准备

老夏告诉小李高质量的直播设备能够捕捉到更清晰、更细腻的画面,以及更立体、更自然的声音,为观众带来更加沉浸式的观看体验。因此,在直播前选好直播设备至关重要。一般直播间中常用的设备主要有手机、支架、补光灯等,具体直播设备设置可参考本书项目六的任务 4。

4.直播场景的搭建

老夏提醒小李,直播场景是主播与观众进行实时互动的重要场所,其设计与布置不仅影响着主播的直播效果,也直接影响着观众的观看体验。一个优质的直播场景,能够为主播创造一个舒适、专业的直播环境,同时也能吸引更多的观众驻足观看。直播场景的具体搭建可参考本书项目六的任务 4。

(二)直播开展

在老夏的指导下,小李完成了本场直播的准备工作。接下来,小李将和直播团队所有成员在抖音平台进行芜湖非遗产品的第一场直播活动。

1.直播预热

直播预热是直播活动前的一个关键阶段,旨在通过一系列营销活动吸引目标受众的注意,激发他们对直播内容的兴趣,并促使他们提前关注、预约或分享直播信息。预热过程不仅有助于提升直播的曝光度和观众基数,还能为直播活动营造良好的氛围,提高观众的期待值和参与度。小李根据直播主题和目标,制订了详细的预热内容计划,包括短视频、图文、海报等多种形式(表8.6)。

表8.6 各平台直播预热

平台	直播预热内容
微博	发布直播预告微博,利用话题标签增加曝光度,同时与粉丝互动,收集他们对直播的期待和建议
微信公众号	通过公众号文章推送直播预告,详细介绍直播内容、时间、优惠信息等,引导粉丝关注直播
抖音/快手	制作短视频进行预热,展示芜湖非遗产品特色、制作工艺或用户评价等,吸引用户点击关注
官方网站	在官方网站首页显著位置放置直播预告,引导用户预约直播
线下门店	在相关的线下门店张贴直播预告海报,吸引顾客到店观看直播或线上参与

2. 开始直播

直播的过程主要是对直播内容(产品)进行全方位的介绍和详细展示,除此之外,还会开展一些互动活动,以吸引观众的兴趣,营造良好的直播氛围。然而,无论是直播开场、产品展示、互动交流,还是直播结尾,都有自身的特点和话术。

(1)直播开场。

直播开场的重要性在于它能为整个直播活动奠定基调,直接影响观众的初步印象、兴趣激发、参与度及后续内容的吸引力。因此,直播开场话术的重要性不容忽视(表8.7)。

表8.7 直播开场话术

话术要素	详细内容
自我介绍	大家好,欢迎各位朋友来到我们的芜小鸠看非遗直播间!我是你们的主播小鸠,今天将和大家一起分享我们芜湖著名的几款非遗产品
直播主题介绍	芜湖,这座历史悠久、文化底蕴深厚的城市,自古以来就是人文荟萃之地。今天,我们不走寻常路,不去探访那些耳熟能详的名胜古迹,而是带大家看那些隐藏在街头巷尾、代代相传的非遗瑰宝。今天的"芜湖非遗暑期季"的直播活动,将带您感受传统手艺人的巧手匠心、传统芜湖人的舌尖美味
直播目的介绍	我们通过这次直播,让大家深入地了解芜湖非遗的文化魅力和舌尖美味,同时为大家带来实实在在的优惠和福利,大家如果喜欢的话等下直接下单哦
直播对象介绍	我们今天选取的芜湖非遗产品都是极具代表性的。无论是芜湖铁画、荻港香菜,还是曹山七荷花酥,都是闻名已久、品质一流的产品
直播福利	今天是我们新号第一天开播,因此,我们为大家准备了丰厚的福利,大家千万不要走开哦

（2）产品展示。

直播开场话术结束后，主播需要给观众展示已经准备的产品。小李按照之前的直播脚本，推荐了芜湖非遗三款产品。

直播产品介绍

（3）互动交流。

在直播过程中，主播需要与观众实时互动，快速回答观众的需求，便于及时了解观众的诉求。在本场直播中，小李进行了提问互动和红包互动。

①提问互动。直播过程中可以通过提问的方式与观众互动，一方面了解观众诉求，另一方面活跃直播间氛围。

②红包互动。观看直播的观众可以通过直播平台对直播进行打赏。同样地，主播也可以通过发红包或者发福利的方式回馈观众，增加与观众互动和提升直播间人气。

无论是提问互动还是红包互动，都是为了销售产品，因此，在互动前后期形成了固有话术，也就是我们常说的促活留存话术（表8.8），以及在直播过程中常使用的促转化话术（表8.9）。

表8.8 促活留存话术

角度	事项	详细内容
福利发放	第一次发红包前	为了感谢大家的热情参与，我来发一波红包福利，大家准备好了吗？红包即将来袭
	第一次发红包后	红包已经发放完毕，没领到红包的宝宝也不要气馁，接下来，我们还会给大家发红包，大家不要走开哦
	第二次发红包前	宝宝们，赶紧下单，下单结束后，第二轮红包马上就来
	第二次发红包后	刚刚的红包给不给力，谢谢宝宝们对主播的支持
用户互动	向用户提问	针对产品:有宝宝吃过我们芜湖荻港香菜吗？大家觉得口感怎么样？ 针对用户:宝宝们，有没有想问的问题
	回复用户问题	关于退换货:只要没有拆包装，支持7天无理由退换货 关于物流:所有快递，一律顺丰 关于运输市场:江浙沪皖当天到，偏远地区三四天到 关于保存:荷花酥没有添加任何防腐剂，所以保质期较短，15天之内要吃完哦

表8.9 促转化话术

话术类型	详细内容
信任担保型	宝宝们，小鸠和你保证，我们直播间的非遗产品都是正品，收到货如果发现有损坏的及时和我联系，我们一律给你退货，所以大家放心购买
威胁型	这一次直播荻港香菜只有200单，卖完就没有啦，这个价格、这个福利也是只有今天了，明天恢复原价，再买可能就不划算了
超值型	宝宝们，你们0.99元买过百年经典非遗产品吗？今天在小鸠的直播间，你直接花0.99元就可带回去一斤可口的下饭香菜，还犹豫什么，赶紧下单

3. 直播结束

直播结束并不意味着真正的结束,主播要通过一些话术推广直播,维持直播的热度,或者进一步宣传产品(表 8.10)。

表 8.10　直播结束语术

设计思路	详细内容
感谢+引导关注	非常感谢大家今天的观看,宝宝们的热情让小鸠备感温暖,以后小鸠会持续为大家带来更多芜湖非遗故事和产品,没有关注的宝宝们记得在右上角点个关注,我们明晚见
感谢+营销转化	非常感谢大家今天的观看,宝宝们的热情让小鸠备感温暖,还有 3 分钟小鸠就要下播了,没有购买的宝宝们赶紧点击屏幕下方的购买链接下单。最后,小鸠再次谢谢大家,我们明晚准时见

(三)直播复盘

虽然小李及其团队一直积极开展直播业务,但是因为缺乏相关的直播运营经验和技巧,直播的效果很不理想。因此,小李决定进行一次全面的直播复盘,找出问题所在,并对直播核心数据进行解读,最终形成不同维度的复盘策略。

1. 直播大屏核心数据解读

直播大屏核心数据涵盖了直播间的核心指标、整体趋势、实时评论、近 5 分钟讲解数据、正在讲解商品五大板块,这些数据对评估直播效果、优化直播策略具有关键作用(图8.13、表 8.11)。

图 8.13　直播大屏数据

表 8.11　直播大屏核心数据

核心指标	直播间成交金额、点击进入率、人均看播时长、分钟评论次数、千次观看转化、成交转化率、点击转化率、广告投资回报率、广告消耗、广告支付转化率、广告成交占比、广告引流占比、新增粉丝数、新加粉丝团人数、成交人数、粉丝购买占比、退款金额、违规次数、实时在线人数
整体趋势	包含综合趋势、流量趋势、违规预警三大模块，具体说明如下： 综合趋势：可选 7 大指标趋势，具体包含成交金额、在线人数、进入人数、UV 价值、新增粉丝数、新增评论、新加粉丝团，提供场记、福袋发放、商品讲解时间记录功能 流量趋势：包含付费和自然两大类，付费包含千川 PC 版、小店随心推、品牌广告、历史广告，自然包含短视频引流直播间、直播推荐池、关注、搜索、个人主页、抖音商城、活动页、其他，并展示各细分渠道的成交金额占比和千次观看成交金额； 违规预警：提醒违规行为，展示违规原因、处罚结果和整改建议
实时评论	可查看全部直播评论或只看老客户的评论
近 5 分钟讲解数据	包括八大核心指标，具体包括在线人数、进入人数、净增人数、成交金额、评论次数、UV 价值、新增粉丝数、新加粉丝团人数，可选择展示看播和购买用户的差异画像或设置预警播报
正在讲解商品	展示总成交金额、未支付订单数、近 5 分钟点击数和近 5 分钟成交金额四大指标

2.直播问题总结

1)问题一:流量少

直播间流量少可以分成两种情况:第一种情况是在线人数的确不多,就是直播间在线十几个人,没有什么转化的氛围;第二种情况是感觉直播效果不错、转化率也还可以,有一定的在线基数,但是出现了流量瓶颈,难以实现突破。小李这次直播流量少属于第一种情况(表 8.12)。

表 8.12　直播复盘问题一

问题表现	实时在线 10 人;新增粉丝 5 人
影响因素	主播的个人形象、气质和语言表达能力,是否有引导话术或者动作;直播过程中的互动环节设计,如问答、抽奖等,能否激发观众的参与热情;直播间的背景布置是否美观、整洁,是否符合直播主题
优化建议	举办有奖互动活动,如抽奖、答题等,增加观众的参与感;话术加动作引导,给出福利承诺等;投放广告或利用平台的推广工具,提高直播间的曝光度

2)问题二:转粉率低

直播间转粉率即新增粉丝数量占观众总数。有数据分析,转粉率权重略低于互动率,如果直播间的转粉率在 2% ~ 3% 属于表现较差,7% ~ 8% 属于较好。如果能做到 10% 的转粉率,那说明直播间转化潜力很大,粉丝团率达到 0.5% ~ 1%,能带来几十万流量池(表8.13)。

表8.13　直播复盘问题二

问题表现	新加入粉丝团3人,新增加粉丝5人,转粉率为0.1
影响因素	直播间的互动氛围和观众的参与度直接影响观众的留存和转化,是否设置互动环节,如问答、抽奖等,会影响观众的参与度
优化建议	举办有奖互动活动,如抽奖、答题等,增加观众的参与度,话术加动作引导,给出福利承诺等;投放广告或利用平台的推广工具,提高直播间的曝光度

3)问题三:商品组货策略不合理

做直播时,大家都说货品是非常重要的。因为流量的利用效率,决定了直播间的推流速度,所以货品的组合对直播来说,就是排兵布阵(表8.14)。

表8.14　直播复盘问题三

问题表现	价格同质、品类同质等
影响因素	优化商品组货策略
优化意见	按客单价和产品属性等拆分福利款、主推款、利润款、对比款、形象款,构成直播间货品的五个板块,也就是货品的组合,配合营销节点推出

3.直播复盘策略

直播复盘是提升直播质量、优化内容与策略、增强团队协作、提高销售业绩、预测趋势与规划未来及建立品牌口碑与忠诚度的重要手段。对于任何企业或者个人开展直播业务,定期进行直播复盘都是必不可少的。那么,如何做好直播复盘呢,直播复盘可以按照什么样的步骤展开呢? 直播复盘四个步骤如图8.14所示。

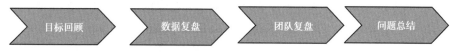

目标回顾　数据复盘　团队复盘　问题总结

图8.14　直播复盘四个步骤

目标回顾:直播复盘中的目标回顾是至关重要的一步。它有助于主播和团队评估直播活动的效果,明确是否达到了既定的目标,并为后续的直播活动提供改进方向。首先需要明确直播的目标。这些目标应该是具体的、可量化的且可实现的,如销售量、观看人数、转化率、互动率等。如果直播未能达到既定目标,需要在复盘过程中深入分析原因。

数据复盘:直播分析数据包含流量、用户、商品、内容、投放、漏斗、主播等10个模块,一场好的直播分析,不只是汇总式展现。直播复盘可以划分为4个模块,分别为流量数据、用户数据、交易数据、商品数据。根据这4个模块的汇总,基本能看出一场直播的数据概况(表8.15)。

表 8.15　数据复盘

流量数据	包含场观、峰值(开场、下播、人气、平均)、流速(开场、场中、下播)
用户数据	包含停留时长、互动次数 & 互动率、增粉 & 增粉率、增团 & 增团率、老粉数 & 占比
交易数据	包含 GMV、千次成交、UV 价值、直播转化率、点击转化率、成交老粉占比
商品数据	包含成交 top 商品、成交件数、成交人数、退款率、退款 GMV、退款人数

团队复盘:一场直播的成功,一定是多方协调努力的结果。选品、运营、主播、场控、投手等环环相扣,保证了直播顺畅进行。除了复盘分类工作的成效,也需要思考配合的问题。针对各项数据,从主播、运营、投放等角度找到关键问题所在(表 8.16)。

表 8.16　团队复盘

主播	复盘直播中脚本话术问题、产品卖点掌握情况、场控情况
场控	直播场景搭建、直播实时目标关注、直播热度变化、突发事件预警能力
助理	复盘商品上下架、关注直播间设备、确认发货快递和发货时间、与主播配合等
运营	预热/引流视频的准备和发布,巨量千川的投放和操盘问题
选品	选品是否合理,利润款、引流款、福利款产品结构是否合适,过款流程是否合适
客服	活动福利说明及客服预案是否完备

问题总结:在整个复盘过程中,我们要将好的地方继续复制放大,对存在问题的地方要及时改进,并避免再次发生规避。

三、任务总结

本任务主要围绕直播运营展开,主要分为直播准备、直播开展和直播复盘三个环节。在直播准备环节需要注意的是直播中人、场、品三大要素的准备,以及直播脚本的撰写,保证直播流程的正常推进。在直播开展过程中,需要掌握直播过程中各个环节的直播话术如开头、结尾、促活留存等话术。在直播复盘过程中,能对直播数据进行全面详细的分析总结,并形成复盘策略。

四、任务实训

(一)实践训练

为了卖出更多的农产品,超哥想通过直播的方式进行销售。考虑到蜜橘成熟期将近,超哥将直播时间暂定为 9 月 10 日,即第一批蜜橘成熟时间,预计提供两种产品类型:5斤/25 元和 10 斤/45 元。为了更好地展示蜜橘生长环境,直播定在当日 9 点在蜜橘林进行,持续时间两小时。请你结合本任务所学内容,协助超哥完成此次直播。其具体要求如下:

(1)帮助超哥完成直播前人、货、品三方面的准备工作。

（2）帮助超哥完成直播脚本（包括直播时间和主题、产品介绍、互动安排等）的撰写。

（二）实训评价

单位：分

评价内容	评价标准	分值	得分
直播准备	1. 直播团队组建 2. 直播产品选择 3. 直播场景搭建 4. 直播设备准备	60	
脚本撰写	1. 直播时间和主题的确定 2. 直播产品介绍 3. 直播互动安排	40	

任务 5 付费推广

一、任务描述

近期，小李带着新媒体团队进行了一场产品直播，通过直播复盘发现该场直播流量依旧有所欠缺，成交数据也不是很好。小李很是苦恼。老夏告诉小李，新号运营需要做一些付费推广，即通过大规模的广告投放和营销活动，迅速提升账号流量和曝光度，增加用户点击、浏览和购买的机会。

付费推广是一种网络营销策略。企业通过向广告平台或第三方支付一定费用，以获得更多的流量和曝光度，从而推广其产品或服务。相比其他营销方式，付费推广通常可以迅速提高曝光度和点击率，使企业快速获得反馈和结果。

二、任务实施

（一）归纳新媒体平台账号

小李归纳了公司新媒体平台账号，如表 8.17 所示。

表 8.17 公司新媒体平台账号

新媒体平台	主要付费推广方式
微信公众号	微信广告平台投放（朋友圈广告、公众号文章广告、小程序广告等）
抖音	DOU+
快手	快手粉条

续表

新媒体平台	主要付费推广方式
小红书	薯条推广
视频号	流量券、微信豆
哔哩哔哩	起飞广告
知乎	信息流广告、内容广告等

考虑到各平台账号的特点和受众情况,小李决定在抖音、快手和小红书、视频号四个具有代表性的短视频平台进行付费推广。

(二)掌握新媒体平台付费推广工具

老夏告诉小李,新媒体平台尤其是短视频平台通常都提供了相应的付费推广工具,如抖音平台的付费推广工具是 DOU+,小红书的付费推广工具是薯条推广等,掌握了这些推广工具的特点和性能,后期在付费推广的实际操作中会事半功倍。

1. DOU+

DOU+是抖音官方推出的付费推广工具,旨在帮助创作者和商家提升视频及直播的曝光度和互动量。DOU+具备四大营销能力,分别是原生互动、本地生活、线索留资和引流电商。

(1)原生互动。在短视频和直播场景下,帮助企业提升视频点赞评论量、粉丝量、主页流量和小程序点击量等。

(2)本地生活。为实体商家提供门店加热、优惠商品推广和小风车引流等营销解决方案。

(3)线索留资。支持通过短视频收集用户线索,如私信、联系电话、落地页等,提升获客效率。

(4)引流电商。对视频加热时使用"店铺引流"或"商品引流"投放目标,一键引流至淘宝、京东等电商平台。

使用 DOU+推广的短视频不会有广告标识,不容易引起用户的反感。DOU+会根据设定的推广目标给出套餐价(图8.15),也支持自定义设置。直接使用提供的套餐,比较简单快捷。如果想要设置更多项目,如目标用户的性别、年龄等,让推送更加精准,则可以进行自定义设置。

2. 快手粉条

快手粉条是快手官方推出的付费推广工具,用于提高短视频在快手平台的曝光率,可快速获取精准用户,如图8.16所示为薯条推广设置页面。快手粉条推广遵循以下四大原则。

(1)潜力作品投放。选择具有潜力的作品进行投放,以提高推广效果。

(2)初次小额测试。初次投放时,建议进行小金额投放,以测试市场反应和投放效果。

（3）投放效果评估。根据投放效果进行评估，及时调整投放策略。

（4）粉条追投。对于表现良好的作品，可以考虑追加投放，以进一步扩大影响力。

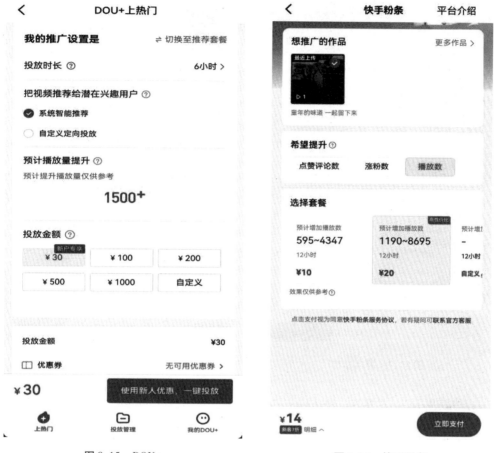

图 8.15　DOU+　　　　　　　　　　图 8.16　快手粉条

3.薯条推广

薯条推广是小红书官方推出的付费推广工具，有内容加热和营销推广两种方式。其中：内容加热主要面向个人，支持投放非营销属性的优质内容，助力账号成长；营销推广面向企业及个人，支持投放具有商业价值属性内容，促进销售增长。如图 8.17 所示为薯条推广设置页面。

4.微信豆

微信豆是视频号官方推出的付费推广工具，可以帮助广告主和视频创作者提高视频内容的曝光度和推广效果。微信豆具有以下优势：如触达范围广泛，可以覆盖微信视频号的大量用户；投放方式精准灵活，可以根据不同需求进行个性化投放；操作简单便捷，广告主和视频创作者可以自主进行投放和管理。如图 8.18 所示为微信豆设置页面。

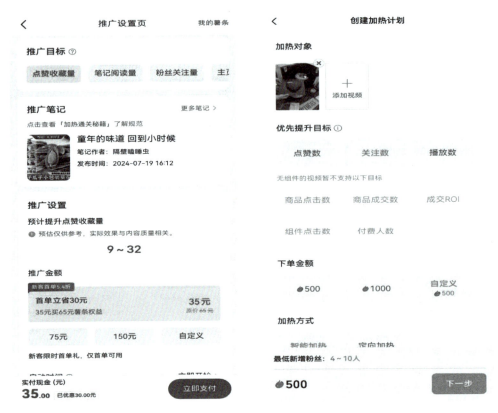

图 8.17　薯条推广　　　　　　　　　　　　图 8.18　微信豆

（三）使用 DOU+付费推广短视频

小李了解并分析了各新媒体平台的付费推广工具，综合考虑后，计划利用 DOU+付费推广短视频。

（1）推广目标。为此设定发布 3 小时以内、发布 6 小时以内、发布 24 小时以内、发布一周以内来分时间段达到相应目标，以获得平台下一个流量池推荐，具体如表 8.18 所示。

表 8.18　推广目标

时间	播放量	点赞率/%	评论率/%	转发率/%	完播率/%
发布 3 小时以内	≥500	≥2	≥1	≥0.5	≥30
发布 6 小时以内	≥3 000	≥2	≥1	≥0.5	≥30
发布 24 小时以内	≥150 000	≥2	≥1	≥0.5	≥30
发布一周以内	≥300 000	≥2	≥1	≥0.5	≥30

（2）推广时间安排（图8.19）。

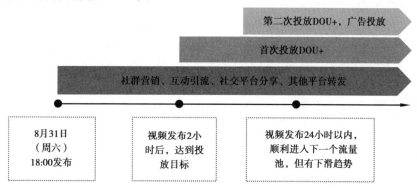

图8.19　推广时间

（3）推广预算（表8.19）。

表8.19　推广预算

单位:元

项目	金额
首次投放 DOU+	500
第二次投放 DOU+	1 000
合计	1 500

（4）投放计划。视频发布后,根据自然流量数据判断是否投放 DOU+,借助飞瓜数据,通过分钟级别视频监控设置播放量提醒,做好投放准备。一旦达到投放目标,立刻选择黄金时间段投放 DOU+。

（5）投放设置。

投放设置

三、任务总结

本任务主要是掌握新媒体平台付费推广营销,选取了抖音、快手、小红书及视频号四大新媒体平台,分别对四大平台的推广工具进行介绍。要想做好付费推广,对各平台推广工具的掌握是至关重要的。另外,结合 DOU+付费推广的投放策略,展示了 DOU+付费推广的思路和技巧。需要注意的是,付费推广工具的使用能够有效提升创作内容的曝光量和互动量,但在使用过程中需要注意投放策略的制订、数据反馈的关注及合规投放的要求。

四、任务实训

（一）实践训练

"新农人超哥"抖音账号在前期建立了矩阵账号,一直在按部就班地运营,平时的视频作品主要以自然流量为主,最近他想要通过引入付费推广的方式,为视频引流,但不知道该如何操作。请结合本任务知识,运用 DOU+付费推广工具,帮助超哥制订投放计划。

（二）实训评价

单位：分

评价内容	评价标准	分值	得分
推广计划	1. 推广目标 2. 推广时间安排 3. 推广预算	50	
投放设置	1. 投放目标 2. 投放设置（两次 DOU+投放）	50	

项目九 商业变现

项目导读

商业变现是新媒体运营的最终目标,也是将企业资源、产品或服务转化为实际收入和利润的过程。商业变现的核心在于通过有效的商业模式和策略,实现资源的价值最大化。商业变现的主要方式包括电商变现和服务变现两种。电商变现通过电子商务平台销售产品或服务,包括平台选择、产品管理、流量获取、订单处理、客户服务和数据分析。服务变现则通过提供专业服务满足用户需求,涉及服务设计、定价策略、市场推广、用户获取与维护、服务交付与质量控制及客户反馈与改进。通过这些策略,企业能够顺利实现商业成功。

项目目标

▶ 知识目标

1. 了解电商平台和服务平台的基本特点和功能;
2. 掌握在电商平台上进行产品上架、管理和优化的基本方法;
3. 熟悉服务变现的主要内容和方法。

▶ 能力目标

1. 能够根据电商平台和服务平台的特点及自身的需求创建并优化账号;
2. 能够根据电商平台的销售数据和用户反馈,管理并优化产品列表,提升销售转化率;
3. 能够围绕具体的服务任务要求,设计和优化服务内容,并有效推广和交付服务。

▶ 素质目标

1. 培养学生的商业创新意识和创造性思维,激发学生的创新潜力;
2. 培养学生的社会责任感,鼓励学生为社会和经济发展作出贡献;
3. 培养学生的团队合作精神和规则意识,增强学生的协作能力和奉献精神。

任务1　电商变现

一、任务描述

最近,老夏接到了一个新任务——随着"芜小鸠"账号矩阵日渐成熟,振文文化传播公司发现非遗商品线上销售前景良好,于是决定联合当地几家非遗相关企业共同成立芜小鸠非遗文化产业发展有限公司,以便后期顺利开展一系列本地非遗产品的运营活动,提升本地非遗产品的销售转化率,增强用户黏性,带动电商业务的发展。经过岗位体验后,小李对本地非遗项目及非遗新媒体账号已经有了清晰认知,那么,如何通过电商平台进行变现? 这建立在了解电商平台的基本情况、精准定位非遗项目、有效推广非遗产品,并针对相关数据进行分析优化,制订非遗项目电商变现的实施方案基础之上。为此,公司安排老夏作为小李的带教导师,带着小李一起完成该任务。

二、任务实施

老夏告诉小李,电商平台变现策略的优化不是一件容易的事情。首先,运营人员需要熟悉各大电商平台的类型,了解不同平台的特点和优势,以便筛选出目标平台,同时还要对产品进行精准定位,做好市场调研,明确目标消费者的需求,设计科学合理的推广计划。然后,运营人员要在收集产品的电商变现数据的基础上,对产品的营销策略进行优化,以实现产品的持续变现,提高产品的销售转化率。

(一)筛选电商平台

当下,电商平台类型多样,为了更加了解电商平台,小李查阅了很多资料,结合老夏的详细介绍,他按照不同标准对电商平台进行了分类、举例。

不同电商平台具有不同的特点、优势及与之相适合的企业。企业在制订电商变现方案之前,需要根据受众的兴趣、行业领域及目标受众等因素,确定在哪些电商平台上进行营销。通过梳理,小李决定选择先在抖音电商平台进行营销变现。

电商平台的
类型

(二)做好市场调研

选定好相关的电商平台以后,小李着手进行市场调研,为项目的精准定位做好准备。老夏告诫小李,市场调研在项目的精准定位中具有非常关键的作用。首先,市场调研可以帮助了解市场需求和用户偏好,对项目定位产生明确的第一印象;其次,市场调研可以通过项目与竞品形成的差异化,实现项目形成竞争优势;再次,市场调研有助于明确产品开发与优化方向,提升产品竞争力;最后,市场调研有助于迎合市场趋势,持续获得用户关注和市场份额,吸引更多消费者成为项目的忠实用户。随后,老夏向小李介绍了市场调研的具体步骤。

1. 明确调研目标

线上用户的需求决定了他们的选择,弄清用户需求直接决定了公司业务在电商平台上的变现。运营人员需要时刻了解用户需求,了解这些人群认同的文化与兴趣、购买动机及他们对产品的体验和期望;了解市场规模,包括该产品的市场需求量、目标市场和销售渠道;了解竞争情况,明确产品的主要竞争对手、自身产品的竞争优势和劣势、市场份额。因此,确定调研目标是制订计划的重要前提。具体而言,以芜湖非遗产品为例,明确调研目标、细分内容和具体问题,如表9.1所示。

表9.1　调研目标确定的具体问题

调研目标	细分内容	具体问题
了解用户需求	认同的文化与兴趣	用户对哪些芜湖非遗产品(剪纸、木雕、传统戏曲等)感兴趣? 他们对这些产品了解多少?
	购买动机	用户购买非遗产品的主要原因是什么(收藏、馈赠、个人爱好等)?
	产品体验和期望	用户对非遗产品的质量、价格、设计、包装和售后服务有何期望?
了解市场规模	市场需求量	芜湖非遗产品在本地市场和其他地区市场的需求量如何?
	目标市场	芜湖非遗产品的主要消费群体是谁(游客、当地居民、文化爱好者等)?
	销售渠道	当前和潜在的销售渠道有哪些(线上平台、线下实体店、展会、旅游景点等)?
了解竞争情况	主要竞争对手	芜湖非遗产品的主要竞争对手有哪些? 他们的产品种类、定价策略、市场定位和营销手段如何?
	竞争优势和劣势	芜湖非遗产品相对于竞争对手有哪些优势和劣势(如独特性、文化内涵、工艺水平等)?
	市场份额	竞争对手在市场中的份额是多少? 他们的销售表现和市场影响力如何?

2. 整理分析数据

营销定位是一个系统化的过程,通过整理和分析数据来确定目标市场、消费者需求和竞争环境,从而制订有效的营销策略。首先,收集广泛的数据,包括市场调研报告、消费者调查问卷、销售数据和社交媒体反馈。然后,应用统计分析和数据挖掘技术对这些数据进行描述性统计分析、推断性统计分析和细分市场分析,以了解市场现状和消费者特征。通过分析消费者数据,识别核心需求和购买动机,如文化传承、收藏价值或实用功能。同时,分析市场中的竞争对手,了解其市场定位、产品特点、营销策略和市场表现,识别市场机会和威胁。基于这些分析,确定产品的目标市场、品牌定位和产品定位,明确其

核心价值和市场形象。最后,根据营销定位制订具体的营销策略,包括产品策略、价格策略、渠道策略和促销策略。以芜湖非遗产品为例:针对高端市场的非遗产品,可以采用限量发行和个性化定制策略;针对大众市场的产品,则可以采用亲民价格和线上销售渠道策略。通过这些步骤,非遗产品可以找到合适的目标消费者,形成独特的品牌形象,并在市场竞争中脱颖而出。

3. 制订项目方案

根据调研结果,做好产品的市场定位,进一步制订详细的项目定位方案,包括目标市场、用户画像、产品定位、差异化策略等。按照以上流程,老夏和小李结合芜湖非遗产品在平台上的各类调查数据,对其进行市场定位,如表9.2所示。

表9.2 芜湖非遗产品市场定位

市场定位	年龄/岁	地域	行业	受教育程度	兴趣爱好
高端礼品	30~60	全国一线城市及文化名城	企业高管、政府官员、文化名人	本科及以上学历	传统文化、艺术品收藏、高端社交
文化收藏品	40~70	文化底蕴深厚的地区,如古都、历史名城	艺术品收藏家、文化学者、历史研究者	硕士及以上学历	历史研究、文物鉴赏、艺术品投资
日常用品	25~50	全国各地,尤其注重居民生活品质的城市	白领、教师、自由职业者、中产阶级	大专及以上学历	文化体验、手工艺品、环保生活、健康养生

市场定位分析主要是定义产品价值属性,明确个性化价值主张对目标客户的吸引力。在做好项目产品市场定位的基础上,进行个性化的价值主张,考虑该产品在用户心中的地位。考虑到电商变现的主要对象是芜湖非遗项目,老夏和小李决定先以芜湖非遗项目之一的铁画为例,做好新时代的产品开发与优化。

(三)产品开发与优化

1. 根据市场需求,开发适合电商销售的非遗产品

在当今数字经济中,非遗产品的电商销售已经成为一种重要的市场趋势。为了顺应这一趋势,根据市场需求开发适合电商销售的非遗产品,如手工艺品,是非遗产品传承与发展的关键。

首先,要在前期市场调研数据的基础上,了解目标消费群体的需求和偏好。着重发现消费者对非遗产品的关注点,如手工艺品的独特性、文化背景、制作工艺等。

其次,要注重对非遗产品的文化内涵和独特价值的开发。手工艺品应强调独特的制作工艺和文化背景,通过讲述背后的故事来增加产品的吸引力。例如,结合发展历史讲述的芜湖非遗铁画,既能体现文化传承,又能满足消费者对个性化和高品质产品的需求。

最后,要注重在产品开发过程中与消费者的良性互动。公司可以通过社交媒体和电商平台及时获取消费者的反馈,了解他们的需求和期望,并根据反馈不断优化产品。通

过这种方式,可以确保开发出的非遗产品不仅具有市场竞争力,而且能够真正满足消费者的需求,促进非遗文化的传承和发展。

2.优化产品设计、包装和定价策略,提升产品竞争力

优化产品设计、包装和定价策略是提升非遗产品市场竞争力的关键步骤。

首先,产品设计需结合现代审美与消费趋势。可以在手工艺品中融入现代元素,平衡传统工艺与实用性、美观性,如传统图案与简约设计结合,既保留文化内涵,又契合现代需求。

其次,包装应兼顾美观、实用与环保。可以采用地方特色图案与色彩提升产品的吸引力,增强文化辨识度;合理设计包装结构,保障产品运输安全和使用便利;选用可降解材料减少环境影响,顺应环保消费理念。

最后,定价需综合市场需求与消费者购买力。可以通过市场分析明确同类产品价格区间与消费者承受能力,基于成本、需求及竞争状况制订差异化价格策略:高端产品凸显稀缺性,普通产品扩大市场覆盖面。同时结合促销活动、会员折扣等灵活调整价格,促进产品消费。

老夏和小李按照上述步骤,对芜湖非遗铁画进行了产品开发与优化。

(四)电商平台搭建与运营

芜湖非遗铁画的开发与优化

老夏和小李以芜湖非遗铁画为例,对铁画进行产品开发与优化之后,着手实现电商变现。其关键步骤就是电商平台搭建与运营,具体操作办法如下。

1.选择合适的电商平台开设店铺

选择合适的电商平台是非遗产品成功进入市场的关键一步。在众多电商平台中,不同平台的用户群体、运营模式和功能特点各不相同,因此需要根据非遗产品的特点和目标市场进行选择。抖音电商和淘宝是两个具有代表性的平台,各自具有独特的优势和适用场景。

抖音电商作为短视频平台,拥有庞大的年轻用户群体,其核心优势在于通过短视频和直播进行产品展示与推广。对于非遗产品,尤其是具有独特制作工艺和文化内涵的手工艺品,短视频和直播能够生动地展示其制作过程与背后的故事,增强消费者的感性认识和购买欲望。

淘宝作为国内最大的综合性电商平台,用户覆盖面广,适合各类商品销售。在淘宝平台上,非遗产品可以通过多样化的展示方式和完善的交易体系,实现高效地销售和管理。

在选择电商平台时,商家还需要考虑平台的开店成本和运营要求。抖音电商和淘宝都对商家有一定的资质要求和费用要求,如店铺保证金、佣金比例等。商家应根据自身的实际情况,选择适合的开店平台,以最大化地发挥电商平台的优势,实现非遗产品的成功销售。

2.完成店铺注册、装修和商品上架工作

完成店铺注册、装修和商品上架是非遗产品进入电商市场的基础工作。

首先,商家需要在选择好的电商平台上进行店铺注册。注册过程通常需要提供营业执照、法人身份证等基本资质证明材料,以确保店铺的合法性和规范性。在填写店铺基本信息时,商家应注意选择符合非遗产品特点的店铺名称和分类,以便于消费者识别和搜索。

其次,店铺注册完成后,店铺装修是吸引消费者的重要环节。店铺装修包括店铺首页设计、产品分类设置和页面排版等。一个美观、简洁且富有特色的店铺首页能够提升消费者的视觉体验,增加停留时间和购买意愿。商家可以根据非遗产品的文化背景和特色,选择合适的色调和风格进行店铺设计。例如,商家可以使用与非遗文化相关的图案和元素,展示产品的历史和工艺特色。在设置产品分类时,商家应按照产品的类型、用途和价格等进行合理分类,方便消费者快速找到所需商品。

最后,商品上架是电商店铺运营的核心环节。商家需要拍摄高清的产品图片,详细描述产品的特点、制作工艺、使用方法等信息。产品图片应包括多角度的展示图、细节图和使用场景图,以全方位展示产品的外观和功能。产品描述应简洁明了,突出产品的核心卖点和文化价值。对于非遗产品,商家可以通过文字、图片和视频相结合的方式,生动地讲述产品背后的故事和制作过程,增强消费者的购买欲望和认同感。

此外,商家还需要设定合理的价格和库存,确保产品的及时供应和销售。商家可以结合市场需求和竞争情况,制订有竞争力的价格策略。上架后,商家应及时关注商品的销售情况和消费者反馈,根据实际情况进行调整和优化,以提升店铺的整体运营效果。

3. 制订店铺运营计划,包括营销推广、客户服务、物流配送等

制订详细的店铺运营计划是确保非遗产品在电商平台上成功销售的关键。店铺运营计划应包括营销推广、客户服务和物流配送等方面的具体措施和策略。

在营销推广方面,商家需要利用电商平台的多种推广工具和渠道,提高店铺和产品的曝光率。商家可以通过平台内的广告投放、搜索推广、直通车等方式,吸引更多潜在消费者访问店铺。同时,利用平台的社交媒体功能,如抖音的短视频和直播、淘宝的直播和微淘,进行内容营销和互动推广。制作优质的短视频和直播内容展示产品的制作过程、使用方法和文化背景,增强消费者的购买欲望和信任度。此外,商家可以结合平台的促销活动,如双十一、618 等大促活动,推出限时折扣、满减优惠等促销策略,刺激消费者的购买欲望。

在客户服务方面,优质的客户服务是提升消费者满意度和店铺口碑的重要因素。商家应建立完善的客户服务体系,提供全天候的在线客服支持,及时解答消费者的疑问和解决问题。商家可以通过设置常见问题解答、在线客服、电话客服等多种服务渠道,方便消费者咨询和反馈。同时,要重视售后服务,及时处理退换货、退款等问题,确保消费者的合法权益和购物体验。商家可以通过良好的客户服务,建立消费者的信任和忠诚度,促进二次购买和口碑传播。

在物流配送方面,高效、可靠的物流配送是确保产品及时送达消费者手中的关键。商家应选择信誉良好的物流合作伙伴,确保产品在运输过程中的安全和时效性。商家可以根据产品的特性和消费者的需求,选择合适的配送方式,如快递、同城配送等。在发货前,商家应仔细检查产品的质量和包装,确保产品在运输过程中不受损坏。对于一些特

殊的非遗产品,如易碎的手工艺品,商家应采取相应的保护措施,如加固包装等,确保产品的安全。

此外,商家还可以利用物流信息系统,实时跟踪订单的配送状态,及时向消费者反馈物流信息,增强消费者的信任感和满意度。通过制订详细的店铺运营计划,合理安排营销推广、客户服务和物流配送等环节,商家可以有效提升店铺的整体运营效果,实现非遗产品在电商平台上的成功销售。

学习了电商平台搭建与运营的相关知识后,老夏和小李以芜湖非遗铁画入驻抖音电商为例,在网上搜索相关抖音电商账号进行学习。如图9.1所示,芜湖非遗铁画的抖音电商之一是以第六代非遗传承人储铁艺先生的名字命名的,截至2024年7月,个人粉丝数超过26万人。公司可以借鉴电商头部的成功经验,复制同样的电商店铺或是个人账号的搭建,围绕铁画,推出多样化的营销推广计划。

芜湖铁画非遗传承人储铁艺　⊘非遗芜湖铁画锻制技艺传承人
关注 50　　粉丝 26.4万　　获赞 537.9万

图9.1　芜湖非遗铁画的抖音电商之一

(五)营销推广

有了电商平台之后,在运营计划的实施过程中,如何通过加强营销,提高电商变现的效率,也是萦绕在老夏和小李心头难题。

营销推广的最终目的,不仅包括提高产品的曝光率和销售量,吸引更多的消费者关注和购买,还包括提升产品的知名度和美誉度,促进非遗文化的传承和发展。要想实现这样的目的,必须采取以下营销推广措施。

1.利用平台内广告、社交媒体、内容营销等方式进行宣传推广

在平台内广告方面,商家可以通过电商平台提供的多种广告形式,如关键词竞价广告、展示广告和推荐广告,将产品信息精准给目标消费者。例如,通过关键词竞价广告,可以确保产品在相关搜索结果中获得优先展示,提高点击率和转化率。

社交媒体是现代营销的重要渠道。商家可以利用抖音、微信、微博等社交媒体平台,发布产品信息、制作短视频和图文内容,与消费者进行互动,通过分享产品的制作过程、背后的文化故事和使用场景,增强消费者的情感共鸣和购买欲望。此外,商家可以通过与网红和关键意见领袖(KOL)合作,借助他们的影响力和粉丝基础,扩大产品的传播范围和影响力。

内容营销是提升品牌形象和消费者认知的重要手段。商家可以在微博、微信公众号和专业媒体上发布关于非遗产品的深度文章、制作精美的产品介绍视频和图册,展示产品的独特价值和文化内涵。通过内容营销,商家可以与消费者建立长期的互动和信任关系,提高品牌忠诚度和口碑效应。

总之,综合利用平台内广告、社交媒体和内容营销,可以实现非遗产品的多渠道推广和市场覆盖,提升品牌知名度和市场影响力。

2.举办非遗文化节庆活动或直播带货,提升品牌知名度和曝光率

非遗文化节庆活动是一种线下与线上结合的推广方式,通过举办与非遗文化相关的节庆活动,如展览、工作坊、表演和体验活动,吸引消费者的参与和关注。这类活动不仅可以展示非遗产品的制作工艺和文化背景,还可以让消费者亲身体验和感受非遗文化的魅力,增强他们的情感联结和购买欲望。通过媒体报道和社交媒体传播,非遗文化节庆活动可以迅速提升品牌的知名度和社会影响力。

直播带货是近年来流行的线上销售方式,尤其适合展示非遗产品的独特工艺和使用价值。商家可以通过电商平台的直播功能,如抖音直播和淘宝直播,实时展示产品的制作过程、细节特点和使用方法,与观众进行互动交流。通过直播,商家可以即时回答观众的问题,解决他们的疑虑,增强他们的购买信心。在直播过程中,商家还可以设置限时优惠、抽奖活动和互动游戏,刺激观众的购买欲望,提升销售量。

学习了营销推广的知识后,老夏和小李针对芜湖非遗铁画的推广,采取了如表9.3所示的推广策略及具体措施。

表9.3　芜湖非遗铁画的推广策略及具体措施

推广策略	具体措施
多平台宣传	通过抖音和其他社交媒体平台进行广告投放与内容营销,发布原创视频和文章,展示铁画的制作过程和文化背景,吸引粉丝和潜在客户
文化节庆活动	策划非遗文化节庆活动和直播带货,增强消费者体验,利用知名主播或文化名人的影响力吸引观众,提升品牌知名度
数字技术赋能	利用三维扫描和区块链技术推出铁画数字藏品,与研究机构合作开发高质量数字藏品,通过数字平台发售,拓宽市场和受众范围
完善线上销售	优化抖音等电商平台的店铺运营,扩展至其他电商渠道,利用大数据分析与优化推广策略,参与平台促销活动,吸引消费者

(六)数据分析与优化

制订了产品推广策略之后,应通过对销售数据的分析、关注消费者的反馈、不断优化产品质量和服务水平,保持产品持续的变现能力。

1.定期分析销售数据

企业需定期分析销售数据,关注购买频次、单次购买量等关键指标,掌握产品畅销周期与市场动态,洞察用户消费习惯及偏好变化,依数据调整产品策略,为经营决策提供支持,增强市场竞争力。

2.优化产品、价格与营销策略

依据销售数据分析,优化产品组合,保留畅销品、淘汰滞销品,丰富产品线;分析价格弹性与用户敏感度,调整定价策略,依据市场竞争情况灵活调价;通过分析购买渠道与用户偏好,精准投放广告、优化购物体验,开展区域营销,提升运营效率与市场竞争力。

3.利用用户反馈提升品质与服务

多渠道收集用户反馈,了解产品使用问题与用户需求,完善质量管理体系,加大研发创新,改进产品性能;建立高效客服体系,提升人员服务能力,通过互动活动增强用户黏性,提升产品质量与服务水平。

总之,关注用户反馈并不断改进,是企业提升产品质量和服务水平,赢得用户信任和市场份额的关键。

数据分析与优化的相关知识,为老夏和小李解决后期芜湖非遗铁画电商变现的效率问题提供了帮助。

三、任务总结

本任务主要是了解电商变现的方式和策略,结合自身实际情况和目标用户需求,明确电商变现的方向,制订详细的变现计划并付诸实施。首先,根据调研数据的分析,确定目标用户需求,选择适合的产品和电商平台。其次,在产品开发和服务优化的基础上,做好电商平台搭建与运营,通过社交媒体、直播、短视频等渠道进行产品推广,制订合理的促销优惠和营销策略,提供优质的客户服务。最后,在电商变现的过程中,监测和分析销售数据,优化电商平台的运营,确保平台的稳定性和用户体验,并通过数据分析和市场调研发现新的变现机会。总之,电商变现需要结合市场需求、用户需求和自身实际情况,制订详细策略并不断优化,确保电商业务的稳步发展和持续变现能力。

四、任务实训

(一)实践训练

小雅是一名即将毕业的大学生,也是一位手工艺品博主,其自媒体内容主要为展示各种手工艺品制作过程及作品赏析,在抖音和微信视频号上拥有较多的粉丝。最近,她老家的一家主营非遗产品的新兴公司通过她的母亲联系到她,希望她能帮助推广家乡的非遗手工艺品,如铁画、手工刺绣、竹编、陶艺等,最好能就此开辟一条好的销路。恰巧小雅毕业后也想回乡创业,刚拉到投资的她想通过新兴电商平台销售更多的非遗手工艺品,同时也用自己的力量助力乡村振兴。为此,请帮助她完成电商变现模式的体验。其具体要求如下:

(1)找出至少3个非遗项目,并按照表9.4进行非遗项目的信息梳理。

表9.4　非遗项目的电商平台选择及其产品定位

平台分析	非遗产品信息	非遗产品定位	非遗产品的消费者画像
平台1			
平台2			
平台3			
平台4			

续表

平台分析	非遗产品信息	非遗产品定位	非遗产品的消费者画像
平台5			
……			

（2）明确电商平台搭建与运营的策略。

（3）帮助小雅分析电商变现的反馈数据和策略的优化。

（二）实训评价

单位：分

评价内容	评价标准	分值	得分
平台分析	1. 非遗项目的数量至少3个 2. 电商平台至少5个 3. 产品定位合理	30	
运营策略	1. 消费者画像 2. 运营策略 3. 宣传推广方式	30	
数据优化	1. 数据收集方式（结合调查问卷的制作） 2. 电商销售数据的分析 3. 电商变现策略的优化	40	

任务2　服务变现

一、任务描述

在芜小鸠非遗文化产业发展有限公司创建后，接下来围绕本地非遗产品的服务任务要求，设计和优化服务内容，并有效推广和交付服务，又是一个令人头疼的问题。小李陷入了工作瓶颈期，不知道公司注册后如何才能快速上手，如何通过提供与非遗相关的体验服务、教育培训或咨询服务等方式，实现服务收费和文化传承的目标。对于后期服务的优化，小李也是一筹莫展。于是，小李带着一堆问题请教了老夏。

老夏认为，服务变现从公司创建之初就应有计划地进行管理和优化。通过服务定位与设计、资源整合、宣传与推广以及实施与反馈，设计优质的服务内容，最终实现可观的收益。当然，实现服务变现，首先要对服务对象及其需求进行精准定位，根据服务需求完成服务项目的设计，再整合各类服务资源，同时通过有效的服务宣传与推广方式，结合服务实施和反馈的结果,进一步改进服务变现的方式,确保服务在满足用户需求的过程中,极大地提升服务变现的效果,扩大公司的整体影响力。

二、任务实施

(一)服务定位与设计

老夏提醒小李,对于非遗产品的变现,精准服务定位,优化产品设计至关重要。那么,如何明确公司对非遗产品的服务定位,并优化设计? 按照老夏的交代,小李开始了如下准备。

1.明确服务目标群体及其核心需求

在进行产品的服务定位与设计时,首先要明确产品的目标群体及其核心需求。公司主营产品丰富多样,涵盖了传统工艺等众多领域,针对不同的目标群体,设计相应的服务,以满足不同的需求。以非遗项目为例,该类产品的主要目标群体及其核心需求,具体如下。

1)亲子家庭

亲子家庭的核心需求:亲子家庭在选择旅游和体验项目时,通常希望能够找到既适合孩子也能让大人感兴趣的活动。他们希望通过这些活动增进家庭成员之间的互动和感情,同时也希望孩子能够通过这些活动增长知识和技能。因此,对于亲子家庭来说,非遗项目应该具有教育性和趣味性,能够提供动手体验的机会,并且活动的难度和内容要适合不同年龄段的孩子。

针对亲子家庭的服务设计:可以设计一系列互动性强的非遗体验活动。例如,可以开设传统手工艺制作的亲子工作坊,让家长和孩子一起学习和制作铁画、剪纸、面塑等传统工艺作品。在这些工作坊中,可以安排专业的非遗传承人进行指导,介绍每种工艺的历史和文化背景,并带领参与者动手制作自己的作品。这样的活动不仅能让孩子们动手实践,还能通过互动环节增强亲子之间的沟通和协作。

此外,可以设计一日游或两日游的亲子非遗文化探访路线,带领家庭前往非遗项目的发源地或工作坊,亲身体验非遗项目的制作过程和工艺。比如,带孩子们参观传统的铁画制作工坊,观看铁画大师现场制作,了解铁画的历史和技艺,并尝试自己动手制作简单的铁画作品。这种亲身体验不仅能够激发孩子们对传统文化的兴趣,还能让他们在实践中学到很多知识。

2)文化爱好者

文化爱好者的核心需求:文化爱好者对传统文化和历史有着浓厚的兴趣,希望深入了解和体验非遗项目的内涵与技艺,通常有较高的文化素养和欣赏水平。他们在选择非遗体验项目时,更加注重项目的专业性和深度,希望能够通过参与活动获得丰富的文化知识和深刻的文化体验。

针对文化爱好者的服务设计:可以设计一系列高质量的非遗文化讲座和深度体验活动。可以邀请知名的非遗传承人或文化学者,举办非遗主题的讲座和沙龙,深入讲解非遗项目的历史渊源、文化背景和技艺特点。这些讲座和沙龙可以涵盖芜湖的铁画、花灯等非遗项目,让参与者在短时间内系统了解芜湖的非遗文化。

2. 将项目设计成独具特色的体验服务、教育培训、咨询服务

在明确目标群体及其核心需求后，接下来要设计具体的服务项目。这些项目需要充分体现产品的特色，结合现代服务理念，提供多样化的体验服务、教育培训服务和咨询服务，以满足不同群体的需求。

1）体验服务项目

手工艺工作坊： 针对不同项目开设，如铁画制作、剪纸艺术、面塑等。在工作坊中，可以邀请非遗传承人进行现场指导，讲解每种工艺的历史和技艺，并带领参与者制作自己的作品。工作坊可以分为不同的主题和难度等级，以适合不同年龄和技能水平的参与者。通过这些动手体验活动，参与者不仅能够了解和体验非遗文化的魅力，还能收获亲手制作的作品，增强对非遗文化的认同感。

文化探访路线： 设计一日游或两日游的文化探访路线，带领参与者前往项目的发源地或工作坊，如可以安排参观芜湖铁画制作工坊、剪纸艺术家工作室、面塑作坊等，让参与者亲身体验项目的制作过程和工艺，近距离接触非遗技艺，了解每种工艺的制作流程和技巧。在探访过程中，可以安排互动环节，让参与者亲手尝试制作简单的非遗作品，增加参与感和体验感。

主题节庆活动： 结合重要的传统节日，举办主题节庆活动。例如，在春节期间，可以举办"芜湖非遗文化节"，邀请非遗传承人进行现场表演和展示，设置非遗手工艺制作体验区，让参与者亲手制作春联、剪纸、花灯等传统工艺品。同时，可以安排非遗文化讲座和展示，介绍芜湖非遗的历史和文化内涵，让更多人了解和关注非遗项目。

2）教育培训项目

培训课程： 针对不同的产品或项目，开设系列培训课程，系统教授产品的制作技艺。例如，针对芜湖铁画，可以开设从初级到高级的系列课程，带领学员从基础技艺入门，到复杂图案的制作，逐步掌握铁画的技艺精髓。在培训课程中，可以安排专业的指导和点评，帮助学员提升技艺水平。

文化课程： 针对文化爱好者和学生群体，开设与项目相关的文化课程，系统介绍产品或项目的历史渊源、文化背景和技艺特点。例如，针对芜湖非遗项目可以开设"非遗文化概论"课程，讲解芜湖铁画、剪纸、面塑等多个非遗项目的历史和文化内涵，通过图文并茂的讲解和实物展示，让学员深入了解非遗文化的魅力。

3）咨询服务项目

项目咨询服务： 为有意参与非遗保护与传承的机构和个人提供咨询服务，帮助他们了解非遗项目的保护和传承方式。例如，可以提供非遗项目的申请和认证咨询服务，指导有意申请非遗项目保护的个人和机构准备材料、提交申请，并且提供非遗项目的推广和展示建议，帮助他们更好地进行非遗项目的保护和传承。

文化推广咨询： 为有意推广非遗文化的企业和组织提供咨询服务，帮助他们设计和实施非遗文化推广活动。例如，可以提供非遗文化活动策划和执行建议，指导企业和组织通过文化活动、展览、媒体宣传等方式，推广和宣传非遗文化，提升公众对非遗文化的认知水平和关注度。此外，可以提供非遗文化产品设计和营销咨询，帮助企业和组织设计具有非遗特色的文化产品，并提供市场推广和销售建议，提升非遗文化产品的市场竞争力。

了解产品的目标消费对象及其需求以后,小李继续问老夏,如何围绕非遗产品设计独具特色的卖点。按照老夏的交代,小李尝试进行设计(表9.5)。

表9.5 设计非遗项目的服务内容

服务项目类别	具体项目	关键内容
体验服务项目	手工艺工作坊	芜湖浆染技艺、芜湖铁画锻制技艺、芜湖通草画、芜湖镉瓷技艺、四季春传统小吃制作技艺
	文化探访路线	芜湖铁画制作的文化探访游
	主题节庆活动	芜湖非遗文化节之端午饮食制作
教育培训项目	培训课程	芜湖非遗小吃培训班、芜湖铁画制作体验班等
	文化课程	芜湖非遗文化系列讲座
咨询服务项目	项目咨询服务	非遗申报的咨询服务
	文化推广咨询	非遗推广的咨询服务

(二)服务资源整合

1.建立合作关系,整合各类资源

为了确保项目的服务具有高质量和深度,我们需要与产品或项目的负责人建立密切的合作关系,并整合各类资源。以芜湖非遗项目为例,建立合作关系的对象主要是非遗传承人。非遗传承人是传统文化和技艺的守护者与传播者。他们的参与不仅能够保证项目的专业性和权威性,还能为参与者带来独特的文化体验和深刻的传授技艺。

(1)建立合作关系(表9.6)。

表9.6 建立合作关系

序号	形式	目标	措施
1	座谈会	定期组织座谈会,建立面对面的交流机制,达成合作意向	1.联系芜湖非遗项目传承人 2.传承人介绍芜湖非遗项目的历史、现状和面临的挑战 3.公司推介服务项目和合作模式
2	实地考察和拜访	1.了解项目的生产环境、特点、需求及其技艺传承情况 2.与传承人建立紧密的关系	1.探讨芜湖非遗项目的合作方式,如技术入股等 2.确定合作的内容和计划,如专利归属、价格制定、利润分配、文化推广等
3	签订合作协议	签订正式的合作协议,明确双方的权利和义务。具体包括传承人参与服务项目的时间安排、合作方式、报酬和权益保护等	通过非遗传承人与公司签订的协议,保证合作的规范性和长期性,为项目的顺利实施提供保障

（2）整合各类资源（表9.7）。

表9.7　整合各类资源

序号	形式	目标	措施
1	技术资源	通过面对面的传授和示范,让参与者更直观地感受到非遗技艺的魅力	1.通过传授与示范,非遗传承人可以现场展示高超的技艺水平,教授参与者非遗技艺的制作方法,现场实施教学实践 2.拓展非遗项目传承人参与手工艺工作坊、文化探访路线、主题节庆活动的类型
2	教学资源	通过教学资源的开发与整合,帮助参与者系统全面地了解非遗技艺	与非遗传承人合作开发系统的教学资源,包括教材、视频教程和教学案例等
3	平台资源	提高项目的知名度和影响力,促进传承人之间的交流和合作	1.线上平台:通过网站和社交媒体,展示非遗技艺和传承人的风采,发布教学视频和活动信息 2.线下平台:通过定期举办技艺展示会和交流活动,为传承人和参与者提供面对面交流与互动的机会

通过表9.6和表9.7所示措施建立稳固的合作关系,并整合各类资源,为非遗项目提供高质量的支持和服务,推动其服务变现。

2.确定服务场地、设施及师资力量,确保服务质量

为了确保项目的服务质量,我们需要确定合适的服务场地、设施及师资力量,进行有效的管理和维护。服务场地和设施是开展各类活动的基础,师资力量则是服务专业性和教学效果的重要保障。

确定服务场地、设施及师资力量的方法、原则和措施

老夏让小李明白,通过与非遗项目传承人建立合作关系,整合非遗技艺教学资源,并确定服务场地、设施及师资力量等方式,我们可以为芜湖非遗项目提供高质量、多样化的体验服务、教育培训服务和咨询服务,满足不同群体的需求,促进非遗文化的保护和传承,同时也可以实现公司的服务变现。

（三）服务宣传与推广

服务资源整合结束后,如何让服务变现的效率得到提高,服务项目的宣传与推广是关键。老夏让小李思考,有哪些服务项目宣传与推广方式可以促使公司实现服务变现,尤其当服务对象是非遗项目时。

1.通过社交媒体、线下活动等方式宣传服务项目

为了让更多人了解和参与公司所涉及的服务项目,利用多种宣传手段进行推广是至关重要的。社交媒体和线下活动是两个非常有效的渠道,可以通过不同的方式吸引不同的受众群体。

（1）社交媒体宣传。社交媒体是现代信息传播的重要渠道,具有传播速度快、覆盖面广、互动性强等特点。

（2）线下活动宣传。线下活动是与目标群体面对面交流和互动的重要方式,可以通过以下几种活动形式进行宣传。

展览和展示会:组织和参加各类展览和展示会,是推广项目的有效途径。可以在文化节、博览会和旅游展览等活动中设置专门的展位,展示技艺作品和制作过程,提供现场互动和体验。这种方式可以让更多人近距离接触和了解项目,增强他们的兴趣和参与意愿。

讲座和工作坊:定期举办讲座和工作坊,邀请传承人和专家进行技艺讲解与示范,为参与者提供亲手体验的机会。讲座和工作坊不仅可以传播技艺知识,还能通过互动环节强化参与者的感受和体验。讲座和工作坊可以在社区文化中心、博物馆和图书馆等公共场所举办,以吸引更多人参与。

文化活动和节庆活动:利用传统节日,举办具有特色的文化活动和节庆活动。例如,在春节期间可以举办技艺展示和体验活动,吸引家庭和孩子参与;在中秋节期间可以举办灯笼制作和展示活动,营造浓厚的节日氛围。这些活动可以提高项目的吸引力和公众的参与度。

2.与学校、社区等机构合作,开展进校园、进社区等活动,扩大影响力

以老夏和小李所在公司为例,为了让更多人接触和了解公司所服务的对象——芜湖非遗项目,公司与学校和社区等机构应加强合作,开展非遗项目进校园、进社区等活动（表9.8）。学校是传承和传播传统文化的重要场所,通过进校园活动,可以让学生从小了解和接触非遗技艺,培养他们的兴趣和认同感。社区是传承和传播传统文化的重要基层单位,通过进社区活动,可以让更多居民接触和了解非遗技艺,促进社区文化建设。这不仅可以扩大项目的影响力,还能促进非遗技艺的传承和保护。

表9.8　线下宣传的合作方向、形式、措施和效果

合作方向	合作形式	合作措施	效果
进校园活动	1.课程设置和教学	1.将非遗技艺融入课程体系,开设相关的选修课或兴趣班 2.邀请非遗传承人或专业教师授课,系统讲解非遗技艺的历史、文化背景和制作方法,并进行现场示范和实践指导	促使学生在课堂上系统学习和掌握非遗技艺,激发他们的兴趣和热情
	2.校园活动和比赛	组织校园内的非遗技艺展示和比赛活动,鼓励学生参与和展示他们的学习成果	既能增强学生的参与度和成就感,也能提高非遗技艺在校园内的知名度和影响力
	3.校外实践和参观	组织学生到非遗传承人工作坊或非遗技艺博物馆进行校外实践和参观,亲身体验非遗技艺的制作过程和工艺特点	让学生直观地了解非遗技艺的魅力,增强学习兴趣

续表

合作方向	合作形式	合作措施	效果
进社区活动	1.社区讲座和工作坊	1.定期在社区内举办非遗技艺讲座和工作坊,邀请非遗传承人和专家进行技艺讲解和示范 2.讲座和工作坊可以结合社区的实际需求和特点,设置不同的主题和内容	吸引不同年龄段的居民参与
	2.社区文化活动和节庆活动	利用社区的文化活动和节庆活动,举办非遗技艺展示和体验活动。例如,在社区的广场或文化中心设置展示区和体验区,展示非遗技艺作品和制作过程	增强居民的参与感和文化认同感
	3.社区宣传和推广	利用社区的宣传渠道,如社区公告栏、微信公众号和社区报纸等,发布与非遗技艺相关的信息和活动预告	扩大非遗项目的影响力和参与度

通过社交媒体、线下活动、与学校和社区等机构合作,可以全面推广和宣传服务项目,吸引更多人了解和参与服务项目,促进非遗技艺的传承和保护。

（四）服务实施与反馈

1.按照服务计划实施体验课程、培训或咨询等服务项目

在确定了服务计划和内容后,下一步是按照计划实施具体的服务项目。确保服务项目顺利进行,需要周密地组织和高效地执行,包括体验课程、培训和咨询服务等多种形式。以下是服务实施的几个关键环节。

（1）体验课程实施。

需精心设计组织,涵盖课程、师资、设施、管理四方面。课程设计要考虑参与者需求,合理安排内容与时间;邀请非遗传承人或专业教师授课并培训;提前备好工具、材料等教学设施;专人负责课程管理,保障教学与安全。

（2）培训项目实施。

以系统课程与严格管理帮助学员掌握技艺。按学员水平设初、中、高课程,明确学习目标与考核标准;采用多种教学方法与多媒体工具;建立学员档案,定期考核激励。

（3）咨询服务实施。

凭借多样服务形式与专业团队提供支持。通过面询、电话、在线等方式,围绕非遗技艺传承等内容开展服务;依客户需求定制方案;服务全程紧密跟进,结束后跟踪反馈并优化服务方案。

2.关注用户反馈,及时调整服务内容和方式,提升用户满意度

用户反馈是衡量服务质量的重要标准,也是改进服务内容和方式的重要依据。关注用户反馈,可以及时发现服务中存在的问题和不足,调整服务内容和方式,提升用户满意度。

（1）收集用户反馈。

通过现场问卷、在线调查、电话回访等多渠道，全面收集用户对服务内容、质量及流程的意见；每次完成服务后，设立反馈机制，邀请用户填写包含满意度、评价及建议的反馈表。

（2）分析用户反馈。

对收集的反馈按服务内容、质量、流程分类整理，归纳重点问题；分析满意度评分与用户建议，明确满意及不满原因，确定服务改进方向。

（3）调整服务内容和方式。

依据反馈优化服务内容，新增或调整项目；从师资培训、流程效率、服务态度等方面提升服务质量，建立考核监督制度；简化报名咨询流程，增强服务透明度，完善后续跟踪机制，提升用户体验与信任度。通过重视用户反馈，及时调整服务，推动芜湖非遗技艺项目的传承与发展。

（五）服务制度与增值服务

1. 建立会员制度，为会员提供专属优惠和服务

建立会员制度是增强用户黏性、提升用户体验的重要手段。通过为会员提供专属优惠和服务，可以吸引更多人加入会员体系，并建立长期稳定的客户群体。

建立会员制度的关键环节

2. 开发增值服务项目，如定制服务、专属辅导、增值服务等，增加收入来源

增值服务项目是提升收入和用户体验的重要途径。通过提供定制服务、一对一辅导等增值服务，可以满足用户的个性化需求，提高服务的附加值和竞争力。

开发增值服务项目的关键环节

通过建立会员制度和开发增值服务项目，可以提升服务的吸引力和附加值，增加收入来源，推动芜湖非遗技艺项目的持续发展和传承。

三、任务总结

本任务聚焦于产品的服务变现，以非遗产品为例，服务定位与设计作为服务变现的起步，精准的服务定位和产品设计优化，满足不同目标群体的核心需求。

针对非遗项目服务需求的调研，首先，明确亲子家庭和文化爱好者这两大目标群体的需求，为他们设计了富有教育性、趣味性和知识性的服务项目。接着，通过与非遗传承人建立紧密的合作关系，整合技术、教学和平台资源，确保服务的质量和深度。此外，利用社交媒体和线下活动进行宣传与推广，扩大非遗项目的影响力。在服务实施过程中，注重课程设计、师资培训和用户反馈，不断调整和优化服务内容，提升用户满意度。最后，通过建立会员制度和开发增值服务项目，增强用户黏性，提高服务的附加值，从而推动非遗技艺项目的持续发展和传承。

四、任务实训

（一）实践训练

近年来，随着文化自信的增强和对传统文化的重视，非遗项目逐渐成为社会关注的焦点。许多地方政府和文化机构通过"短视频+直播电商"模式，成功推广了当地的非遗产品，这不仅拓宽了非遗产品的市场，还促进了文化传承与创新。

芜小鸠非遗文化产业发展有限公司旗下的"匠心传承"抖音账号一直专注于非遗文化的传播和内容运营，已经形成了一定的粉丝基础和品牌影响力。尽管拥有丰富的非遗资源和文化价值，但是该账号尚未深入探索直播电商的服务变现潜力。现在，该账号负责人认为已经到了利用账号优势进行服务变现的时机，他希望借助"短视频+直播电商"的平台，推广当地的非遗产品，帮助传统手工艺者增加收入，同时推动非遗文化的传播和产业发展。

但是，目前"匠心传承"团队面临专业运营人才不足的问题，这限制了他们在变现方面的发展。为了实现非遗项目的服务变现，他们需要构建一个更加专业和高效的运营团队，制订合理的服务策略，并且吸引和培养更多对非遗文化有热情和了解的专业人才。

请结合以上情况，帮助芜小鸠非遗文化产业发展有限公司及其旗下的"匠心传承"抖音账号完成变现任务。其具体要求如下：

（1）分析当前非遗项目的市场潜力和消费者需求。

（2）制订非遗产品的服务策略和计划。

（3）寻找潜在的非遗文化推广合作伙伴，开展多种合作形式，扩大影响力。

（二）实训评价

单位：分

评价内容	评价标准	分值	得分
分析当前非遗项目的市场潜力和消费者需求	1.非遗项目的消费市场 2.非遗项目的消费需求	30	
制订非遗产品的服务策略和计划	1.制订服务策略 2.制订服务计划	40	
制定非遗文化推广合作伙伴	非遗文化推广的合作形式	30	

——参考文献

[1] 华迎.新媒体营销:微课版[M].2版.北京:人民邮电出版社,2024.

[2] 陈倩倩.新媒体文案写作与编辑[M].2版.北京:中国人民大学出版社,2021.

[3] 娄悦.新媒体运营:微课版[M].2版.北京:人民邮电出版社,2024.

[4] 陶亮,吴航行.新媒体信息编辑[M].北京:人民邮电出版社,2019.

[5] 陈倩倩.新媒体文案写作与编辑[M].北京:中国人民大学出版社,2019.

[6] 邓元兵,胡莹.短视频策划、拍摄与制作[M].北京:人民邮电出版社,2022.

[7] 娄悦,王紫薇,田睿.新媒体运营:微课版[M].2版.北京:中国工信出版集团,2024.

[8] 周玉姣.新媒体运营:账号定位+文案创作+广告设计+数据分析[M].北京:清华大学出版社,2024.

[9] 吴娟,赖启军.新媒体运营:慕课版[M].北京:中国工信出版集团,2023.

[10] 董宇,易俗.短视频策划与制作:微课版[M].北京:人民邮电出版社,2023.

[11] 王进,王慧勤.短视频运营实务:慕课版[M].北京:人民邮电出版社,2022.

[12] 邵子威,马倩颖.新媒体环境下平台运营与内容编辑策略[J].传媒论坛,2024,13(7):57-59.

[13] 王扬宇.乡村振兴背景下电商直播助力农村产业发展现状对策研究[J].国际公关,2024(8):124-126.

[14] 陈雅萱."非遗+直播":主流媒体的直播创新之路[J].今传媒,2024,32(8):47-50.

[15] 何海波.网络新媒体融合矩阵背景下品牌推广运营研究:以农产品为例[J].商场现代化,2024(6):47-49.

[16] 高志勇.大数据技术在新闻采编播环节的应用[J].电视技术,2024,48(7):100-102.

[17] 肖锋,吴佳丽.抖音短视频中非物质文化遗产的传播[J].通化师范学院学报,2024,45(7):27-32.

[18] 赵惠群.安徽非遗传统技艺短视频传播的多向进路探究[J].皖西学院学报,2023,39(1):138-143.

[19] 姚瑶.HTML5交互设计应用探究[J].文化月刊,2018(4):132-133.

[20] 张雯,张弘弢.移动端H5传播形式的交互设计研究[J].湖北美术学院学报,2018(4):117-120.